U0598264

國家出版基金項目
NATIONAL PUBLICATION FOUNDATION

中國地方珍稀文獻
浙江地方文書叢刊

浙江畲族文書集成

文成卷（第二册）

總主编　馮筱才

本册主编　李世眾

浙江大學出版社
ZHEJIANG UNIVERSITY PRESS

目録

黄坦鎮培頭民族村呈山底鍾維香户

黄坦鎮培頭民族村呈山底鍾維香户

乾隆二年包承韜立公據

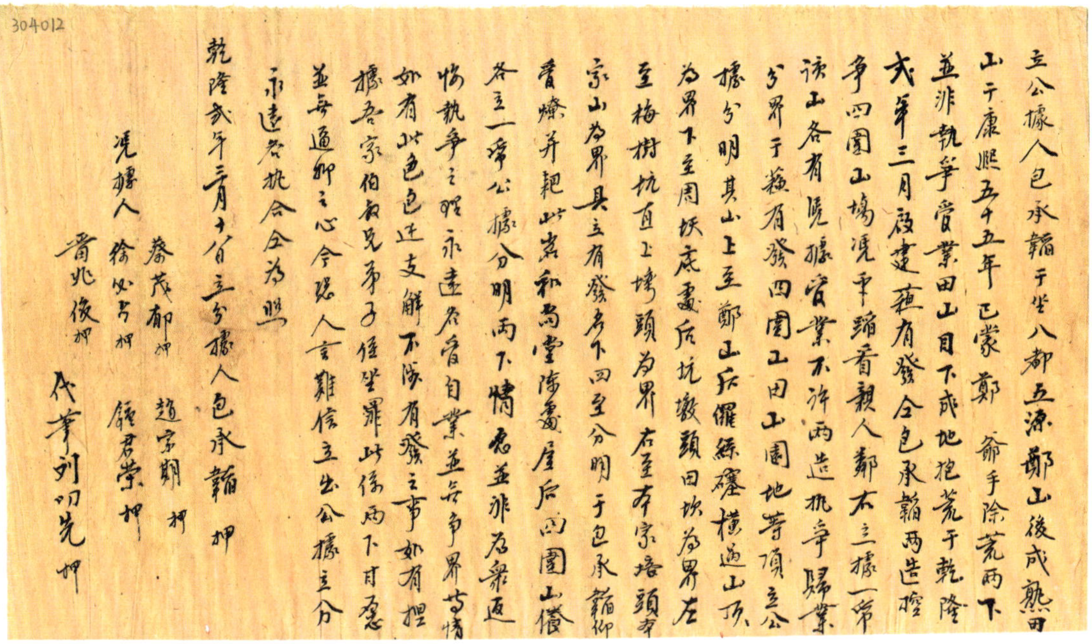

立公據人包承韜，于坐八都五源鄭山後成熟田山，于康熙五十五年已蒙鄭爺手除荒，兩下並非執争管業，田山目下成地，抱荒于乾隆弍年三月啓建，蘇有發仝包承韜兩造控争四圍山塲，憑衆蹈看親人鄰右立據一紙，該山各有憑據管業，不許兩造執争，歸業分界，于蘇有發四圍山田山園地等項立公據分明，其山上至鄭山后儸絲礤横過山顶爲界，下至周夭[忝]底處后坑墩頭田坎爲界，左至梅樹坑直上塝頭爲界，右至本家培頭本家山爲界，具立有發名下，四至分明，于包承韜仰管燎並耙此岩和尚堂陈處屋后四圍山，儀各立一紙公據分明，兩下情愿，並非爲衆返悔執争之理，永遠各管自業，並無争界等情，如有此色，包邊支解，不涉有發之事，如有捏據，吾家伯叔兄弟子侄坐罪，此係兩下甘愿，並無逼抑之心，今恐人言難信，立出公據立分，永遠各执合仝爲照。

乾隆弍年三月十八日立分據人包承韜（押）

蔡茂郁（押）　趙宗期（押）

憑據人　徐必考（押）　鍾君荣（押）

晋兆俊（押）

代筆刘叨先（押）

乾隆二年蘇有發等立賣契

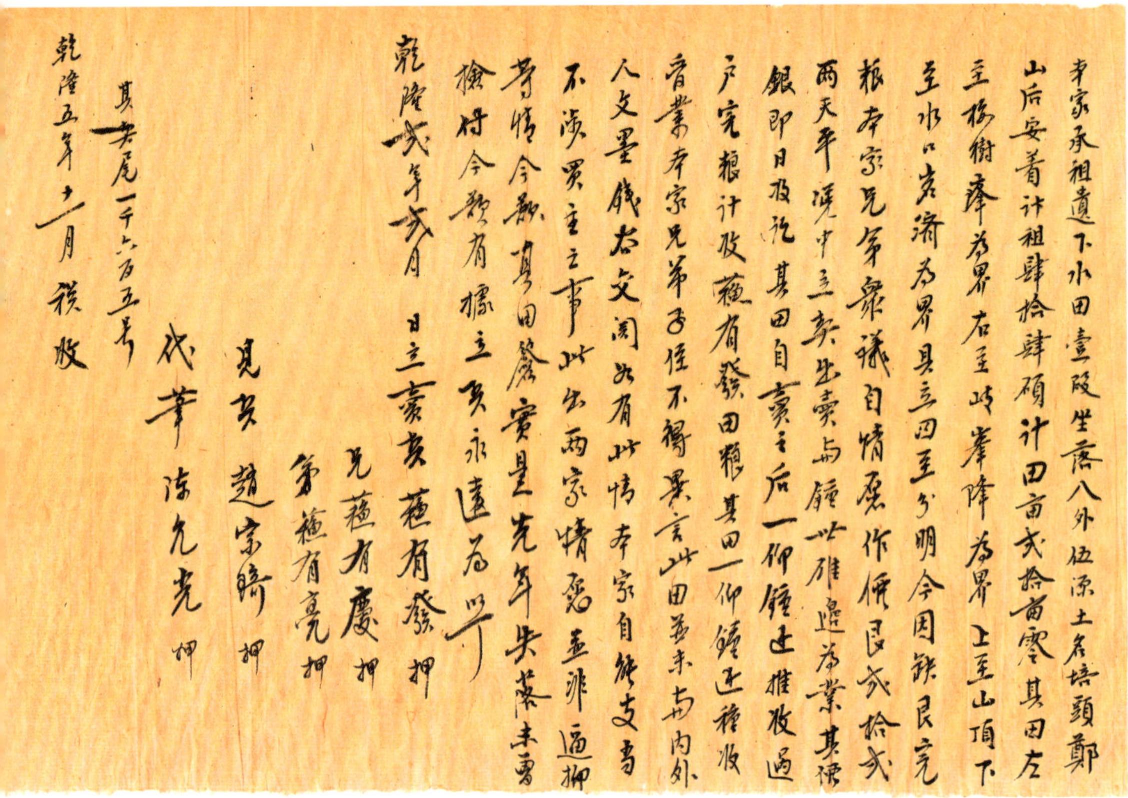

本家承祖遺下水田壹段，坐落八外伍源，土名培頭鄭山后安着，计租肆拾肆碩，计田亩弍拾亩零，其田左至梅樹峰爲界，右至岐峰降爲界，上至山頂，下至水口岩濟爲界，具立四至分明，今因缺艮［銀］完粮，本家兄弟衆議，自情愿作價艮［銀］弍拾弍兩天平，憑中立契，出賣與鍾世雄邊爲業，其價銀即日收訖，其田自賣之后，一仰鍾邊推收過户完粮，计收蘇有發田粮，其田一仰鍾邊種收管業，本家兄弟子侄不得異言，此田並未與内外人文墨錢谷交關，如有此情，本家自能支当，不涉買主之事，此出兩家情愿，並非逼抑等情，今欲其田簽，實是先年失落，未曾撿付，今欲有據，立契永遠爲照。

乾隆弍年弍月　日立賣契蘇有發（押）

兄蘇有慶（押）

弟蘇有亮（押）

見契　趙宗琦（押）

代筆　陈允光（押）

其契尾一千六百五号

乾隆五年十一月税收

乾隆十九年鍾振福立賣契

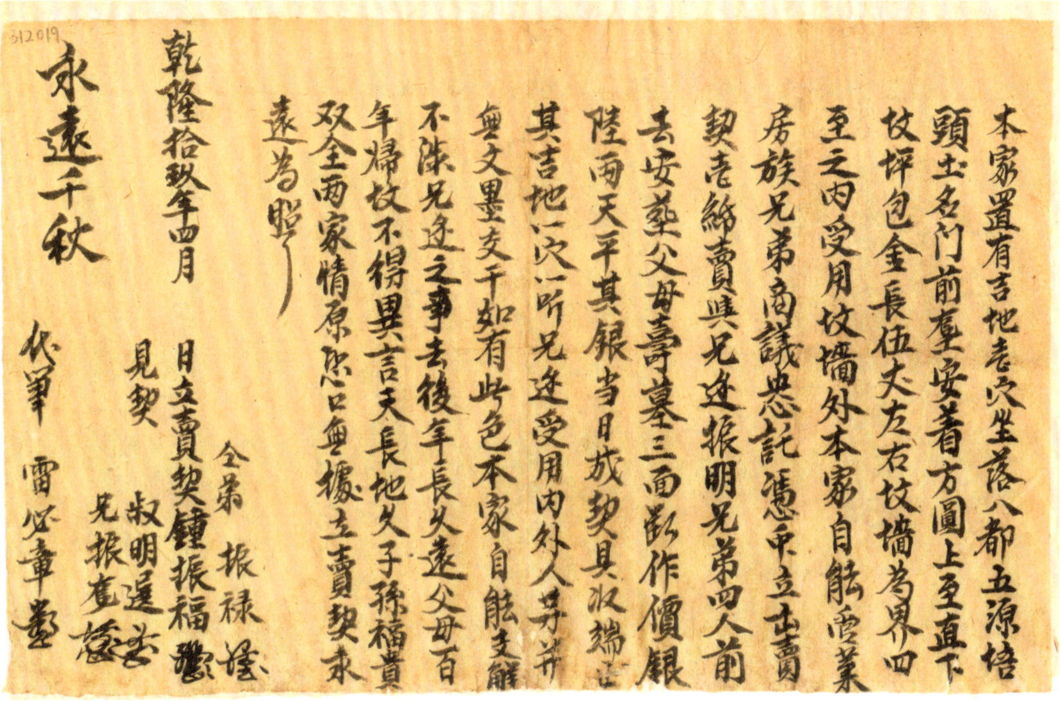

本家置有吉地壹穴，坐落八都五源培頭，土名门前壟安着，方圓上至直下坟坪，包金長伍丈，左右坟墻爲界，四至之内受用，坟墻外本家自能管業，房族兄弟商議，恣[央]託憑衆立出賣契壹紙，賣與兄邊振明兄弟四人前去安葬父母壽墓，三面断作價銀陸兩天平，其銀当日成契具收端正，其吉地一穴一听兄邊受用，内外人等並無文墨交干，如有此色，本家自能支解，不涉兄邊之事，去後年長久遠，父母百年歸坟，不得異言，天長地久，子孫福貴双全，兩家情原[願]，恐口無據，立賣契永遠爲照。

仝弟　振禄（押）

乾隆拾玖年四月　日立賣契鍾振福（押）

見契叔明選（押）

兄振龍（押）

代筆雷必章（押）

永遠千秋

嘉慶二十年鍾上吉立賣契

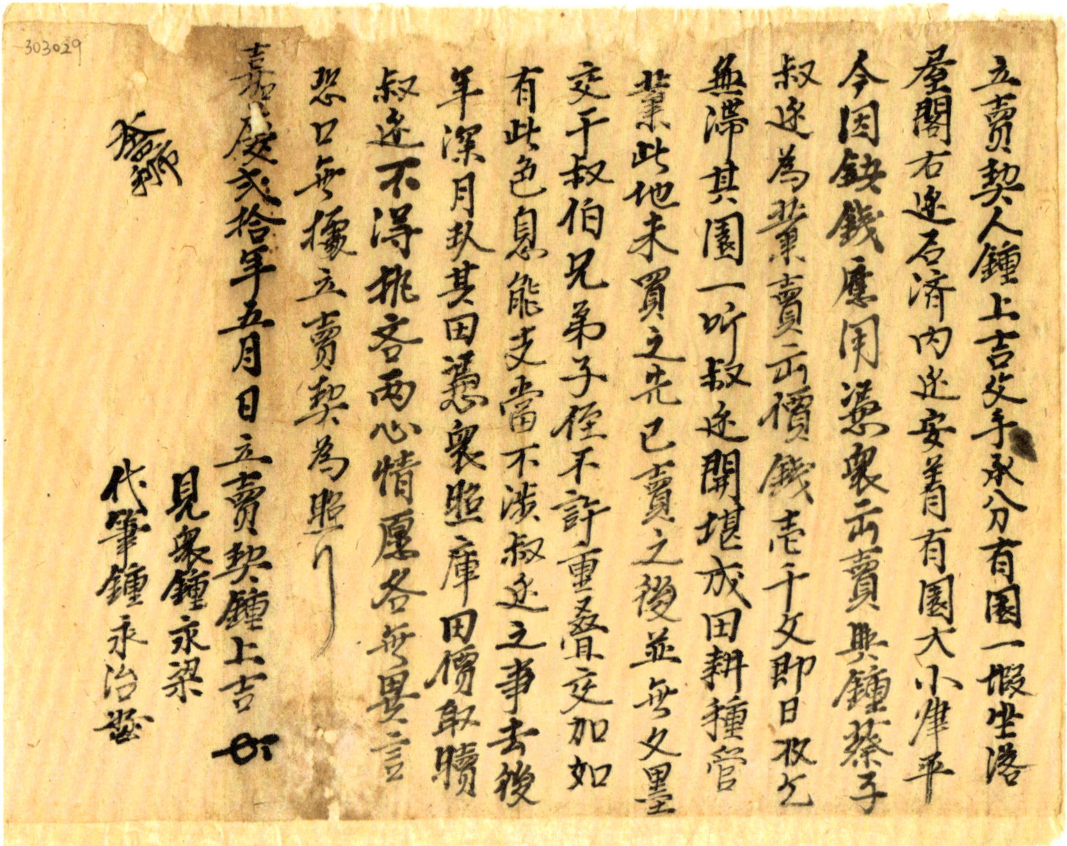

立賣契人鍾上吉，父手承分有園一塅，坐落屋閣右邊石濟内邊安着，有園大小肆平，今因缺錢應用，憑衆出賣與鍾蔡子叔邊爲業，賣出價錢壹千文，即日收乞[訖]無滯，其園一听叔邊開堪[墾]成田，耕種管業，此地未買之先已賣之後，並無文墨交干，叔伯兄弟子侄不許重叠交加，如有此色，息[自]能支當，不涉叔邊之事，去後年深月玖[久]，其田憑衆照庫田價取贖，叔邊不得执吝，兩心情愿，各無異言，恐口無據，立賣契爲照。

嘉慶弍拾年五月日立賣契鍾上吉（押）

見衆鍾永梁

代筆鍾永治（押）

嘉慶二十一年鍾陳聖立找契

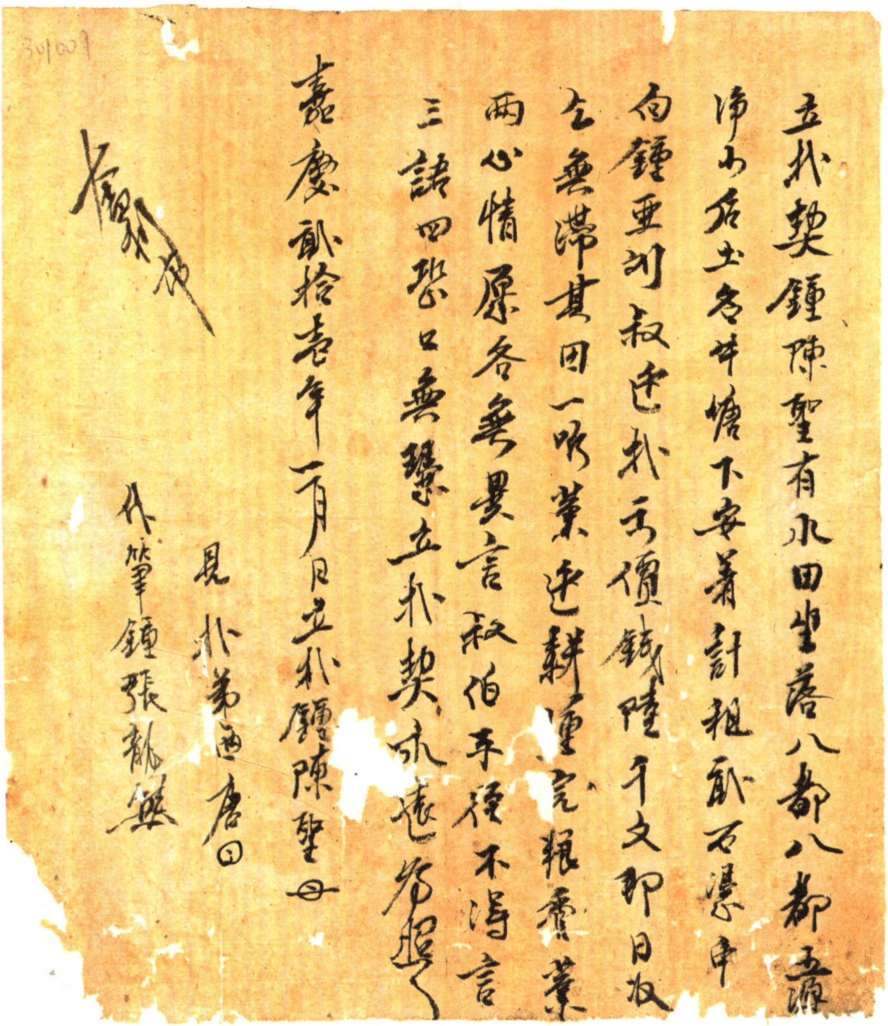

立找契鍾陳聖，有水田坐落八都「八都」五源
净山后，土名牛塘下安着，計租貳石，憑衆
向鍾亞刘叔邊找出價錢陸千文，即日收
乞[訖]無滯，其田一听業邊耕種完粮管業，
兩心情願，各無異言，叔伯子侄不得言
三語四，恐口無憑，立找契永遠爲照。

嘉慶貳拾壹年二月日立找鍾陳聖（押）

見找弟通唐（押）

代筆鍾張龍（押）

嘉慶二十一年鍾雷敬立當契

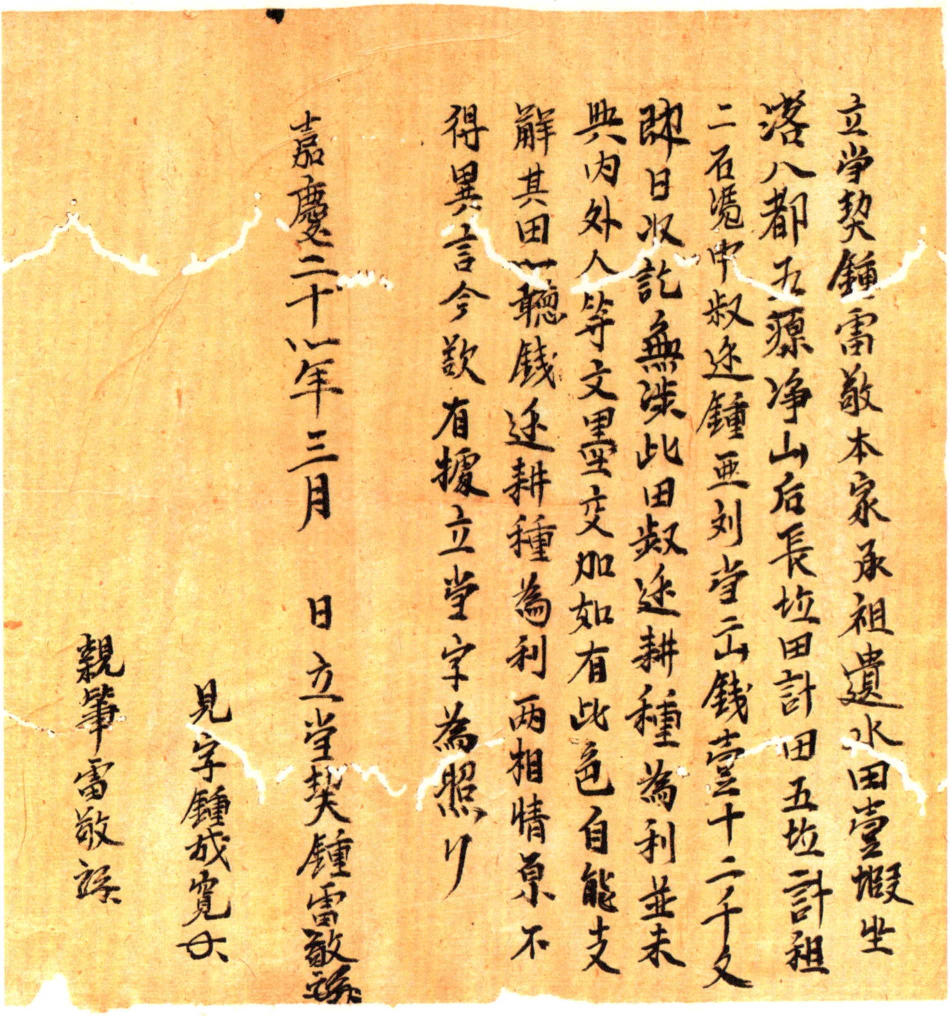

立当契鍾雷敬，本家承祖遺水田壹塅，坐落八都五源浄山后長坵田，計田五坵，計租二石，憑中叔邊鍾亞刘当出錢壹十二千文，即日收訖無涉，此田叔邊耕種爲利，並未與内外人等文墨交加，如有此色，自能支解，其田一聽錢邊耕種爲利，兩相情原［願］，不得異言，今欲有據，立当字爲照。

嘉慶二十一年三月　日立当契鍾雷敬（押）

見字　鍾成寬（押）

親筆雷敬（押）

嘉慶二十一年鍾陳聖立找契

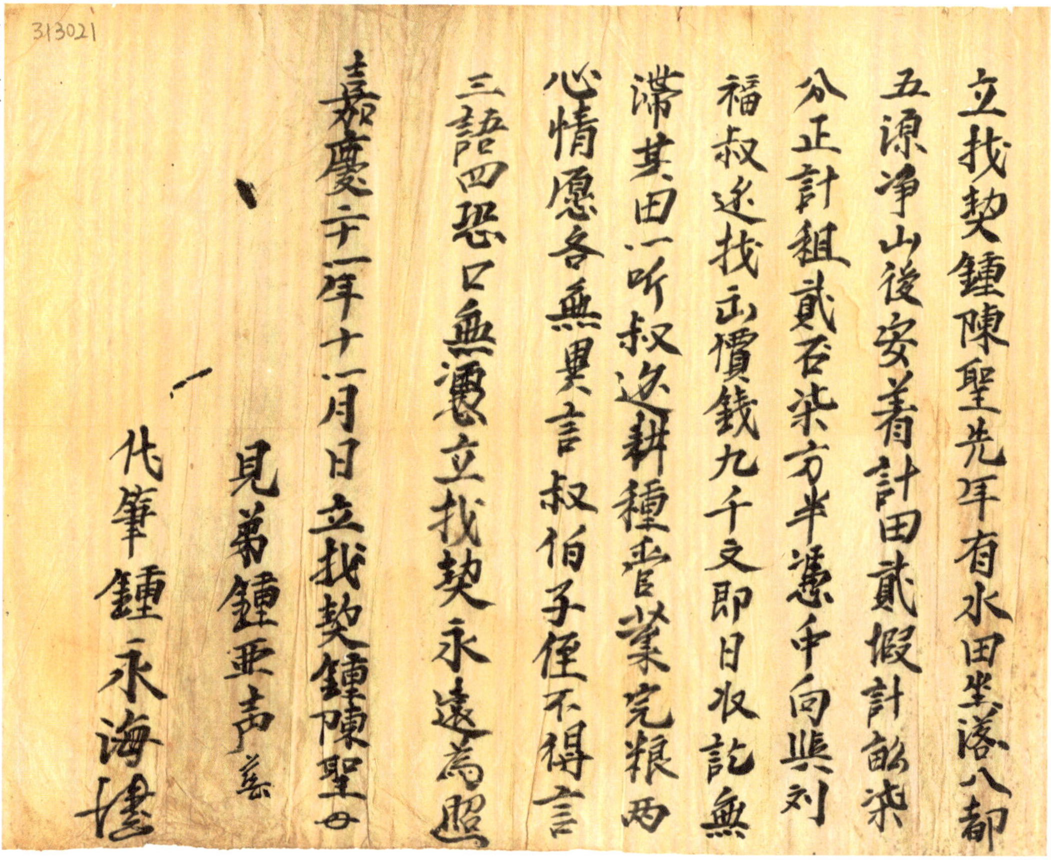

立找契鍾陳聖，先年有水田坐落八都五源净山後安着，計田貳坵，計畝柒分正，計租貳石柒方半，憑衆向與刘福叔邊找出價錢九千文，即日收訖無滞，其田一听叔邊耕種管業完粮，兩心情愿，各無異言，叔伯子侄不得言三語四，恐口無憑，立找契永遠爲照。

嘉慶二十一年十一月日立找契鍾陳聖（押）

見弟鍾亞声（押）

代筆鍾永海（押）

嘉慶二十二年鍾唐富立找契

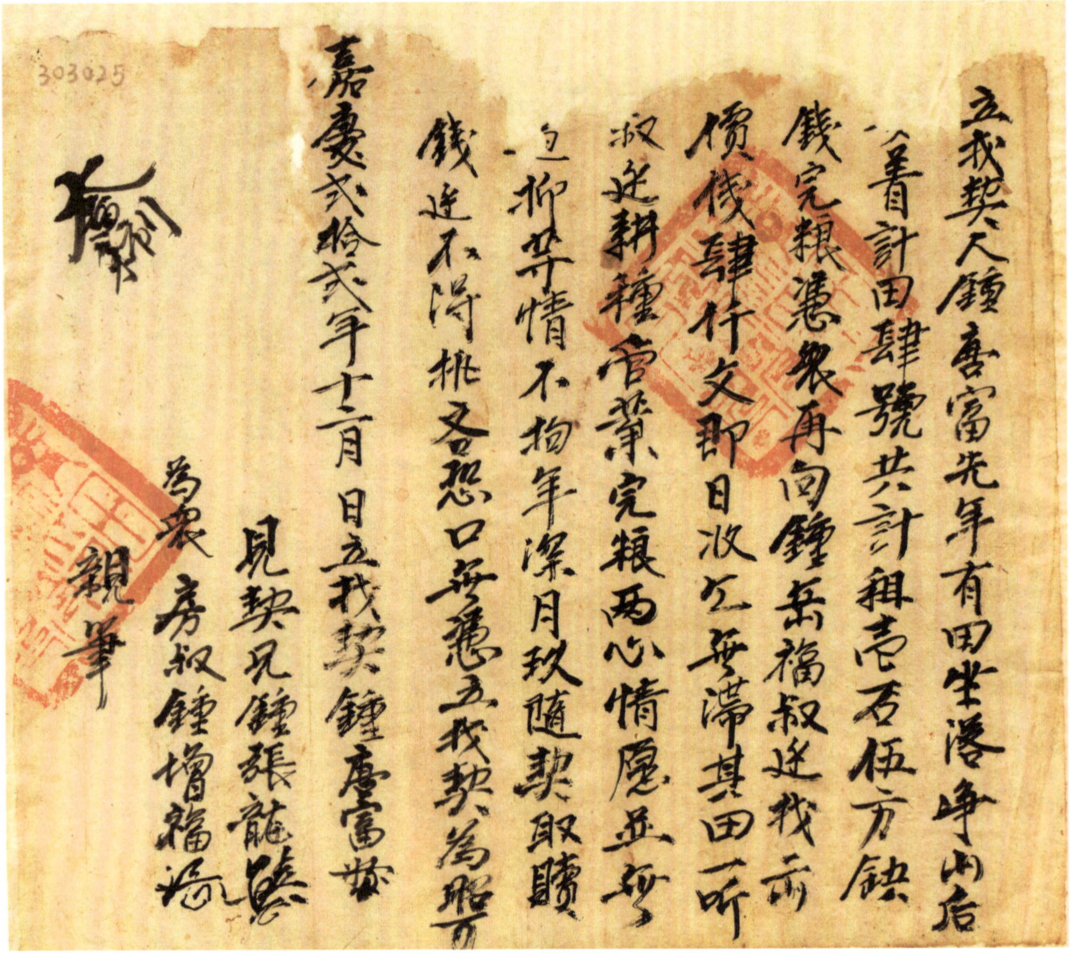

立找契人鍾唐富，先年有田坐落净山后□(安)着，計田肆號，共计租壹石伍方，缺錢完粮，憑衆再向鍾岳福叔邊找出價錢肆仟文(印)，即日收乞[訖]無滞，其田一听叔邊耕種管業完粮，兩心情愿，並無逼抑等情，不拘年深月玖[久]，隨契取贖，錢邊不得执吝，恐口無憑，立找契爲照。

嘉慶弍拾弍年十二月　日立找契鍾唐富(押)

見契兄鍾張龍(押)

爲衆　房叔鍾增福(押)

親筆

嘉慶二十三年鍾陳聖立借字

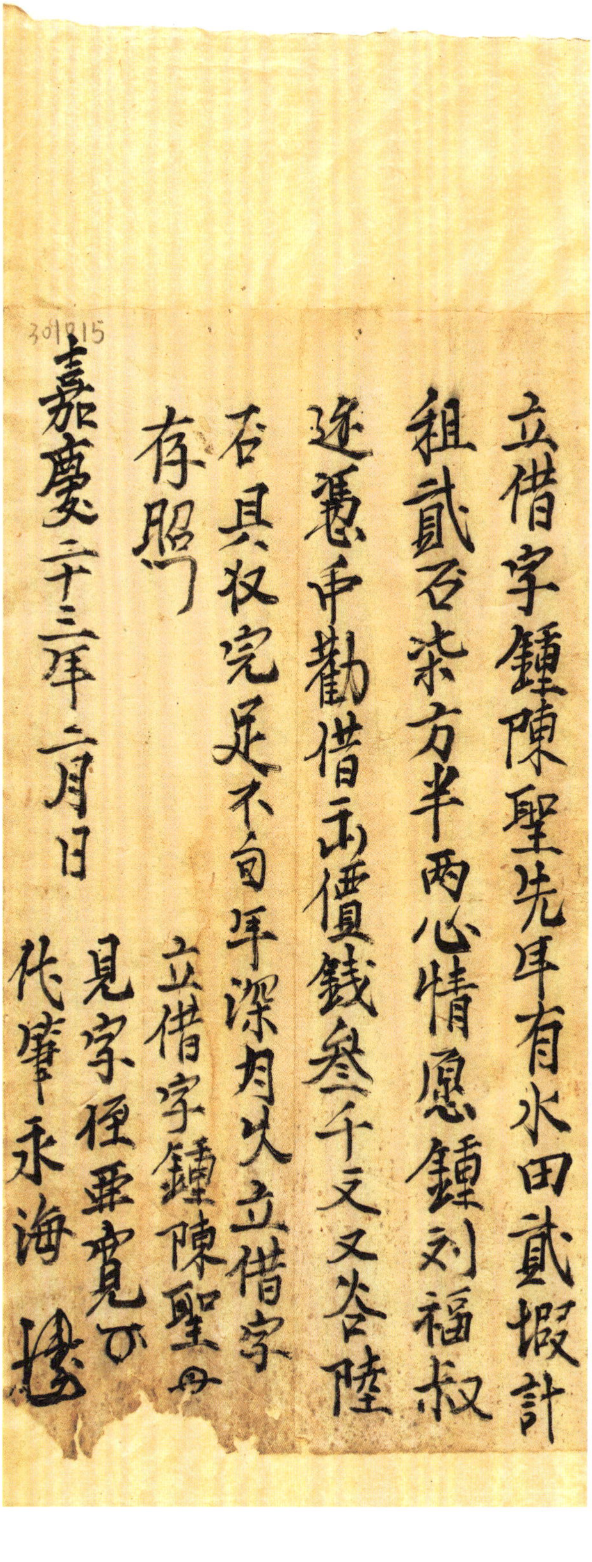

立借字鍾陳聖，先年有水田貳塅，計
租貳石柒方半，兩心情愿，鍾刘福叔
邊憑衆勸借出價錢叁千文，又谷陸
石，具收完足，不句[拘]年深月久，立借字
存照。

立借字鍾陳聖（押）
見字侄亞寬（押）
嘉慶二十三年二月日 代筆永海（押）

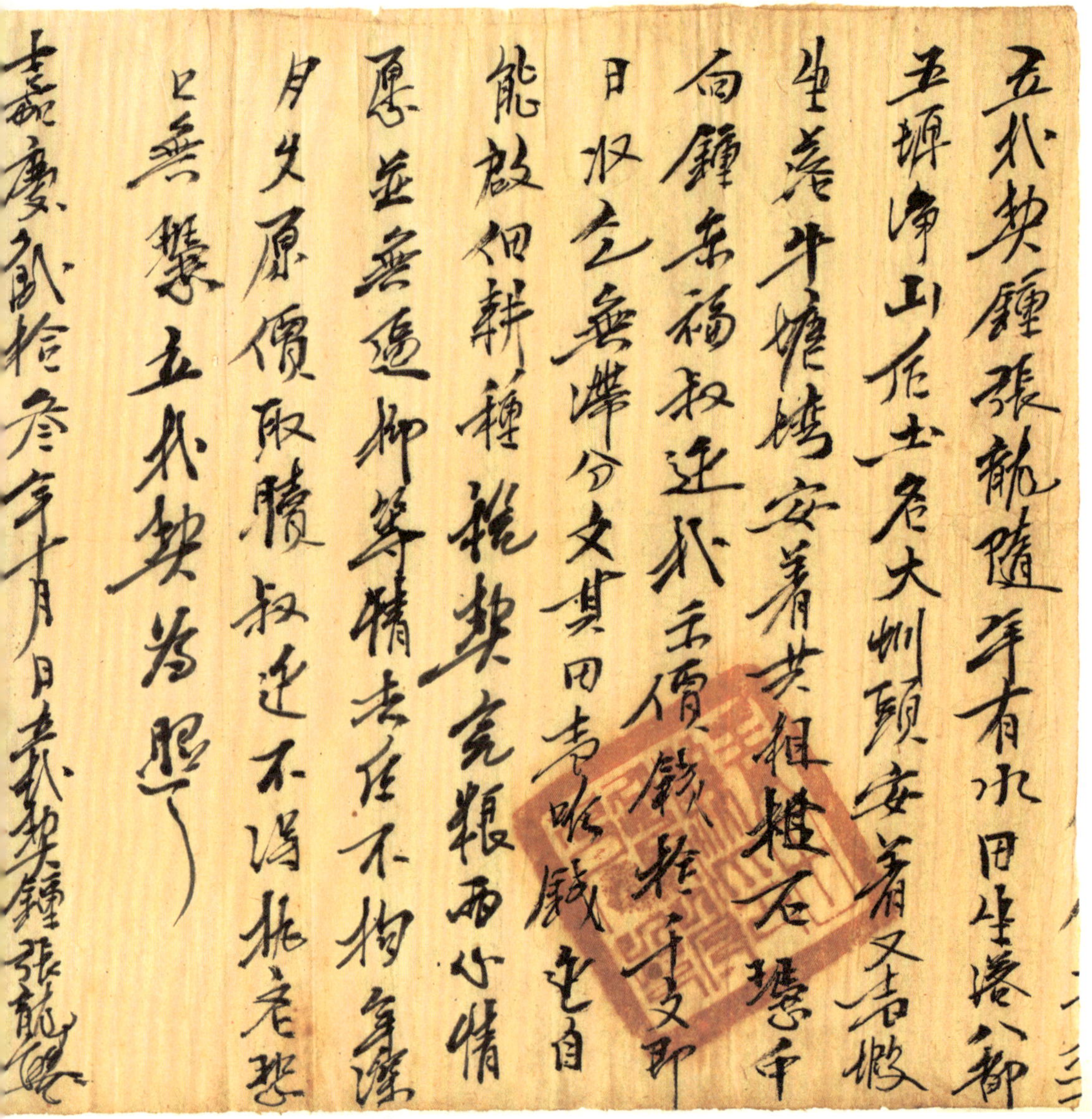

嘉慶二十三年鍾張龍立找契

（前頁）>>>>

立找契鍾張龍，隨年有水田，坐落八都五源浄山后，土名大圳頭安着，又壹坵坐落牛塘塆安着，共租拾石，憑衆向鍾岳福叔邊找出價錢拾千文（印），即日收乞［訖］，無滯分文，其田壹听錢邊自能啓佃耕種，税契完粮，兩心情愿，並無逼抑等情，去后不拘年深月久，原價取贖，叔邊不得执吝，恐口無憑，立找契爲照。

嘉慶貳拾叁年十月日立找契鍾張龍（押）

見找弟　顔魁（押）

爲衆　雷亞高（押）

親筆（押）

（印）

道光元年鍾吴奏立當字

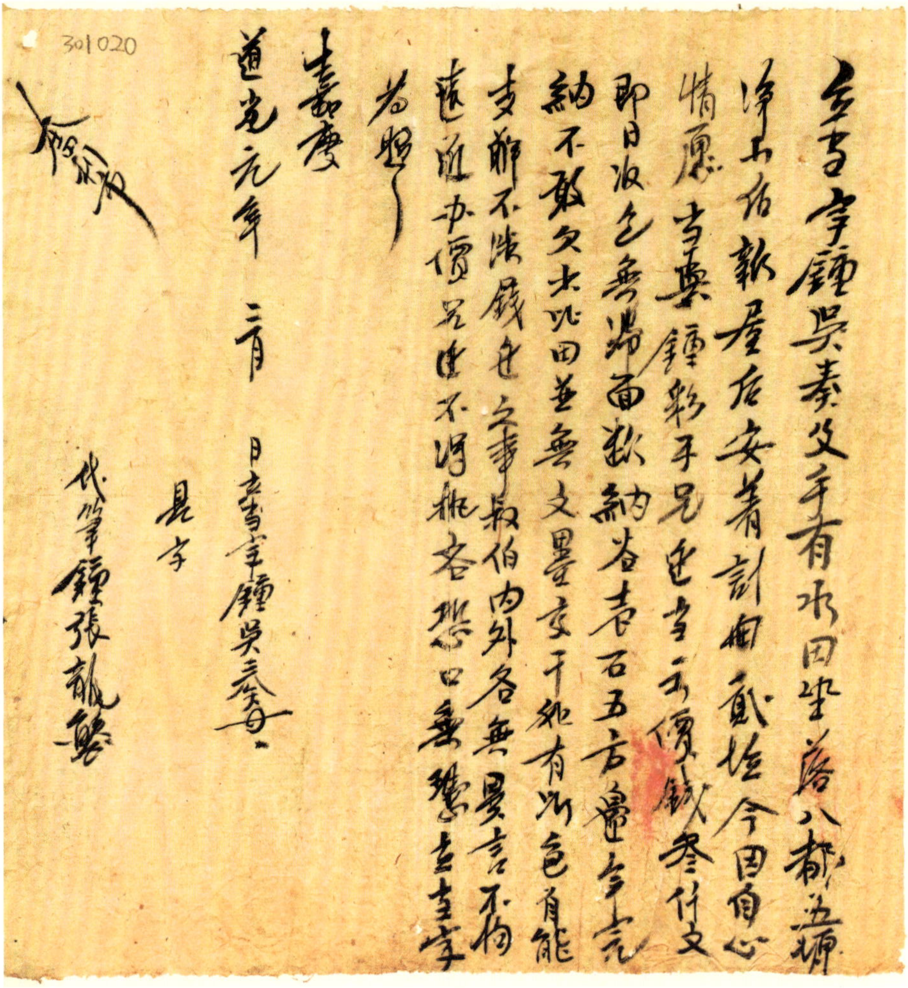

立当字鍾吴奏，父手有水田，坐落八都五墂［源］
净山后新屋后安着，計田貳坵，今因自心
情愿，当與鍾彩子兄邊，当出價錢叁仟文，
即日收乞［訖］無滯，面断納谷壹石五方，遞年完
納，不敢欠少，此田並無文墨交干，如有此色，自能
支解，不涉錢邊之事，叔伯内外各無異言，不拘
遠近办價，兄邊不得执吝，恐口無憑，立当字
爲照。

嘉慶
道光元年　三月　日立当字鍾吴奏（押）
見字
代筆鍾張龍（押）

道光四年、十四年鍾亞周立退佃並借字

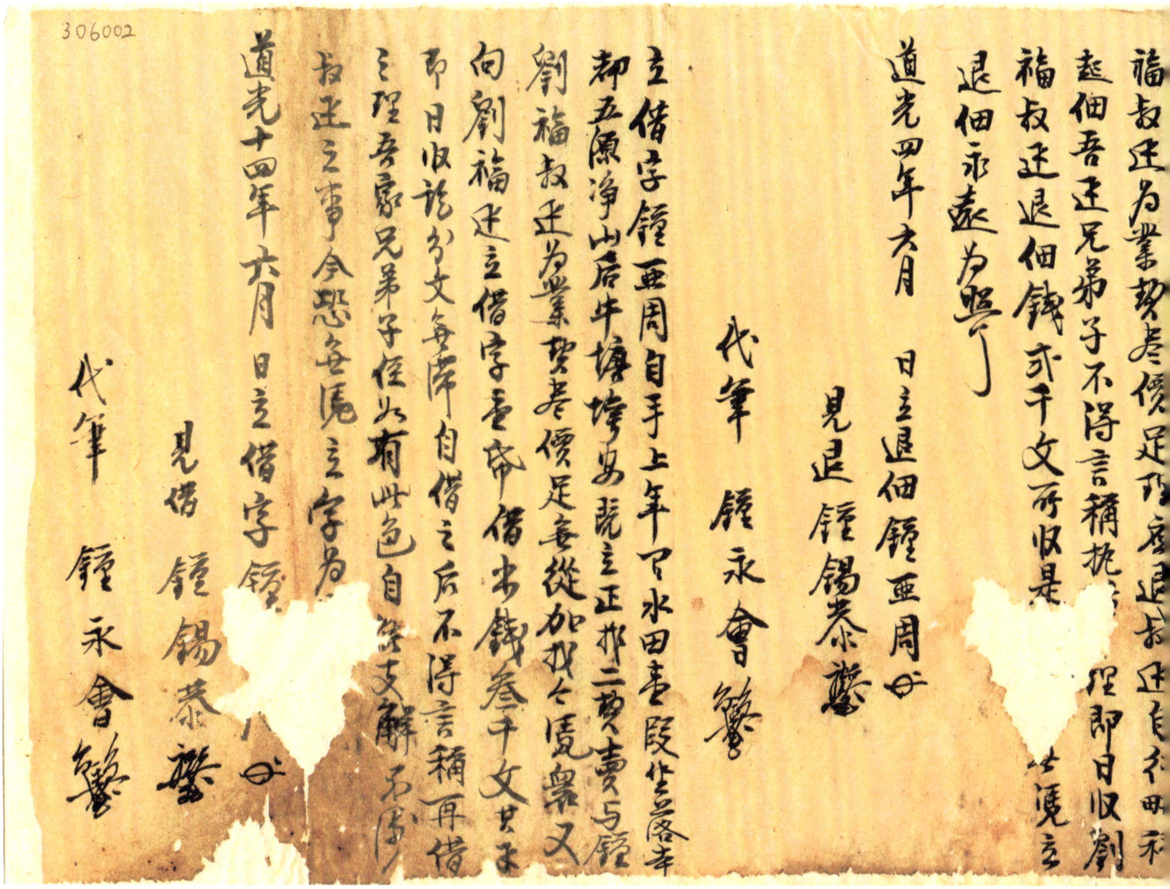

立退佃鍾亞周，自手承分有水田壹段，坐落本都五源，土名净山后牛塘塝安着，既立正、找二契賣鍾劉福叔邊为業，契尽價足，理应退与叔邊自行畊種起佃，吾邊兄弟子（侄）不得言稱执□□理，即日收劉福叔邊退佃錢弍千文，所收是□□□□（無）憑，立退佃永遠为照。

道光四年六月　日立退佃鍾亞周（押）

見退鍾錫恭（押）

代筆　鍾永會（押）

立借字鍾亞周，自手上年有水田壹段，坐落本都五源净山后牛塘塝安（着），既立正、找二契賣与鍾劉福叔邊为業，契尽價足，無從加找，今憑衆又向劉福邊立借字壹紙，借出錢叁千文，其錢即日收訖，分文無滯，自借之后，不得言稱再借之理，吾家兄弟子侄如有此色，自能支解，不涉叔邊之事，今恐無憑，立字为□（照）。

道光十四年六月　日立借字鍾□（亞）□（周）（押）

見借　鍾錫恭（押）

代筆　鍾永會（押）

道光五年鍾阿庚立當契

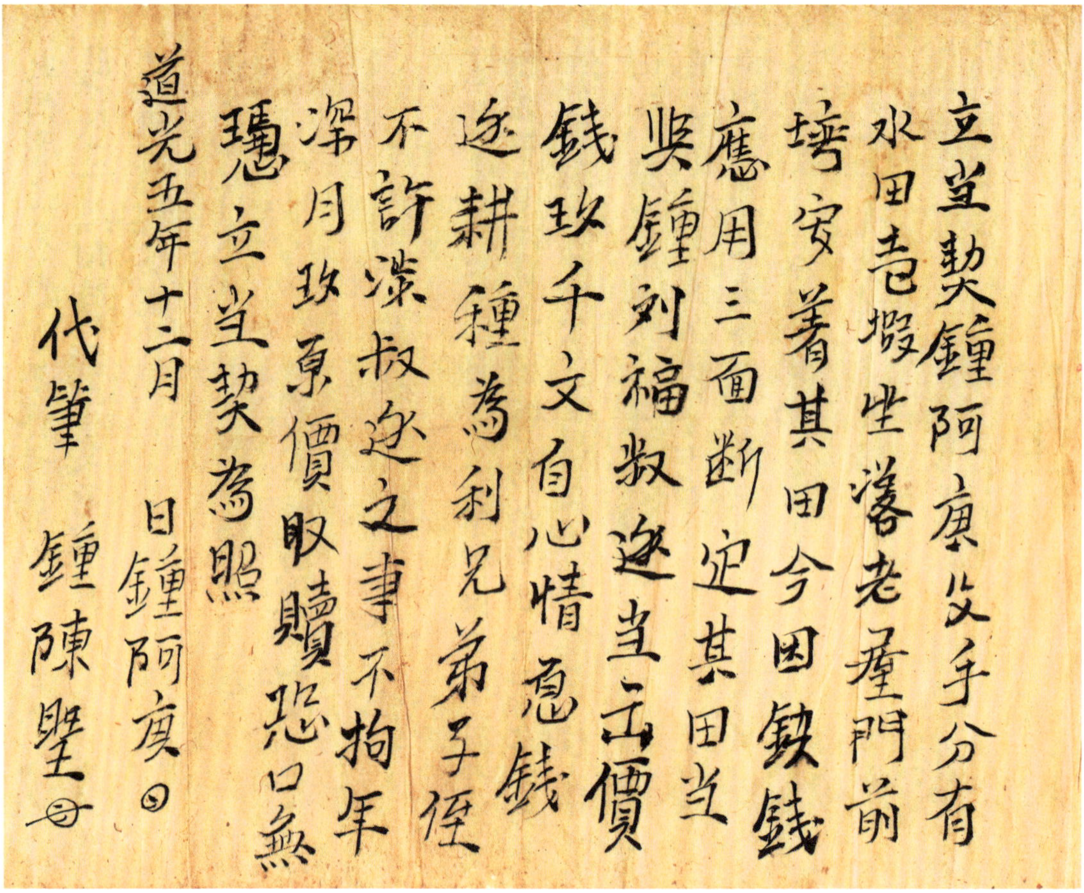

立当契鍾阿庚，父手分有
水田壹坵，坐落老屋門前
塆安着「其田」，今因缺錢
應用，三面断定，其田当
與鍾刘福叔邊，当出價
錢玖千文，自心情愿，錢
邊耕種爲利，兄弟子侄
不許涉叔邊之事，不拘年
深月玖「久」，原價取贖，恐口無
憑，立当契爲照。

道光五年十二月　日　鍾阿庚(押)

代筆　鍾陳聖(押)

道光八年鍾官田立當字

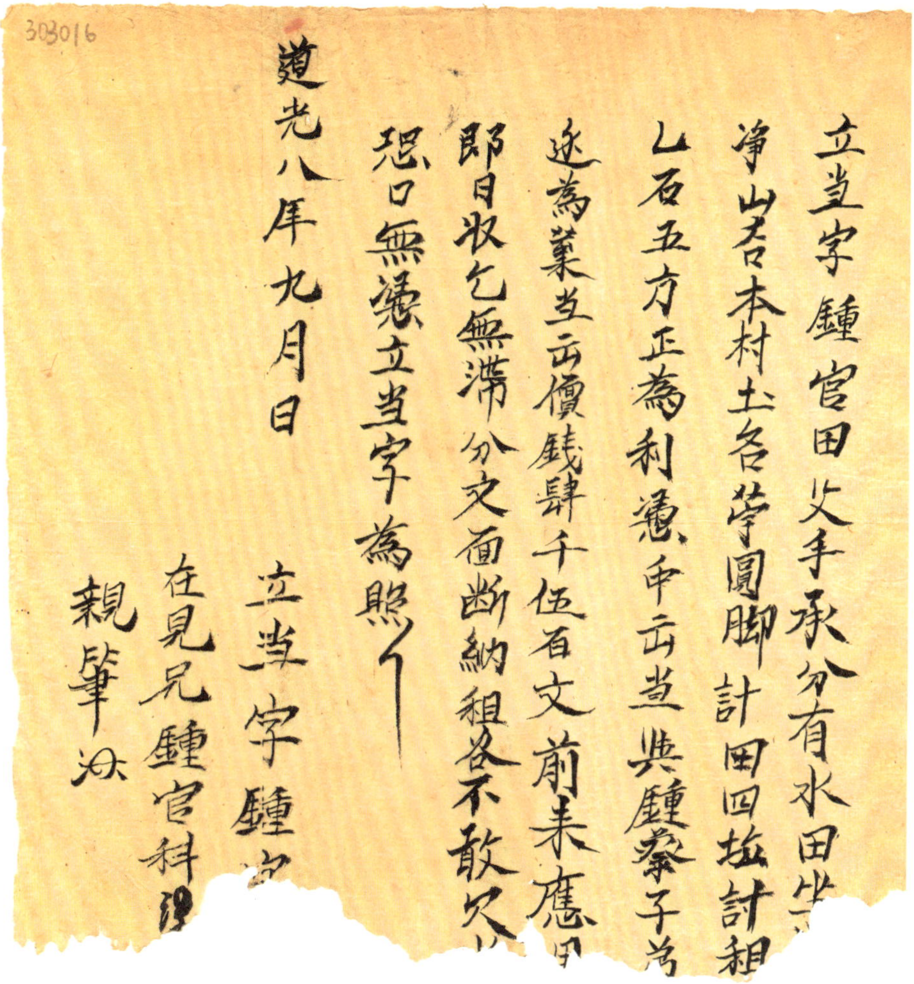

立当字鍾官田，父手承分有水田，坐□（落）净山后本村，土名苧圓脚，計田四坵，計租一石五方正，爲利，憑衆出当與鍾蔡子弟邊爲菜［業］，当出價錢肆千伍百文，前來應用，即日收乞［訖］，無滯分文，面断納租谷不敢欠□，恐口無憑，立当字爲照。

道光八年九月日　立当字鍾□（官）□（田）

在見兄鍾官科（押）

親筆（押）

道光八年鍾彩火立當字

立当字鍾彩火父手承分有水田乙段
坐落八都五原淨山后土名牛塘埄
路下安着計田大小叁坵今因欽米應
用其田当出與鍾蔡子弟邊自心情愿
当出價錢柒千文前來應用面斷納租
谷利貳石不敢欠少恐口無憑立当字
為照
道光八年十二月 日 立当字鍾彩火

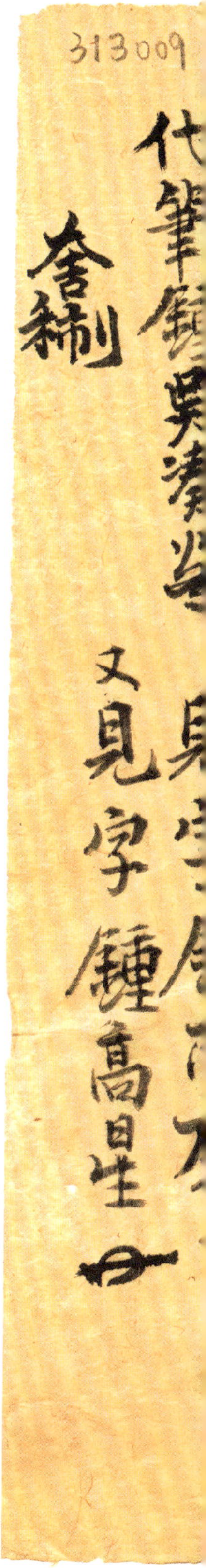

（前頁）>>>>

立当字鍾彩火，父手承分有水田一段，坐落八都五原［源］净山后，土名牛塘埄路下安着，計田大小叁坵，今因缺錢應用，其田当出與鍾蔡子弟邊，自心情愿，当出賈［價］錢柒千文，前來應用，面断納租谷利貳石，不敢欠少，恐口無憑，立当字爲照。

道光八年十一月　日　立当字鍾彩火

代筆鍾吴凑（押）　見字鍾西庚（押）

又見字鍾高星（押）

道光九年鍾進高立賣契

賣契鍾進高父手承分有水田壹段坐落八都五源淨
石嶺脚大路下安着計租壹石貳方正計畝叁分陸厘正其
田四至上至大路下至房公曾福田左至進田為界左至山路
右至坑為界具立四至分明今因缺錢應用其田憑中出賣
與房叔鍾蔡子為業自心情愿賣出價錢柒千文其錢即日收
訖無滯分此田未賣之先並無内外人等文墨交関已賣之后其田
一听叔邊税契完粮管業此係兩下心愿並無逼抑返悔等情如有
此色自能支解不涉叔邊之事恐口無憑立賣永遠為照

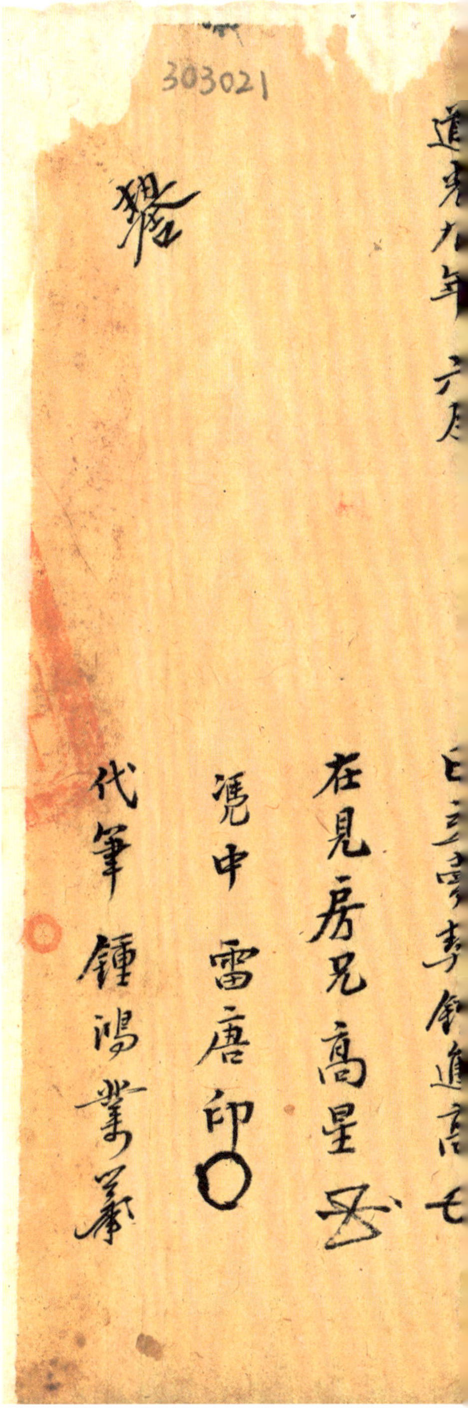

(前頁)>>>>

□□(立賣)契鍾進高，父手承分有水田壹段，坐落八都五源凈□后嶺脚大路下安着，计租壹石貳方正，計畝叁分陸厘正，其□□園四至上至大路，下至房公曾福田左邊田爲界，左至小路，右至坑爲界，具立四至分明，今因缺錢应用，其田憑中出賣與房叔鍾蔡子爲業，自心情愿，賣出價錢柒千文(印)，其錢即日收訖，無滯分(文)，此田未賣之先，並無内外人等文墨交關，已賣之后，其田一听叔邊税契完粮管業，此係兩下心愿，並無逼抑返悔等，如有此色，自能支解，不涉叔邊之事，恐口無憑，立賣永遠爲照。

道光九年　六月　日立賣契鍾進高(押)

在見房兄高星(押)

憑中　雷唐印(押)

代筆　鍾鴻業(押)

道光九年鍾進高立賣契

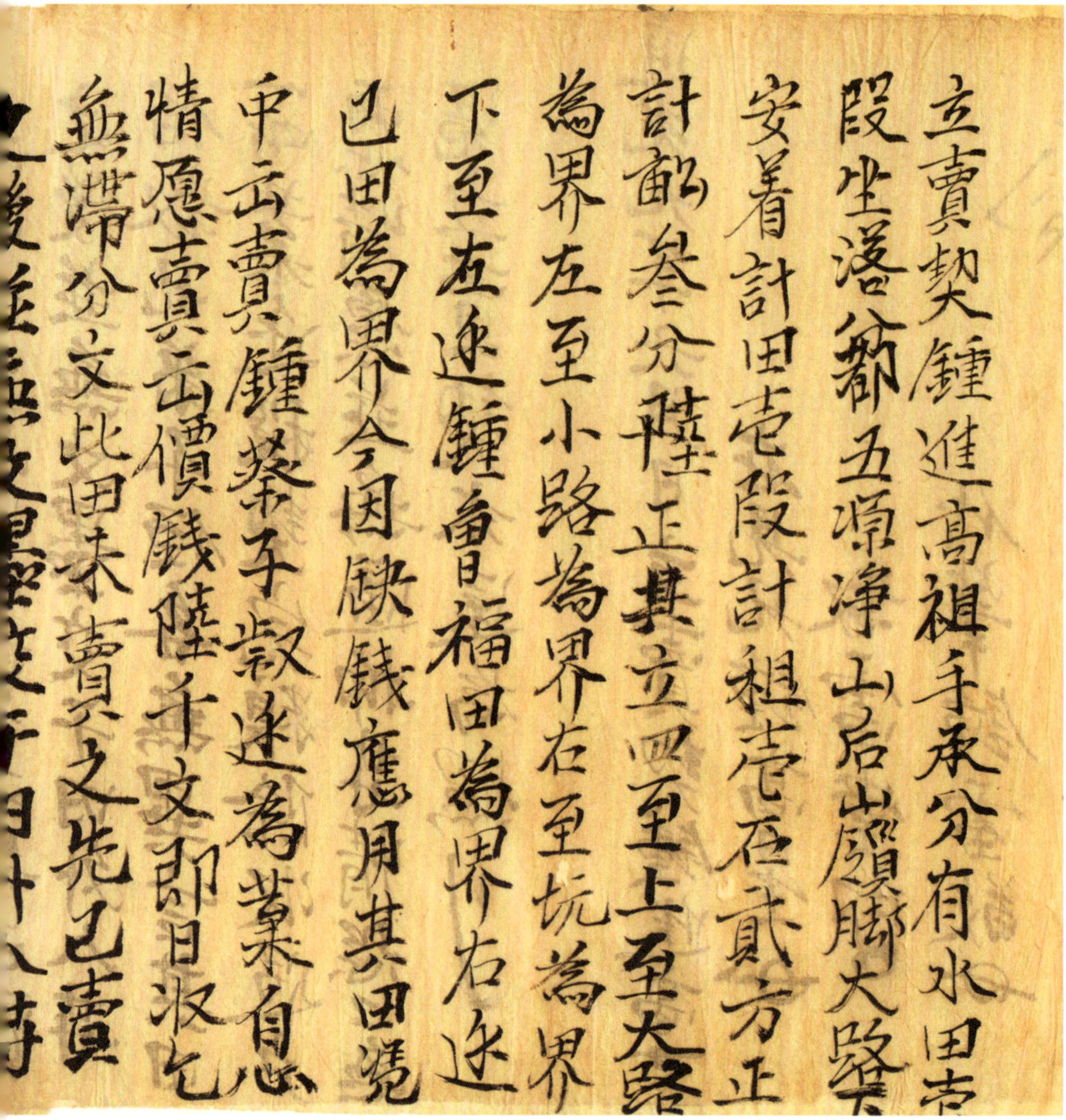

立賣契鍾進高，祖手承分有水田壹段，坐落八都五源浄山后嶺脚大路下安着，計田壹段，計租壹石貳方正，計畝叁分陸正，其立四至，上至大路爲界，左至小路爲界，右至坑爲界，下至左邊鍾會福田爲界，右邊己田爲界，今因缺錢應用，其田憑衆出賣鍾蔡子叔邊爲業，自心情愿，賣出價錢陸千文，即日收乞[訖]，無滯分文，此田未賣之先，已賣之後，並無文墨交干，内外人等，伯叔兄弟子侄各無異言，其田一听業邊税契完粮，除收過户，兩心情愿，並無逼抑等情，恐口無憑，立賣契永遠爲照。

道光九年六月日　立賣契鍾進高（押）

在见兄鍾高星（押）

叔雷堂印（押）

代筆鍾雷敬（押）

代崇[illegible]
所業送税契完粮除収過户
兩心情愿並無逼抑苛情恐口無
憑立賣契永遠為照

道光九年六月日立賣契鍾進高（押）

在見兄鍾高星（押）

叔雷堂印（押）

代筆鍾雷敬（押）

道光十年鍾亞庚立賣契

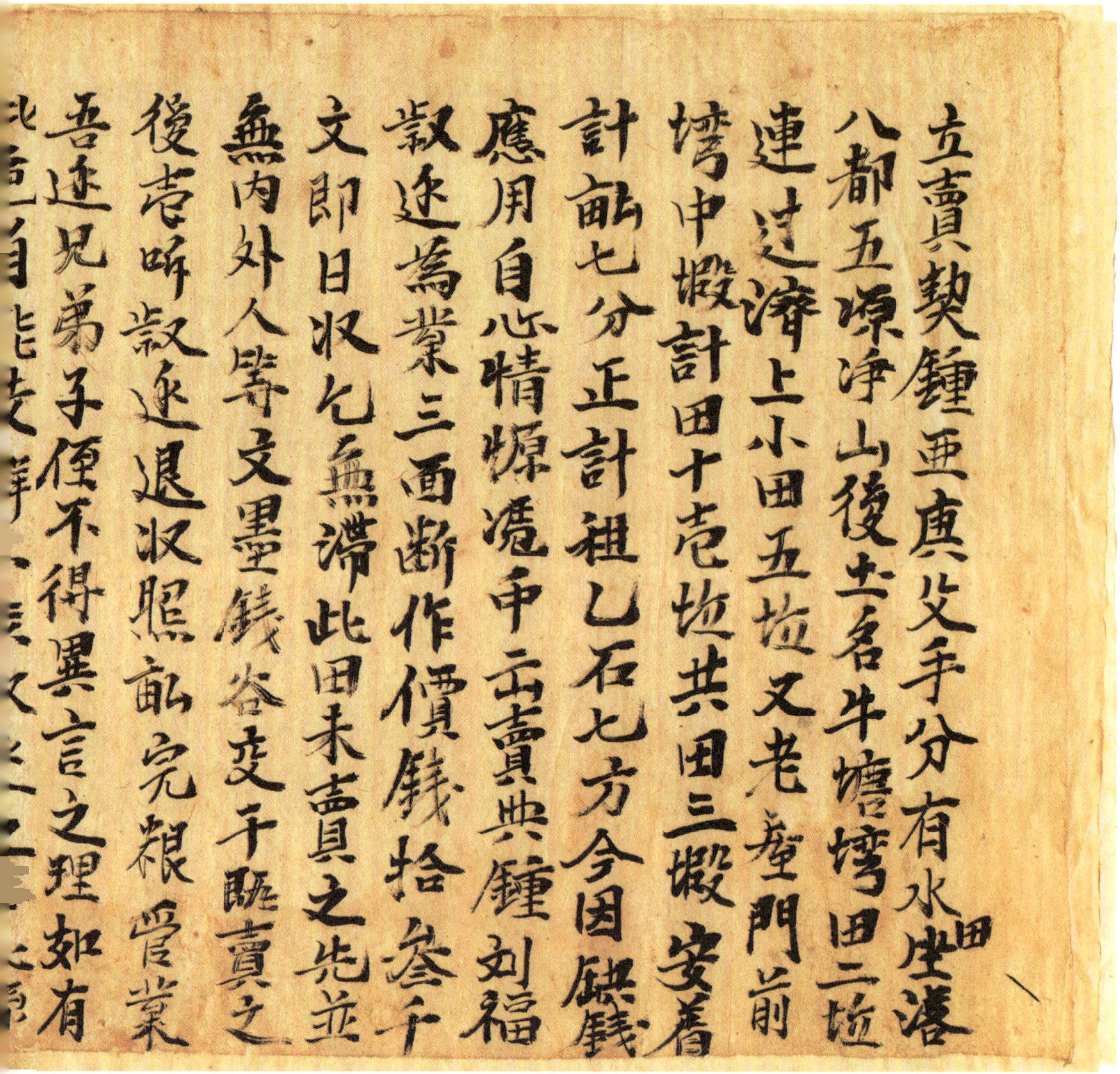

立賣契鍾亞庚，父手分有水田，坐落八都五源净山後，土名牛塘塆，田二坵，連过濟上小田五坵，又老屋門前塆中塅，計田十壹坵，共田三塅安着，計畝七分正，計租一石七方，今因缺錢應用，自心情愿［願］，憑衆出賣與鍾刘福叔邊爲業，三面断作價錢拾叁千文，即日收乞［訖］無滯，此田未賣之先，並無内外人等文墨錢谷交干，既賣之後，壹听叔邊退收照畝完粮管業，吾邊兄弟子侄不得異言之理，如有此色，自能支解，不涉叔邊之事，此係兩情相情愿，並無逼仰（抑）等情，恐口無憑，立賣契永遠爲照。

道光拾年　三月　日立賣契鍾亞庚（押）

侄見鍾高星（押）

代筆鍾雷敬（押）

303034

立賣契永遠為照ㄣ

道光拾年三月　日立賣契鍾亜庚（押）

憑見鍾高星（押）

代筆鍾雷敬（押）

發？利市

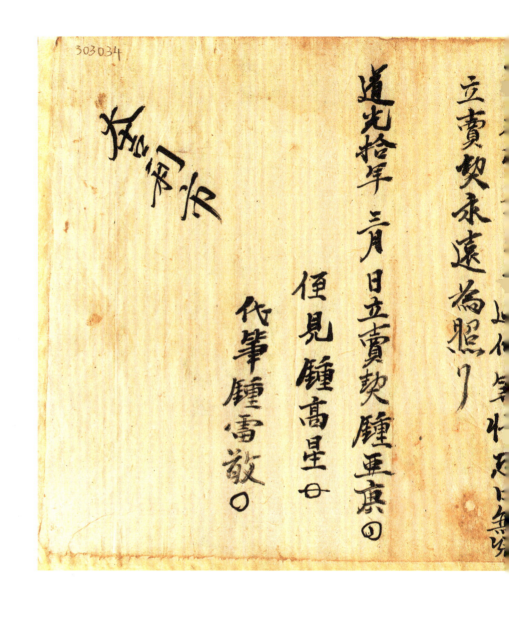

道光十年鍾觀田立找契

立找契鍾覌田先年有水田坐落八都五源埩山垢土名岩脊上安着，計田畝數正契俱載分明。憑中向與鍾彩子弟迭找出價錢貳千伍百文正，即日收乞無滯。其田所錢迭耕種管業，兩心自愿，並無逼抑等情，各無異言悔口，無憑立找契永遠爲照。

道光拾年六月日立找契鍾覌田（押）

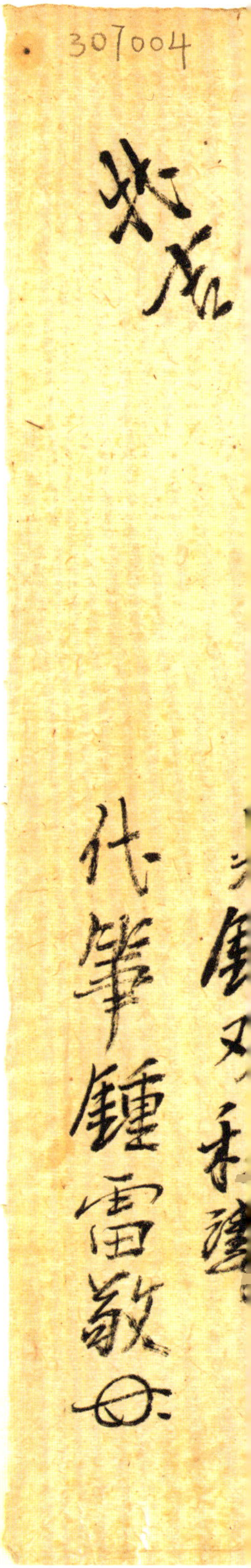

（前頁）>>>>

立找契鍾觀田，先年有水田坐落八都五源净山垢，土名岩齊上安着，計田畝数正契俱載分明，憑衆向與鍾彩子弟邊找出價錢貳千伍百文正，即日收乞［訖］無滯，其田一听錢邊耕種管業，兩心自愿，並無逼抑等情，各無異言，恐口無憑，立找契永遠爲照。

道光拾年六月日立找契鍾觀田（押）

見鍾觀科（押）

代筆鍾雷敬（押）

道光十年鍾觀田立退佃

307008

立退佃鍾观田本家父手承分有水田坐
落净山垳對面岩齊上安着共田園計
租壹石貳方此田自賣自找之后契明價
足自心情愿立退佃心所無退还彩孚弟
边自行退佃改耕自種三面作退閗錢
壹千柒百伍拾文正共钱即日成退嵬
收完足分文無滞此田自退之後吾边不敢
再對種異言等情恐口無凭立退佃永遠
為照

道光拾年九月日立退佃鍾观田（押）
見观科琴
代筆雷敬（押）

（前頁）>>>>

立退佃鍾觀田，本家父手承分有水田，坐落浄山垢對面岩齊上安着，共田園計租壹石貳方，此田自賣自找之后，契明價足，自心情愿立退佃，一听田退还彩子弟邊，自行退佃改耕自種，三面作退銅錢壹千柒百伍拾文正，共［其］錢即日成退，兄收完足，分文無滯，此田自退之後，吾邊不敢霸種異言等情，恐口無憑，立退佃永遠爲照。

道光拾年九月日立退佃鍾觀田（押）

見觀科（押）　代筆雷敬（押）

道光十一年鍾良燈立當契

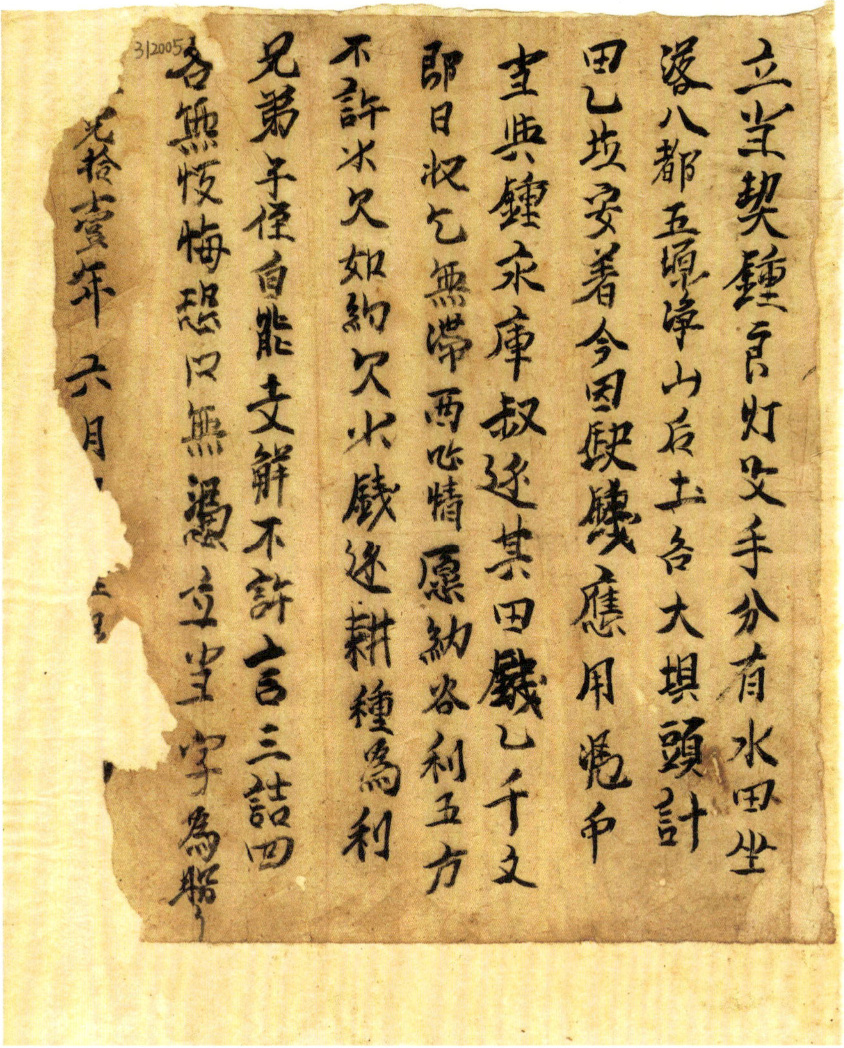

立当契鍾良灯，父手分有水田，坐
落八都五塬[源]净山后，土名大埧頭，計
田一坵安着，今因缺錢應用，憑衆
当與鍾永庫叔邊，其田錢一千文，
即日收乞[訖]無滞，兩心情愿，納谷利五方，
不許少欠，如約欠少，錢邊耕種爲利，
兄弟子侄自能支解，不許言三詰四，
各無恢[反]悔，恐口無憑，立当字爲照。
□(道)光拾壹年六月□□□□□□□□

道光十一年鍾亞庚立找契

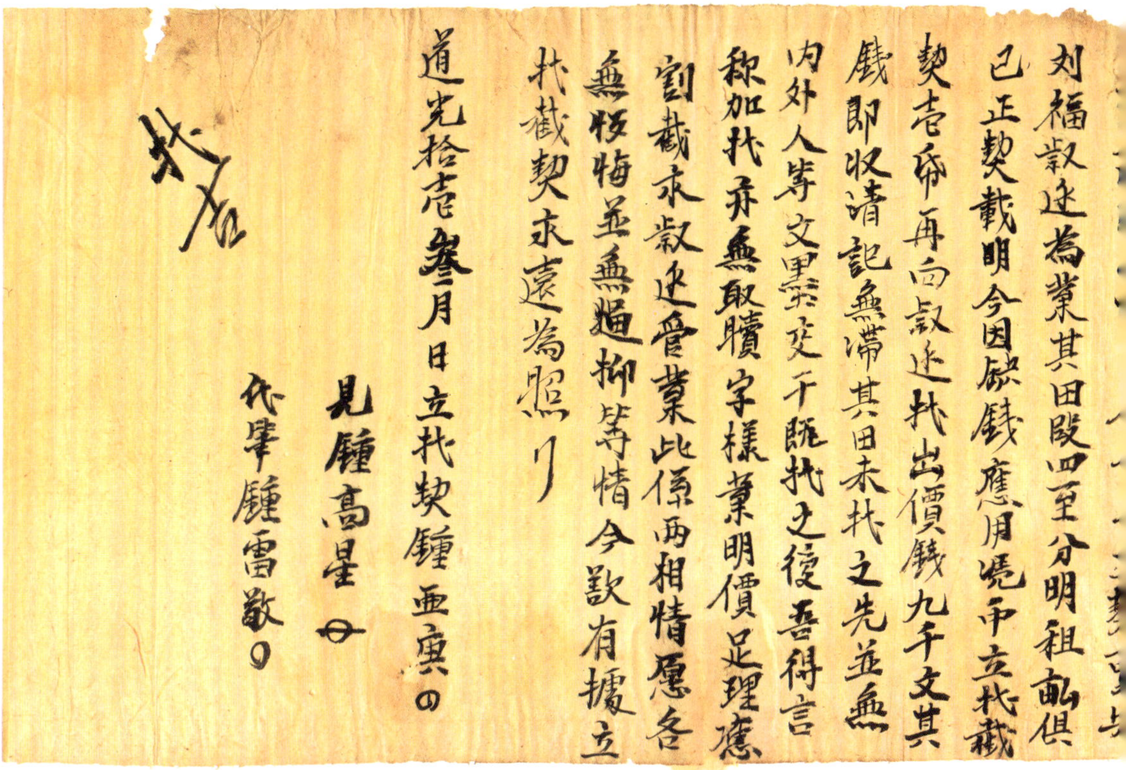

立找契鍾亞庚，父手承分有水田三坵，坐落八都五源净山垢安着，先年立契賣與刘福叔邊爲業，其田段四至分明，租畝俱已正契載明，今因缺錢應用，憑衆立找截契壹紙，再向叔邊找出價錢九千文，其錢即收清訖無滞，其田未找之先，並無内外人等文墨交干，既找之後，吾得言称加找，亦無取贖字樣，業明價足，理應割截，永（爲）叔邊管業，此係兩相情愿，各無恆［反］悔，並無逼抑等情，今欲有據，立找截契永遠爲照。

道光拾壹（年）叁月日立找契鍾亞庚（押）

見鍾高星（押）

代筆鍾雷敬（押）

道光十二年鍾進高立退佃並借

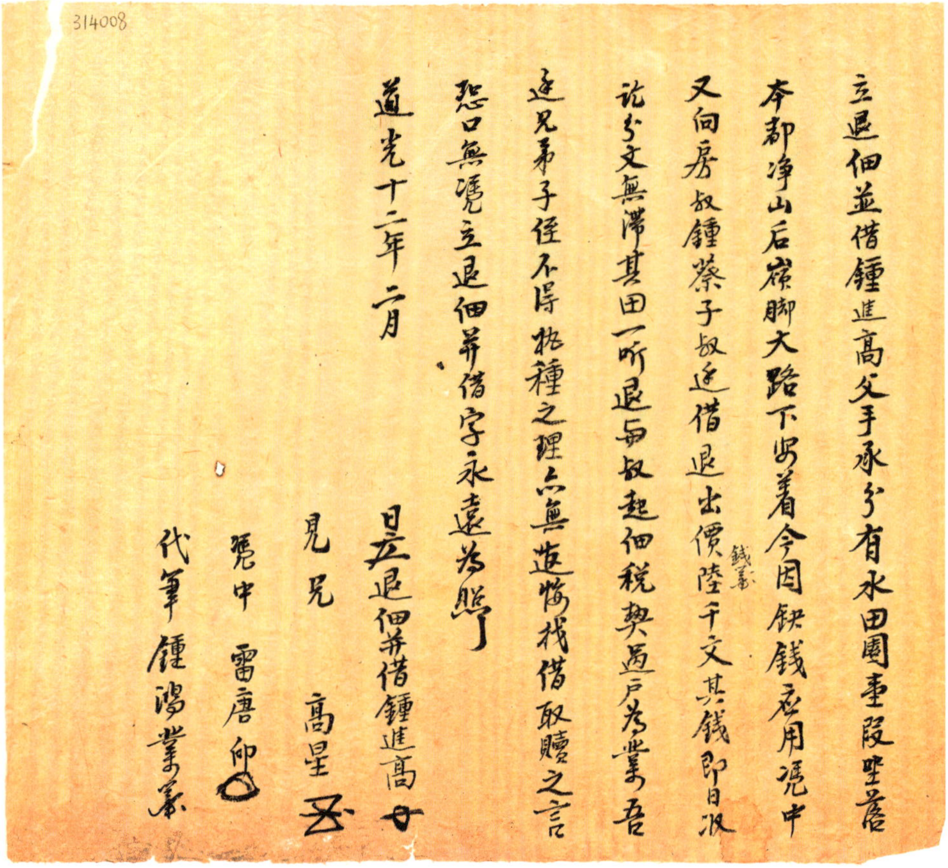

立退佃並借鍾進高，父手承分有水田園壹段，坐落本都净山后嶺脚大路下安着，今因缺錢应用，憑中又向房叔鍾蔡子叔邊借退出價錢（押）陸千文，其钱即日收訖，分文無滯，其田一听退與叔起佃税契過户爲業，吾邊兄弟子侄不得执種之理，亦無返悔找借取贖之言，恐口無憑，立退佃並借字永遠爲照。

道光十二年二月　日立退佃並借鍾進高（押）

見兄　高星（押）

憑中　雷唐印（押）

代筆　鍾鴻業（押）

道光十二年鍾亞吴立當契

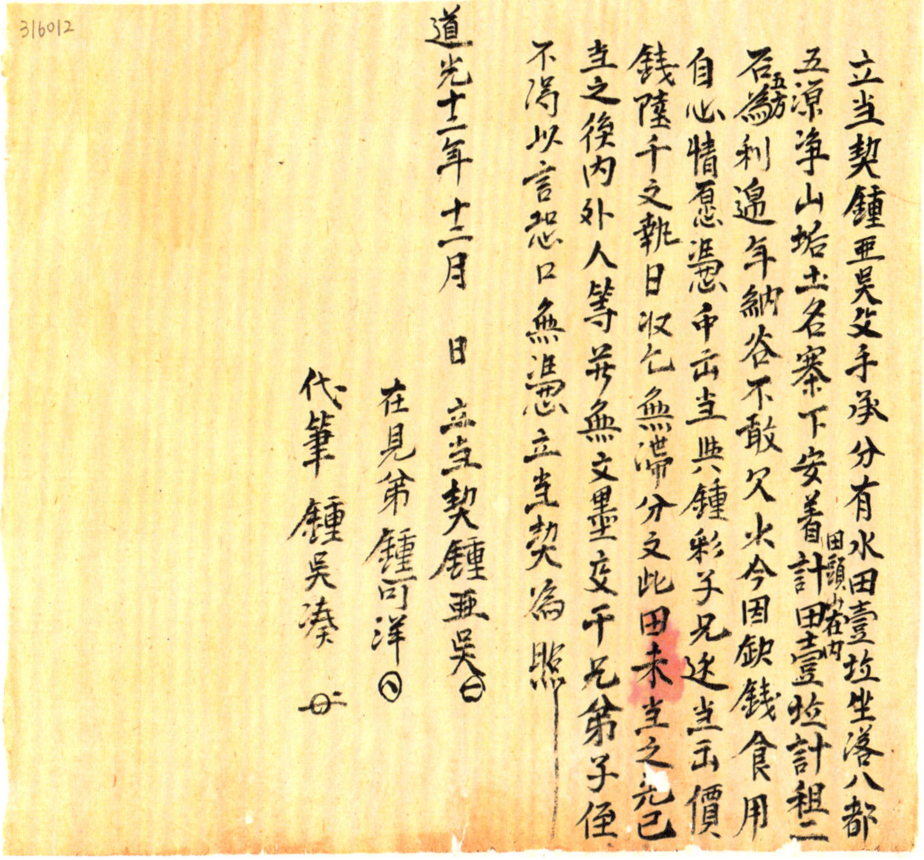

立当契鍾亞吴，父手承分有水田壹坵，坐落八都五源浄山垢，土名寨下安着，田頭山在内，計田壹坵，計租二石五方爲利，□[遞]年納谷，不敢欠少，今因缺錢食用，自心情愿，憑衆出当與鍾彩子兄邊，当出價錢陸千文，執日收乞[訖]，無滞分文，此田未当之先，已当之後，内外人等並無文墨交干，兄弟子侄不得以[異]言，恐口無憑，立当契爲照。

道光十二年十二月　日　立当契鍾亞吴（押）

在見弟鍾可洋（押）

代筆　鍾吴凑（押）

道光十二年鍾亞庚立當契

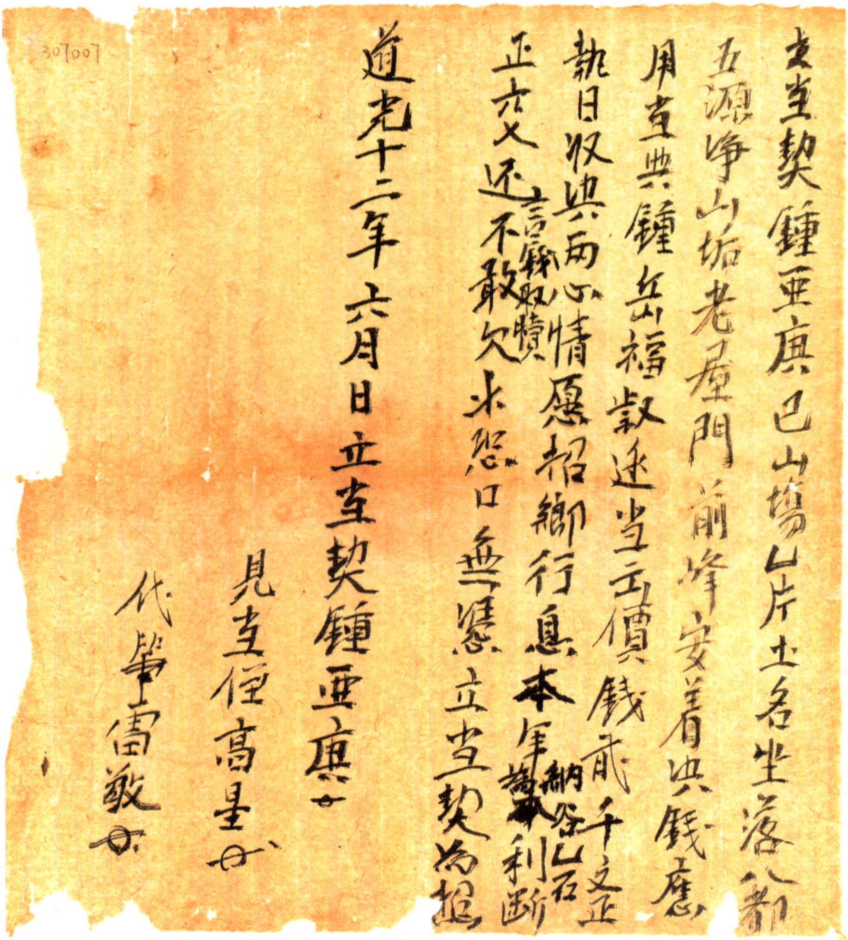

立当契鍾亞庚，己山塲一片，土名坐落八都五源净山垢老屋门前峰安着，决[缺]錢應用，当與鍾岳福叔邊，当出價錢貳千文正，執日收與，兩心情愿，招鄉行息，本年納谷一石爲利，断正交还，言錢取贖，不敢欠少，恐口無憑，立当契爲照。

道光十二年六月日立当契鍾亞庚（押）

見当侄高星（押）

代筆雷敬（押）

道光十二年鍾進高立退佃

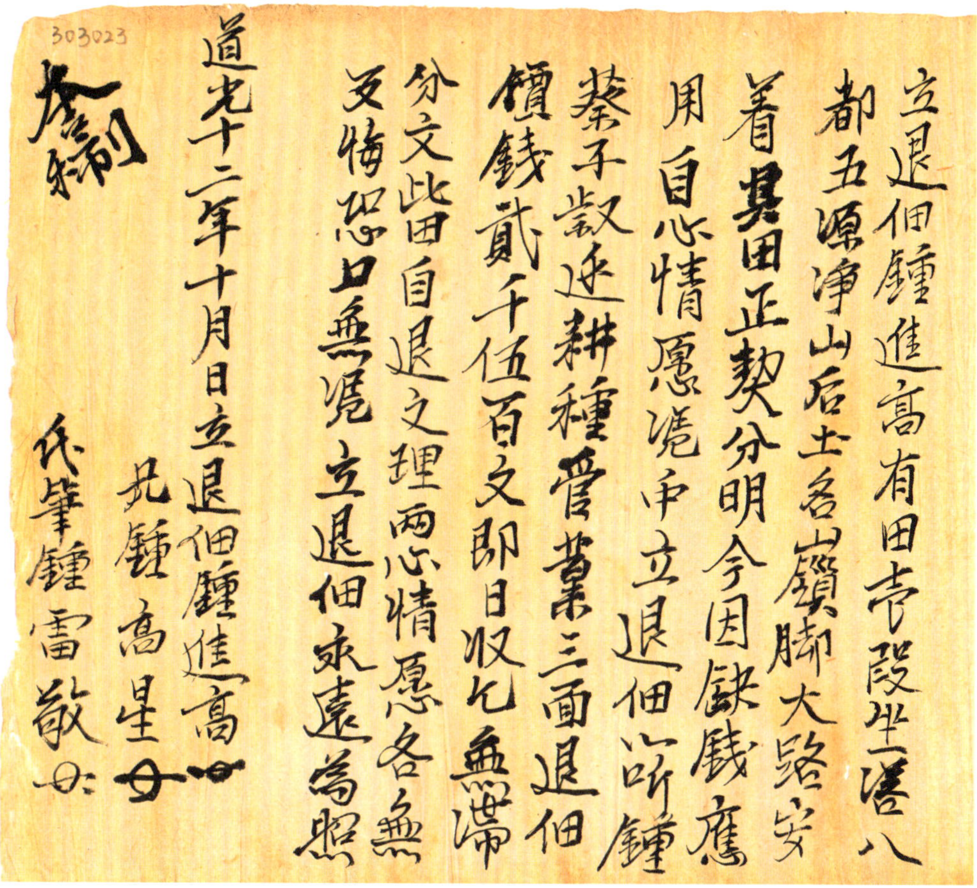

立退佃鍾進高，有田壹段，坐落八
都五源净山后，土名嶺脚大路安
着，其田正契分明，今因缺錢應
用，自心情愿，憑衆立退佃，一听鍾
蔡子叔邊耕種管業，三面退佃
價錢貳千伍百文，即日收乞[訖]，無滯
分文，此田自退之理，兩心情愿，各無
反悔，恐口無憑，立退佃永遠爲照。

道光十二年十月日立退佃鍾進高（押）
兄鍾高星（押）
代筆鍾雷敬（押）

道光十三年鍾許姓立退佃

317019

立退佃鍾許姓父手承有分水田數段自手已立正找
賣與鍾彩子兄廷為業契盡價足理應立退佃書付
邊兄廷自行起佃耕種永為己業吾廷兄弟子侄不得
言稱有分挑種之理此係自心情愿並無逼抑等情
今欲有憑立退佃永遠為照

道光十三年三月　日立退佃鍾許姓　乂

為中　雷廣卯　〇

見退弟　可洋　⊕

代筆鍾永會　（花押）

（前頁）>>>>

立退佃鍾許姓，父手承分有水田数段，自手已立正、找□□賣与鍾彩子兄邊为業，契尽價足，理应立退佃壹紙，退還兄邊自行起佃畊種，永为己業，吾邊兄弟子侄不得言稱有分执種之理，此係自心情愿，並無逼抑等情，今欲有據，立退佃永遠为照。

道（光）十三年三月　日　立退佃　鍾許姓（押）

为衆　雷唐印（押）

見退弟　可洋（押）

代筆　鍾永會（押）

道光十三年鍾高星立賣契

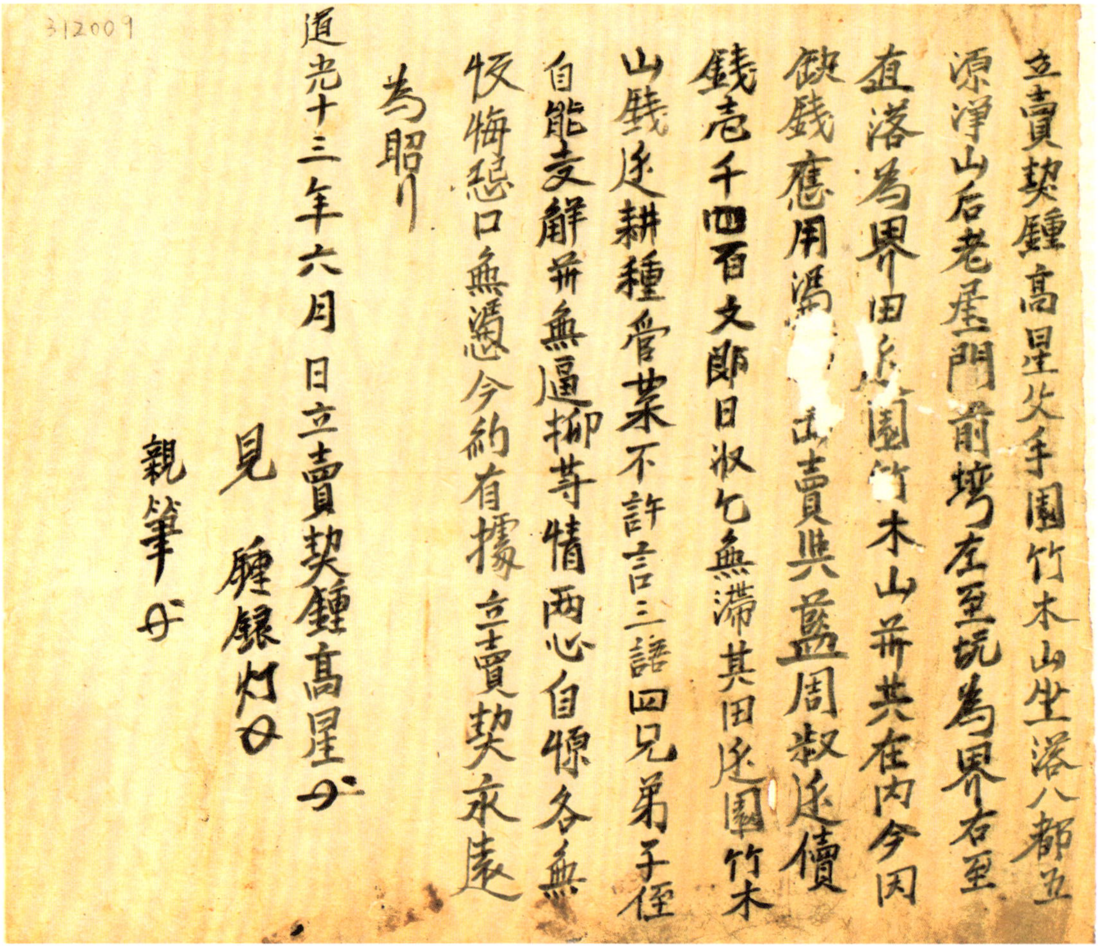

立賣契鍾高星，父手園竹木山，坐落八都五
源浄山后老屋門前塆，左至坑爲界，右至
直落爲界，田邊園竹木山並共在内，今因
缺錢應用，憑（衆）出賣與藍周叔邊，價
錢壹千四百文，即日收乞[訖]無滯，其田邊園竹木
山錢邊耕種管業，不許言三語四，兄弟子侄
自能支解，並無逼抑等情，兩心自愿[願]，各無
㤆[反]悔，恐口無憑，今約有據，立賣契永遠
爲照。

道光十三年六月日立賣契鍾高星（押）
見　鍾銀灯（押）
親筆（押）

道光十三年鍾許姓立借字

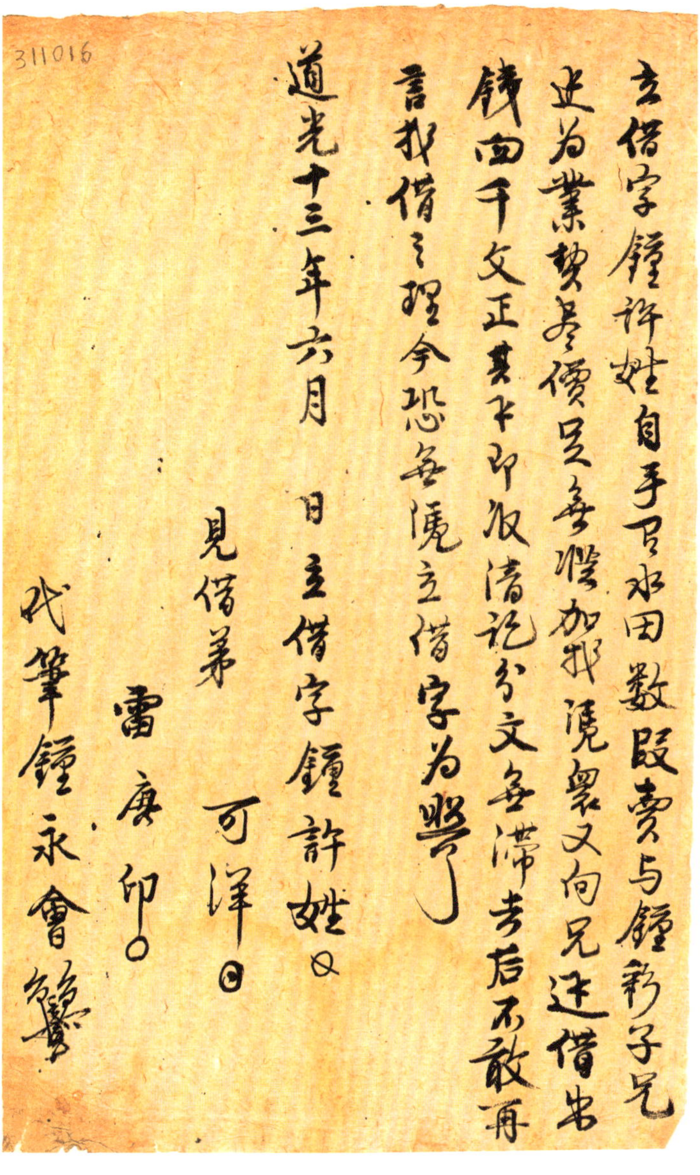

立借字鍾许姓，自手有水田数段，賣与鍾彩子兄邊爲業，契尽價足，無從加找，憑衆又向兄邊借出錢四千文正，其錢即收清訖，分文無滞，去后不敢再言找借之理，今恐無憑，立借字为照。

道光十三年六月　日立借字鍾許姓（押）

見借弟　可洋（押）

雷唐印（押）

代筆鍾永會（押）

道光十三年鍾人釘立找截契

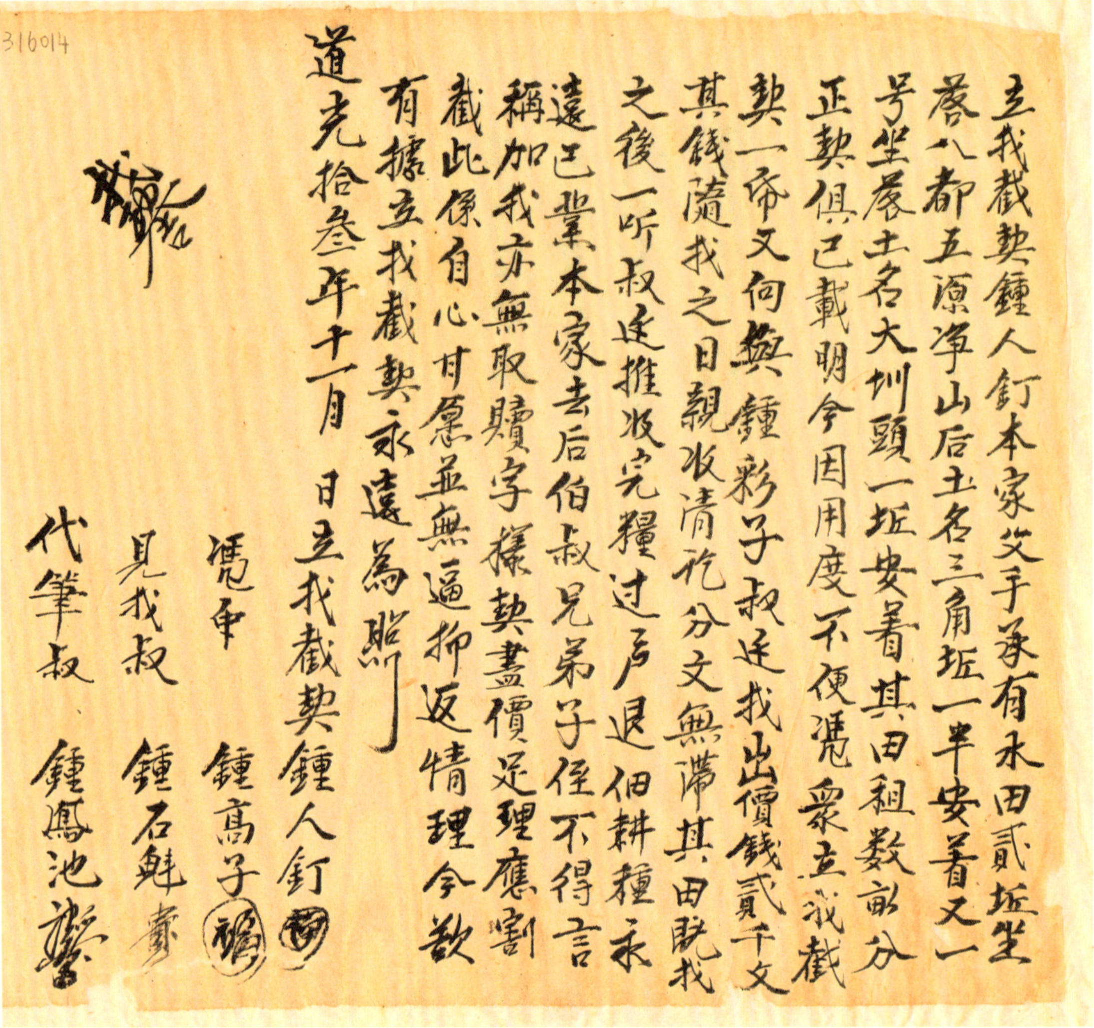

立找截契鍾人釘，本家父手承有水田貳坵，坐落八都五源净山后，土名三角坵一半安着，又一号坐落土名大圳頭一坵安着，其田租数、畝分正契俱已載明，今因用度不便，憑衆立找截契一紙，又向與鍾彩子叔邊，找出價錢貳千文，其錢隨找之日親收清訖，分文無滞，其田既找之後，一听叔邊推收完糧过户，退佃耕種，永遠己業，本家去后伯叔兄弟子侄不得言稱加找，亦無取贖字樣，契盡價足，理應割截，此係自心甘愿，並無逼抑返情理，今欲有據，立找截契永遠爲照。

道光拾叁年十一月　日立找截契鍾人釘（押）

憑衆　鍾高子（押）

見找叔　鍾石魁（押）

代筆叔　鍾鳳池（押）

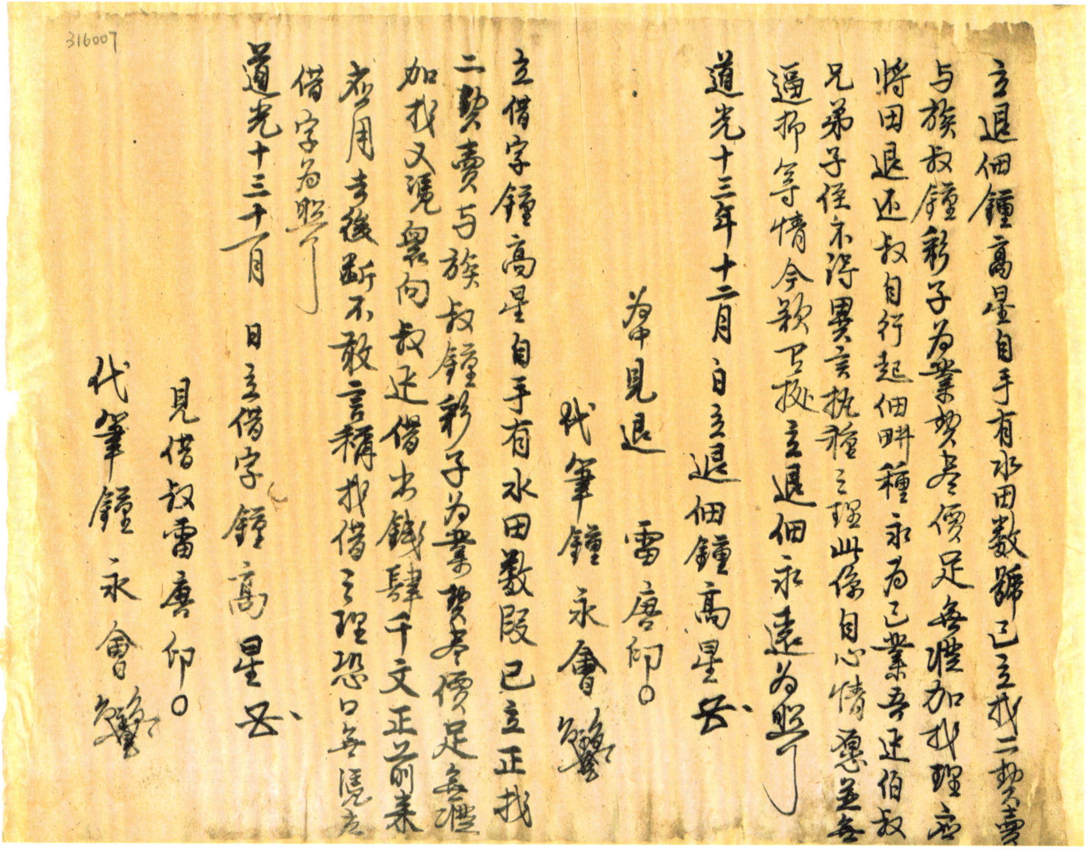

立退佃鍾高星，自手有水田数號，已立找二契賣
与族叔鍾彩子为業，契尽價足，無從加找，理应
将田退还叔自行起佃畊種，永为己業，吾邊伯叔
兄弟子侄不得異言执種之理，此係自心情愿，並無
逼抑等情，今欲有據，立退佃永遠为照。

道光十三年十二月　日立退佃鍾高星（押）
为中見退　雷唐印（押）
代筆　鍾永會（押）

立借字鍾高星，自手有水田数段，已立正、找
二契，賣与族叔鍾彩子为業，契尽價足，無從
加找，又凴衆向叔邊借出錢肆千文正，前來
应用，去後断不敢言稱找借之理，恐口無凴，立
借字为照。

道光十三（年）十一月　日立借字鍾高星（押）
見借叔雷唐印（押）
代筆鍾永會（押）

道光十三年鍾高星立借字

315005

立借字鍾高星自手買田數號已立正找二契
賣与族叔鍾彩子為業業輕價重無處找借
仝憑衆又格外劝借借出錢式千文正前來
應用面斷去后不敢言稱再借之理恐口無憑
立借永遠為照

道光十三年十月　日　立借字鍾高星（押）

見借叔雷唐印○

代筆鍾永會（押）

（前頁）>>>>

立借字鍾高星，自手有田数號，已立正、找二契賣与族叔鍾彩子为業，業輕價重，無處找借，今憑衆又格外劝借，借出錢弍千文正，前來应用，面断去后不敢言稱再借之理，恐口無憑，立借永遠为照。

道光十三年十二月　日　立借字鍾高星（押）

見借叔　雷唐印（押）

代筆　鍾永會（押）

道光十三年鍾許姓立借字

立借字鍾許姓自手有水田數号逕立正找二契賣與
兄鍾彩子為業，業輕價重，無處加找，憑衆又向兄
边格外劝借，借出錢貳千文正，前來食用。去後斷
不敢言稱再借之理，恐口無憑，立借字永遠為照。
道光十三年十二月　日立借字鍾許姓（押）
見借弟　可洋（押）
代筆　鍾永會（押）

（前頁）>>>>

立借字鍾許姓，自手有水田数号，已立正、找二契賣与兄鍾彩子爲業，業輕價重，無處加找，憑衆又向兄邊格外劝借，借出錢式千文正，前來食用，去後断不敢言稱再借之理，恐口無憑，立借字永遠为照。

道光十三年十二月　日立借字鍾許姓（押）

見借弟　可洋（押）

代筆　鍾永會（押）

道光十四年鍾門藍氏仝子由傳立借並退佃字

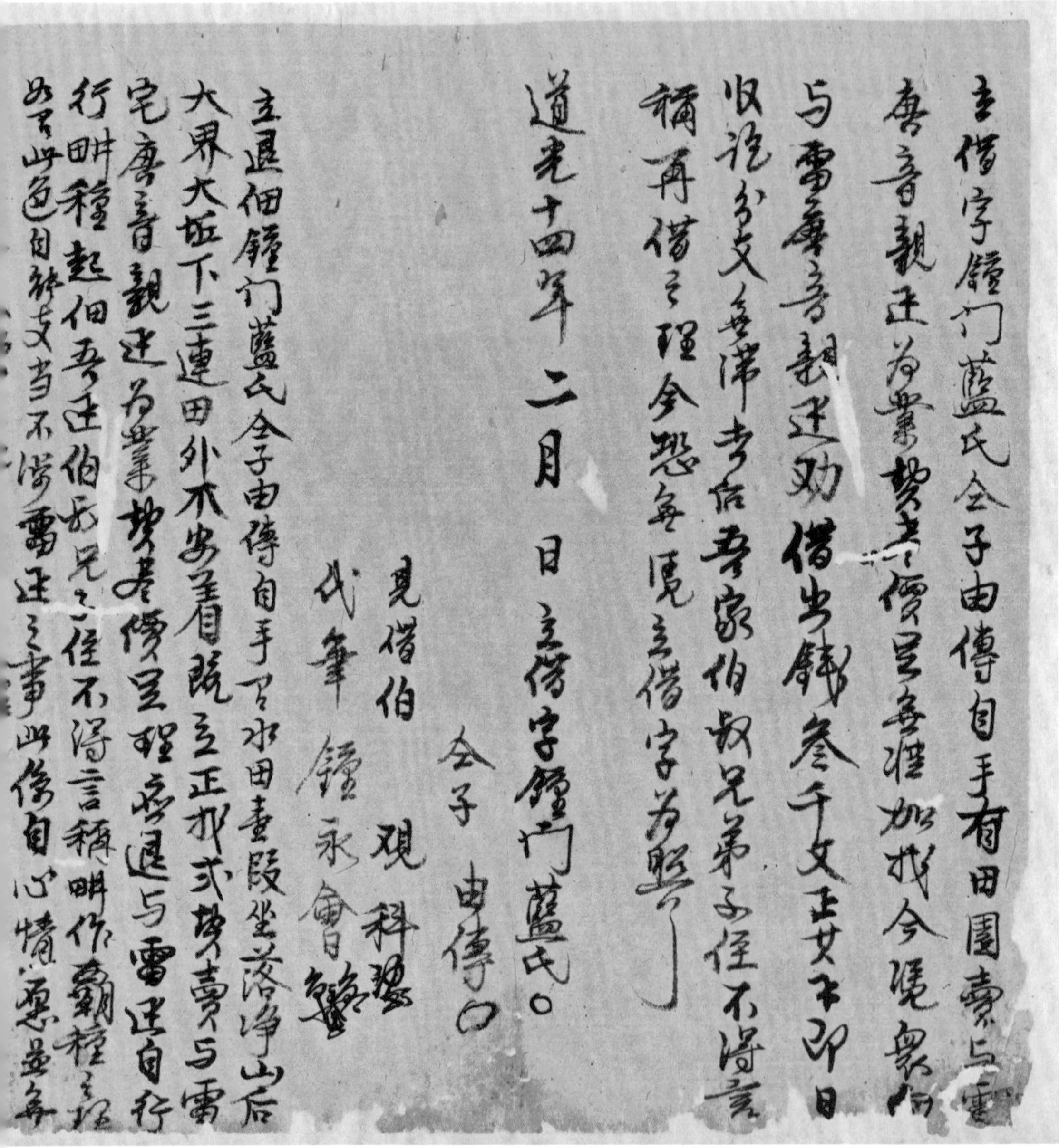
立借字鍾门藍氏仝子由傳自手有田園賣与雷
康音親迁為業，契尽價足，無從加找，今憑衆向
与雷康音親迁劝借出錢叁千文正，其錢即日
收訖分文無滞。其后吾家伯叔兄弟子侄不得言
稱再借之理。今恐無憑，立借字為照。

道光十四年二月　日立借字鍾门藍氏〇
仝子　由傳〇
見借伯　覌科押
代筆　鍾永會押

立退佃鍾门藍氏仝子由傳自手買水田壹段，坐落浄山后
大界大垅下三連田外木安着，目既立正租式契賣与雷
宅康音親迁為業，契尽價足，理應退与雷迁自行
行耕種，起佃吾迁伯叔兄弟之侄不得言稱明作霸種之理。
此系兩邑自願，其文当不得雷迁之事。此係自心情愿並無

（前頁）>>>>

立借字鍾门藍氏仝子由傳，自手有田園賣与雷唐音親邊为業，契尽價足，無從加找，今憑衆向与雷唐音親邊劝借出錢叁千文正，其錢即日收訖，分文無滞，去后吾家伯叔兄弟子侄不得言稱再借之理，今恐無憑，立借字为照。

道光十四年　二月　日　立借字鍾门藍氏（押）

仝子　由傳（押）

見借伯　观科（押）

代筆　鍾永會（押）

立退佃鍾门藍氏仝子由傳，自手有水田壹段，坐落净山后大界大圵下三連田外不安着，既立正、找式契賣与雷宅唐音親邊为業，契尽價足，理应退与雷邊自「行」畊種起佃，吾邊伯叔兄子侄不得言稱畊作霸種之理，如有此色，自能支当，不涉雷邊之事，此係自心情愿，並無逼抑等情，今欲有憑，立退佃为照。

道光十四年二月日立退佃鍾门藍氏（押）　仝子由傳（押）

見退伯观科（押）　代筆鍾永會（押）

道光十四年鍾高星等立賣契

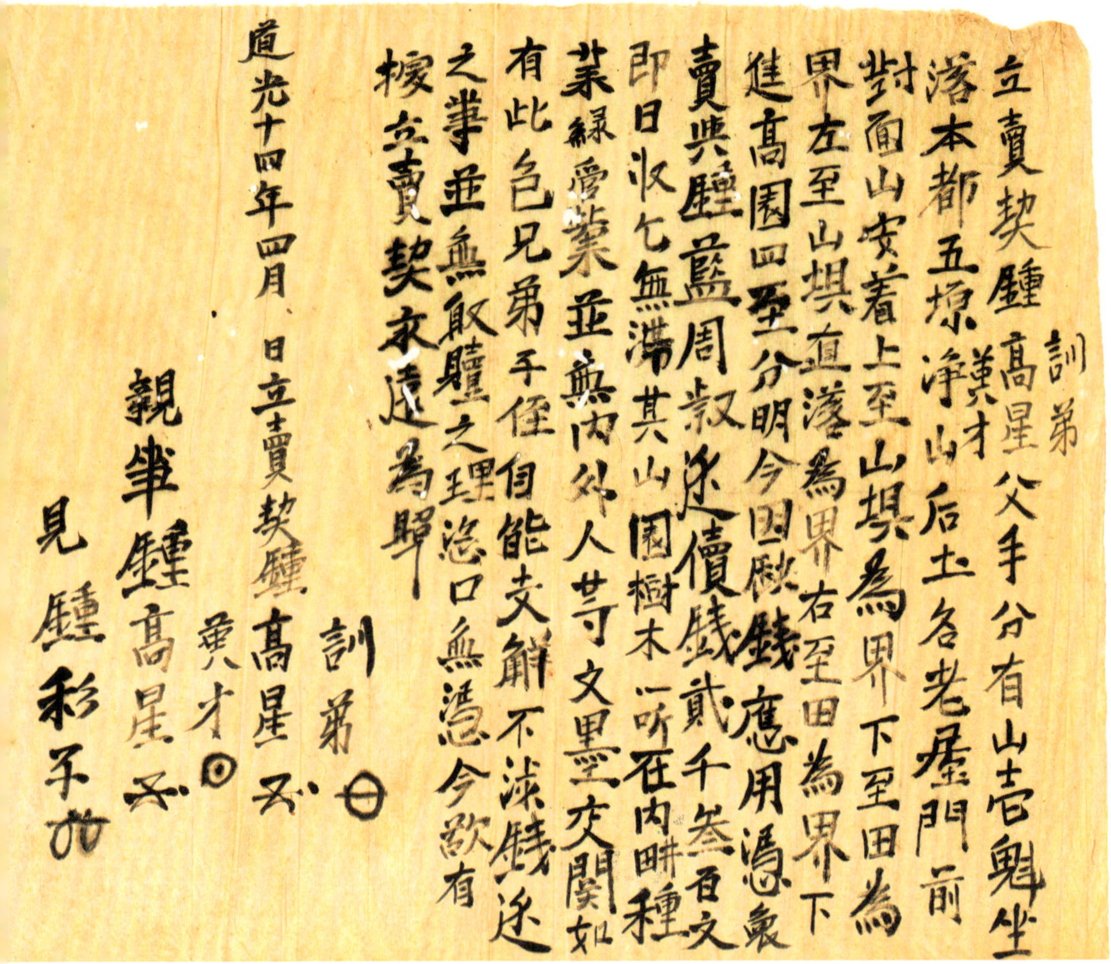

立賣契鍾訓弟、高星、英才，父手分有山壹魁，坐落本都五塬［源］净山后，土名老屋門前對面山安着，上至山塓爲界，下至田爲界，左至山塓直落爲界，右至田爲界，下進高園，四至分明，今因缺錢應用，憑衆賣與鍾藍周叔邊，價錢貳千叁百文，即日收乞［訖］無滯，其山園樹木一听在内耕種茉［樣］绿［籙］管業，並無内外人等文墨交關，如有此色，兄弟子侄自能支解，不涉錢邊之事，並無取贖之理，恐口無憑，今欲有據，立賣契永遠爲照。

道光十四年四月　日立賣契鍾高星（押）

訓弟（押）

英才（押）

親筆鍾高星（押）

見鍾彩子（押）

道光十四年鍾真高立賣契

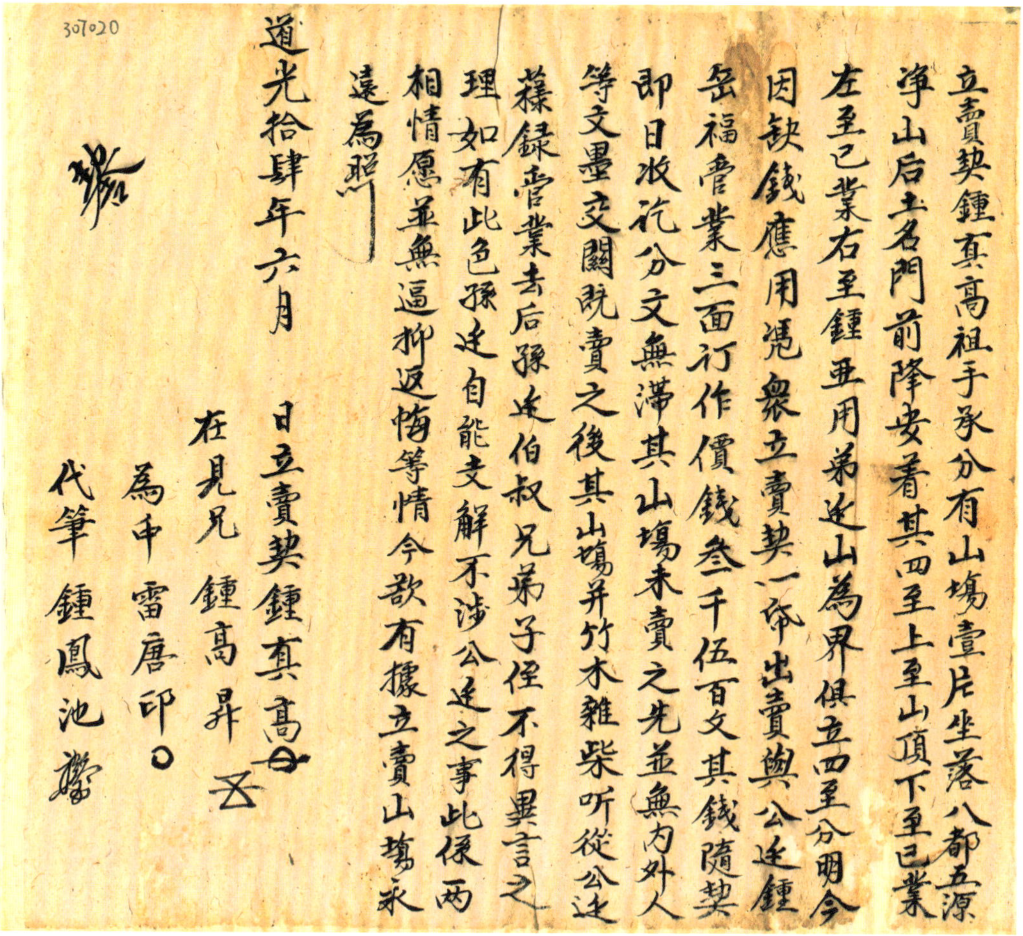

立賣契鍾真高，祖手承分有山塲壹片，坐落八都五源净山后，土名門前降安着，其四至上至山頂，下至已業，左至已業，右至鍾亞用弟邊山爲界，俱立四至分明，今因缺錢應用，憑衆立賣契一紙，出賣與公邊鍾岳福管業，三面订作價錢叁千伍百文，其錢隨[随]契即日收訖，分文無滯，其山塲未賣之先，並無内外人等文墨交關，既賣之後，其山塲並竹木雜柴听從公邊藤[樣]録管業，去后孫邊伯叔兄弟子侄不得異言之理，如有此色，孫邊自能支解，不涉公邊之事，此係兩相情願，並無逼抑返悔等情，今欲有據，立賣山塲永遠爲照。

道光拾肆年六月　日立賣契鍾真高（押）

在見兄　鍾高昇（押）

爲衆　雷唐印（押）

代筆　鍾鳳池（押）

道光十四年鍾吴凑立退佃

立退佃鍾吴凑祖手承分有水壹段坐落八都五源淨山后
土名屋後計田貳坵又坑边園一塊山片水路安着計田壹坵
又一号土名嶺脚水路安着計田叁坵又右边計園弍塊并
及在内共計租叁石伍方正今因缺錢應用憑衆退佃
一系自心甘愿又向與鍾彩子兄边找出錢拾千文其錢
親收完足其田既退之後一听兄边起佃耕種已業去后本
家伯叔兄弟子侄不敢執種之理此係自心情愿無逼抑
等情今欲有據立退佃字爲照

道光十四年十月　日立退佃鍾吴凑

在見鍾可垟

（前頁）>>>>

立退佃鍾吴凑，祖手承分有水（田）壹段，坐落八都五源净山后，土名屋後，计田貳坵，又坑邊園一塊，山片水路安着，计田壹坵，又一号土名嶺脚水路安着，计田叁坵，又右邊计園弍塊並及在内，共計租叁石伍方正，今因缺錢應用，憑衆退佃一紙，自心甘愿，又向與鍾彩子兄邊找出錢拾千文，其錢親收完足，其田既退之後，一听兄邊起佃耕種己業，去后本家伯叔兄弟子侄不敢執種之理，此係自心情（願），並無逼抑等情，今欲有據，立退佃字爲照。

道光十四年十月　　日立退佃鍾吴凑（押）

在見　鍾可垟（押）

爲衆　雷唐印（押）

代筆　鍾鳳池（押）

道光十四年鍾藍周立找契

立找契鍾藍周自父手承分有水田壹坵坐落八都五源
土名淨山后牛塘底左边坑边安着其租數亩分四
至俱正契載明今因缺錢應用自心情愿憑衆又
向弟边立找契壹帋向鍾彩子弟边找出價錢肆
千文正其錢即日收訖無滯分文此田未找之先並
内外人等文交關碍找之后田听弟边自行税收起
佃耕種吾边伯叔兄弟子侄去后不得言稱找借亦無
取贖字樣永為弟边己業此係兩相心愿並無逼
抑返悔等情今欲有據立找契永遠為照了

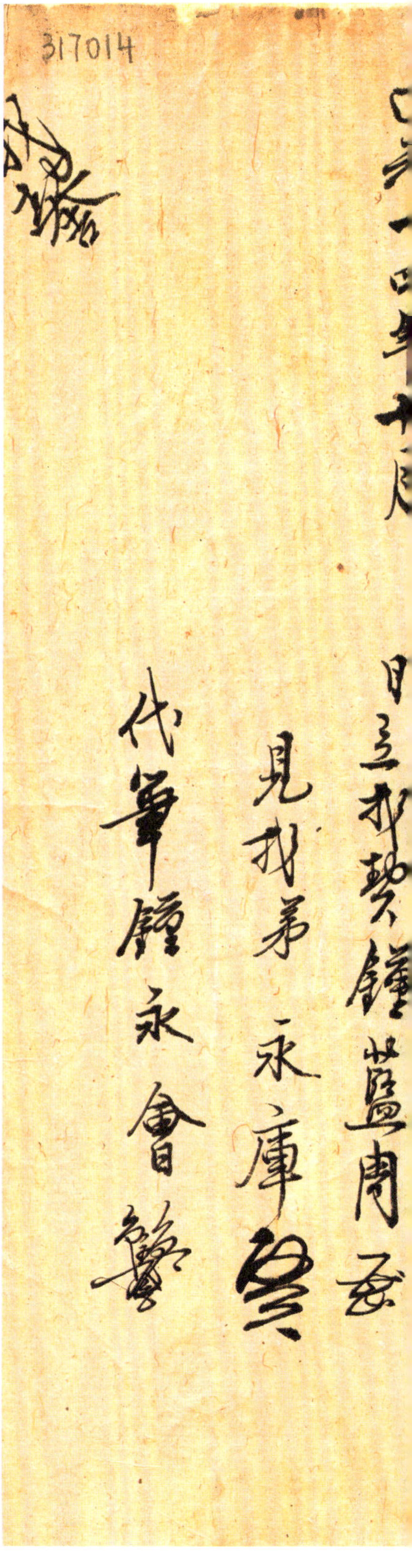

（前頁）>>>>>

立找契鍾藍周，自父手承分有水田壹塅，坐落八都五源，土名净山后牛塘痕左邊坑邊安着，其租数、亩分、四至俱正契載明，今因缺錢应用，自心情愿，憑衆又向弟邊立找契壹紙，向鍾彩子弟邊找出價錢肆千文正，其錢即日收訖，無滞分文，此田未找之先，並（無）内外人等文（墨）交關，既找之后，田听弟邊自行税收起佃畊種，吾邊伯叔兄弟子侄去后不得言稱找借，亦無取贖字樣，永为弟邊己業，此係兩相心愿，並無逼抑返悔等情，今欲有據，立找契永遠为照。

道光十四年十月　日立找契鍾藍周（押）

見找弟　永庫（押）

代筆　鍾永會（押）

道光十四年鍾徵松立借字

311008

立借字鍾徵松祖手承分有番一處坐落八都王蒜山后厝後大坑邊園一塊山下水路安着計田壹坵又嶺脚安着計田貳坵又右邊園貳塊在内共計租肆石陸方今缺錢應用無處挪借立借字一紙又向鍾彩予兄邊借出錢壹拾肆千文正再有重借之後本家伯叔兄弟子侄不敢異議收清訖既借之事之理此係自甘愿並無逼抑等情今欲有據立借字為照

道光十四年十一月　日　立借字鍾徵松

見借鍾阿華

在見雷支有

代筆鍾阿八

（前頁）>>>>

立借字鍾徵松，祖手承分有水田一坵，坐落八都五源山后屋後，又坑边園一塊，山片水路安着，计田壹坵，又嶺脚安着，计田弍坵，又右边園弍塊在内，共计租肆石陆方，今缺錢應用，憑衆立借字一紙，又向與鍾彩子兄邊借出錢壹拾肆千文正，再有重借之後，本家伯叔兄弟子侄不敢，其钱收清訖，既借之事之理，此係自甘愿，並無逼抑等情，今欲有据，立借字爲照。

道光十四年十一月

立借字鍾正松（押）

見借鍾可平（押）

爲衆雷支有（押）

代筆鍾阿八（押）

道光十四年鍾一周立賣契

307017

立賣契鍾一周，自手有園弍塊，坐落八都五源淨山後，土名屋角頭坑邊路下安着。今缺錢應用，出賣與鍾姓子弟邊為業，三面斷作價錢柒百文，其錢即日收訖。自賣之後，其園聽弟邊作園栽種，吾邊兄弟子侄不得言稱有分，亦無取贖字樣，永爲弟邊已業。此係兩相情愿，並非逼抑等情，今欲有據，立賣契永遠爲照。

道光拾肆年十二月　日立賣契鍾一周（押）

在見　弟　吳湊（押）

代筆　弟　王璂（押）

（前頁）>>>>

立賣契鍾一周，自手有园弍塊，坐落八都五源净山後，土名屋角頭坑邊路下安着，今缺錢应用，出賣與鍾□子弟邊爲業，三面断作價錢柒百文，其錢即日收□（訖），自賣之後，其园听弟邊作用栽種，吾邊兄弟子侄不得言称有分，亦無取贖字樣，永爲弟邊己業，此係兩相情愿，並非逼抑等情，今欲有據，立賣契永遠爲照。

道光拾肆年十二月　日立賣契鍾一周（押）

在見　弟吴凑（押）

代筆　弟　玉琪（押）

道光十四年鍾吴最立借字

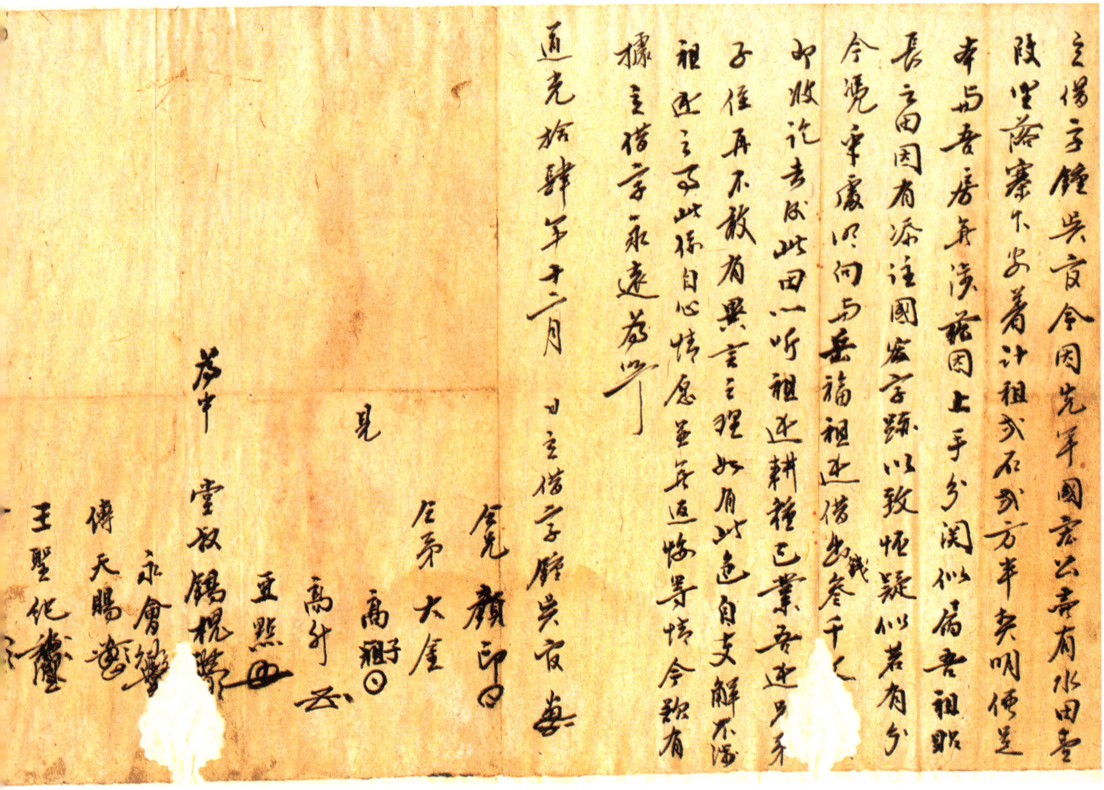

立借字鍾吴最，今因先年國宏公賣有水田壹段，坐落寨下安着，计租弍石弍方半，契明價足，本與吾房無涉，兹因上手分關似屬吾祖貼長之田，因有添注國宏字跡，以致怀疑似若有分，今憑衆處明，向與岳福祖邊借出錢叁千文□□即收訖，去後此田一听祖邊耕種己業，吾邊兄弟子侄再不敢有異言之理，如有此色，自支解，不涉祖邊之事，此係自心情愿，並無返悔等情，今欲有據，立借字永遠爲照。

道光拾肆年十二月　日立借字鍾吴最（押）

仝兄　顏印（押）

仝弟　大金（押）

見　高子雅（押）

高升（押）

亞點（押）

爲中　堂叔錫槐（押）

永會（押）

傅天賜（押）

王聖纯（押）

葉大昌（押）

代筆　堂叔　玉琪（押）

道光十五年鍾永庫立當契

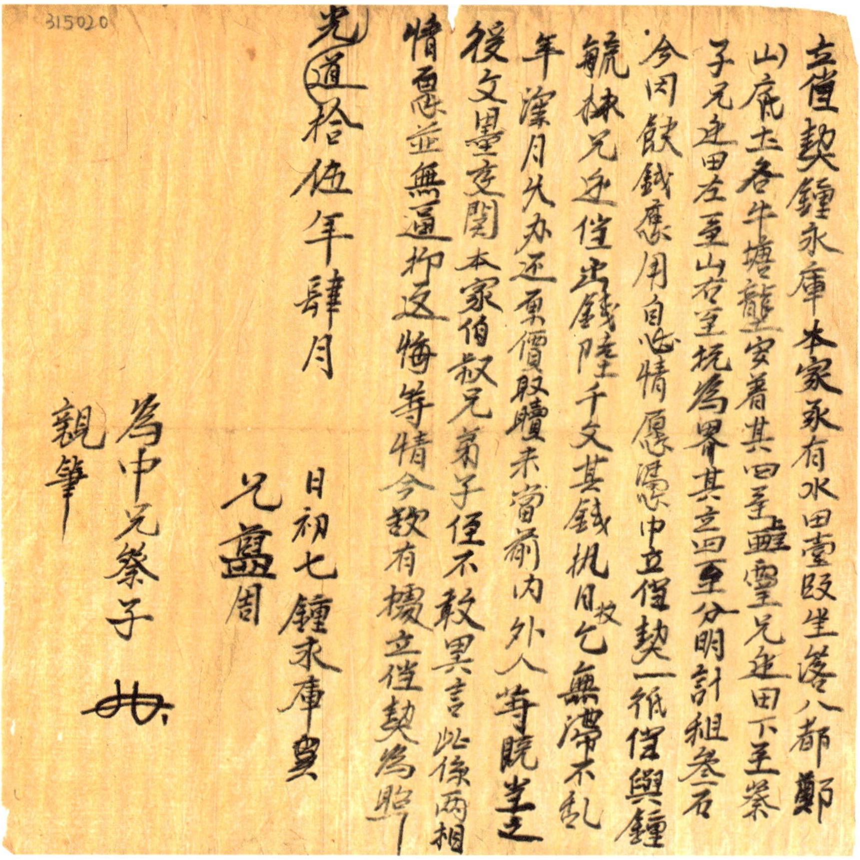

立當契鍾永庫，本家承有水田壹段，坐落八都鄭山底，土名牛塘壟安着，其四至上至亞靈兄邊田，下至蔡子兄邊田，左至山，右至坑爲界，其立四至分明，計租叁石，今因缺錢應用，自心情愿，憑中立當契一祇[紙]，當與鍾毓林兄邊，當出錢陸千文，其錢机[即]日收乞[訖]無滯，不乱[論]年深月久，办还原價取贖，未當前，内外人等，既当之後，文墨交關，本家伯叔兄弟子侄不敢異言，此係兩相情愿，並無逼抑返悔等情，今欲有據，立當契爲照。

道光拾伍年肆月　日初七鍾永庫（押）

兄藍周

爲中兄蔡子（押）

親筆

道光十五年鍾官科立當契

317012

立当契鍾官科父手承分有水田一𠫊坐落八都五源淨山后土名老屋對面岩漈上壟安着計田大小五坵計租壹石貳方其四至上至鍾蔡子弟迭己田下至路左至坑右至路為界今因缺錢應用凴中立当契一紙出当與蔡子弟迭為業三面断作價錢叁千文其錢即日收訖自当之後其田一聽弟迭管業吾迭兄弟子侄不得異言之理去後好办原錢取贖弟迭不得執留此係自心情愿並無逼抑返悔等情今欲有據立当契為照

道光拾伍年十二月　日立当契鍾官科（押）

在見侄　應聰〇

代筆弟　鍾玉琪（押）

（前頁）>>>>

立当契鍾官科，父手承分有水田一坵，坐落八都五源净山后，土名老屋對面岩漈上壟安着，计田大小五坵，计租壹石弍方，其四至上至鍾蔡子弟邊己田，下至路，左至坑，右至路爲界，今因缺錢应用，憑中立当契一紙，出當與蔡子弟邊爲業，三面断作價錢叁千文，其錢即日收訖，自当之後，其田一听弟邊管業，吾邊兄弟子侄不得□□之理，去後如办原錢取贖，弟邊不得执留，此係自心情愿，並無逼抑返悔等情，今欲有據，立当契爲照。

道光拾伍年十二月　　日立当契鍾官科（押）

在見　侄唐聪（押）

代筆　弟鍾玉琪（押）

道光十五年鍾吴凑立借字

立借字鍾吴凑祖手承分有水田壹段坐落八都五源
山后土名屋後计田贰坵又坑边園一塊山片水路安着计田壹
坵又一号土名嶺脚水路安着计田叁坵又右边有園弍塊并
及在内共计租叁石伍方正今因缺錢應用憑衆立
借字一纸又向與鍾彩子兄边借出錢壹拾肆千文正
其錢親收清讫既借之後本家伯叔兄弟子侄不敢
再有重借之理此係自心甘愿并無逼迫抑勒等情今欲
有據立借字為照

道光十伍年十二月　日立借字鍾吴凑（押）

見[illegible]鍾[illegible][illegible]筆

（前頁）>>>>

立借字鍾吳湊，祖手承分有水田壹段，坐落八都五源□山后，土名屋後，计田贰坵，又坑邊園一塊，山片水路安着，计田壹坵，又一号土名嶺脚水路安着，计田叁坵，又右邊有園弍塊並及在内，共计租叁石伍方正，今因缺錢應用，憑衆立借字一紙，又向與鍾彩子兄邊借出錢壹拾肆千文正，其錢親收清訖，既借之後，本家伯叔兄弟子侄不敢再有重借之理，此係自心甘愿，並無逼抑等情，今欲有據，立借字爲照。

道光十五年十二月　日立借字鍾吳湊（押）

見借鍾可垟（押）

爲衆雷唐印（押）

代筆鍾鳳池（押）

道光十五年鍾吴凑立賣截契

306005

立賣截契鍾吴凑父手承分有山塲壹片坐落八都五源净
山後土名屋後塝上安着上至蔡子兄边自己山為界下至周灵兄
边山為界左至蔡子兄边自己山為界右至路為界又一号土名
坐落寮下田下塝安着計园貳塊又屋基内牛欄一直又一号
土名坐落新屋後三連田下寮园一塊又一号坐落三連田田頭山
边园貳塊又一号坐落土名老屋門前下坑边右边山塲壹片
安着上至可揚山為界左至石壁右至坑下至坑為界今因缺錢
應用凭衆立契一帋出賣與蔡子兄边為業三面斷作
價錢捌千陸百文其錢即日收讫分文無滞此山塲园牛欄基
等項未賣之先並無内外人等文墨交干既賣之後其山园
内竹木茶雜項一听兄边樣録管業吾边兄弟子侄不得異言
之理去后不得言稱加找亦無取贖字樣此係自心情愿並無
逼抑返悔等情今欲有據立賣截契永遠為照

立賣截契鍾吴凑（押）

在見兄益周（押）

弟孔陽（押）

道光拾伍年十二月

代筆鍾鳳池（押）

（前頁）>>>>

立賣截契鍾吴湊，父手承分有山塲壹片，坐落八都五源净
山後，土名屋後垟上安着，上至蔡子兄邊自己山爲界，下至周灵兄
邊山爲界，左至蔡子兄邊自己山爲界，右至路爲界，又一号土名
坐落寨下田下垟安着，计园貳塊，又屋基内牛欄一直，又一号
土名坐落新屋後三連田下茶园一塊，又一号坐落三連田田頭山
邊园貳塊，又一号坐落土名老屋門前下坑邊右邊山塲壹片
安着，上至可揚山爲界，左至石磨，右至坑，下至坑爲界，今因缺錢
應用，憑衆立契一紙，出賣與蔡子兄邊爲業，三面断作
價錢捌千陸百文，其錢即日收訖，分文無滞，此山塲、园、牛欄基
等項未賣之先，並無内外人等文墨交干，既賣之後，其山园
内竹木茶雜項一听兄邊様録管業，吾邊兄弟子侄不得異言
之理，去后不得言稱加找，亦無取贖字樣，此係自心情愿，並無
逼抑返悔等情，今欲有據，立賣截契永遠爲照。

道光拾伍年　十二月　立賣截契鍾吴湊（押）

在見兄　益周（押）

弟　孔陽（押）

代筆　鍾鳳池（押）

道光十六年鍾賴金立找契

立找契鍾賴金自祖承分下水田數段坐落本都五源土名
净山后水井垭牛塘墘坳田最下旱塘上塆寨下田下并山塲數
片其四至租數畝分正契俱已載明今因用度不便憑衆
立找契壹紙向與彩子叔邊找出價錢壹拾肆千文正其錢
隨契親收完足分文無滯其田山未找之先既與叔邊自行
耕種業録自找之后更一听叔邊自行税收完粮起佃耕種管業永
為己業吾邊伯叔兄子侄不得言稱加找亦無取贖字樣契盡
價足理應割截如有此色自能支解不涉叔邊之事此係自
心甘愿並無逼返悔等情今欲有憑立找截契永遠為照

道光拾陸年五月　日立截找契鍾賴金（押）

見找伯　鍾益周（押）

鍾益周

（前頁）>>>>

立找契鍾赖金，自祖承分有水田数段，坐落本都五源，土名净山后水井坵、牛塘壟、坳田最、下旱塘、上塆、寨下、田下並山塲数片，其四至、租数、亩分正契俱已載明，今因用度不便，憑衆立找契壹紙，向与彩子叔边找出價錢壹拾肆千文正，其錢隨契親收完足，分文無滯，其田山未找之先，既与叔邊自行畊種様簶，自找之后，更一听叔邊自行税收完粮，起佃耕種管様，永为己業，吾邊伯叔兄子侄不得言稱加找，亦無取贖字様，契尽價足，理应割截，如有此色，自能支解，不涉叔邊之事，此係自心甘愿，並無逼（抑）返悔等情，今欲有據，立找截契永遠为照。

道光拾陸年五月　日立截找契鍾赖金（押）

見找伯　鍾益周（押）

鍾藍周（押）

为衆　鍾大庫（押）

鍾吴凑（押）

代筆鍾永會（押）

道光十六年鍾賴金立退佃

立退佃鍾賴金自祖手承分下田山數處，坐落本都五源土名淨
山后水井坵牛壙豎坳田最下旱壙上塆寨下田下并山塲數片，
上年已立正找二契，賣与叔廷為業，契明價足，理應与立退佃
壹并退還叔廷自行起佃耕種。今因缺錢應用，憑衆又向叔廷
叔廷劝出錢拾千文正，其錢即日收訖無滯，分文其田山訖退，
听憑叔廷說收起佃耕種樣簶，吾廷伯叔兄弟子侄不得言稱
分爭執之理。恐口無憑，立退佃為照。

道光十六年五月 日立退佃 鍾賴金（押）

見退伯 鍾益周（押）

鍾藍周（押）

鍾[illegible]（押）

（前頁）>>>>>

立退佃鍾赖金，自祖手承分有田山数處，坐落本都五源，土名净山后水井圻、牛塘壟、坳田最、下旱塘、上塆、寨下、田下並山塲数片，上年已立正、找二契，賣与叔邊为業，契尽價足，理應与立退佃壹紙，退还叔邊自行起佃畊種，今因缺錢应用，憑衆又向彩子叔邊劝出錢拾千文正，其錢即日收訖，無滞分文，其田山既退，听從叔邊税收起佃畊種様簶，吾邊伯叔兄弟子侄不得言稱有分争執之理，恐口無憑，立退佃为照。

道光十六年五月　日立退佃　鍾赖金（押）

見退伯　鍾益周（押）

鍾藍周（押）

鍾大庫（押）

鍾吴凑（押）

代筆　鍾永會（押）

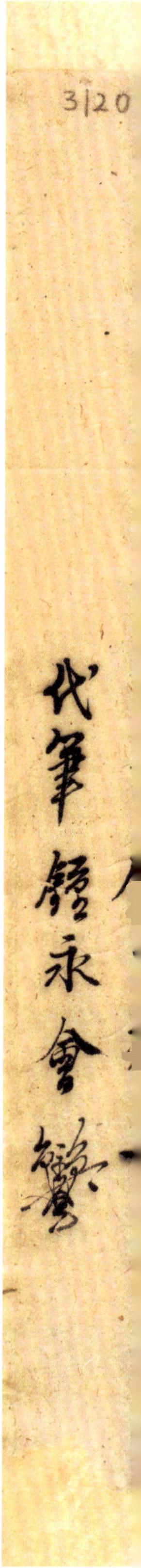
3120
代筆鍾永會

道光十六年鍾賴金立退佃

立退佃鍾賴金祖手承分有水田壹段坐落八都五源土名冲山後水井垟安着又一段坐落土名牛塘下壟安着又一号山塲一片坐落土名蕨園右边連外降安着上年賣與鍾彩子叔边正找二契割截明晰今因錢財缺用自心甘愿凴中立退佃一帋又向與鍾彩子叔边勸出錢柒千文其錢即日收訖其田山塲既退之後听從叔边起佃耕種蕹蕹侄边去后伯叔兄弟子侄不敢有阻執之理永為叔边已業恐口無凴立退佃為照

道光十六年五月　日立退佃　鍾賴金（押）

見退　伯益周（押）

鍾藍周（押）

（前頁）>>>>

立退佃鍾賴金，祖手承分有水田壹段，坐落八都五源，土名浄山後水井坵安着，又一段，坐落土名牛塘下壟安着，又一号山塲一片，坐落土名蕨園右邊連外降安着，上年賣與鍾彩子叔邊，正、找二契割截明晰，今因錢財缺用，自心甘愿，憑衆立退佃一紙，又向與鍾彩子叔邊勸出錢柒千文，其錢即日收訖，其田山塲既退之後，听從叔邊起佃耕種籙錄，侄邊去后伯叔兄弟子侄不敢有阻執之理，永爲叔邊己業，恐口無憑，立退佃爲照。

道光十六年五月　日立退佃鍾賴金（押）

見退　伯益周（押）

鍾藍周（押）

在見　鍾大庫（押）

鍾吴凑（押）

代筆　鍾鳳池（押）

道光十六年鍾賴金立借字

立借字鍾賴金祖手承分有水田壹段坐落八都淨山
後土名水井坵安着又一号坐落土名牛塘下壟安着共計租
叁石正又一号山塲一片土名坐落苧蔴園右边連外降安着
上年出賣與鍾彩子叔边已業今因缺錢應用凴衆
又向與叔边借出錢拾壹千文既借之後去后侄边
伯叔兄弟子侄斷不敢再有重借之理如有此色自
能支當不涉叔边之事今恐無凴立借字爲照
道光拾陸年七月　日立借字鍾賴金（押）
見借伯益周（押）
鍾益周

（前頁）>>>>

立借字鍾賴金，祖手承分有水田壹段，坐落八都净山後，土名水井坵安着，又一号坐落土名牛塘下壟安着，共计租叁石正，又一号山塲一片，土名坐落蔴園右邊連外降安着，上年出賣與鍾彩子叔邊己業，今因缺錢應用，憑衆又向與叔邊借出錢拾壹千文，既借之後，去后侄邊伯叔兄弟子侄断不敢再有重借之理，如有此色，自能支當，不涉叔邊之事，今恐無憑，立借字爲照。

道光拾陸（年）七月　日立借字鍾賴金（押）

見借　伯益周（押）

鍾藍周（押）

鍾吴凑（押）

鍾大庫（押）

代筆　鍾鳳池（押）

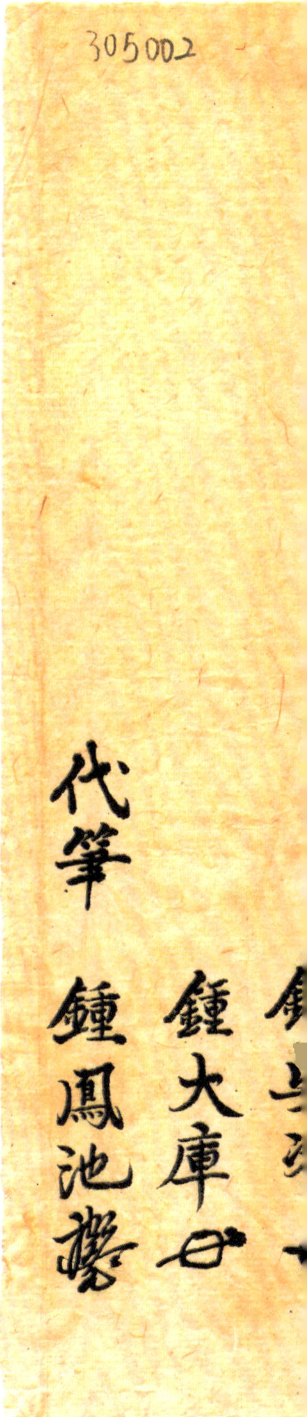

道光十六年鍾許生立賣契

立賣契鍾許生父手承分有山場壹片〃
都五源淨山后土名屋後降安着又有園壹□□土
落屋右邊安着并及在內今因用度不便自心
甘愿憑衆立賣契一紙出賣與鍾彩子兄邊管
業三面行作價錢壹千叁百文其錢即日親收完足
分文無滯其山園未賣之先並無內外人等文墨
交關既賣之後听從兄邊耕種掌管已業去后為
叔兄弟子侄不得言稱加找亦無取贖字據永〃
兄邊已業此係兩相情愿如有此色自能支解了
□涉兄邊之事自心甘愿並無逼抑反悔等情今欲
有據立賣契永遠為照

道光十六年十二月　日立賣契鍾許生

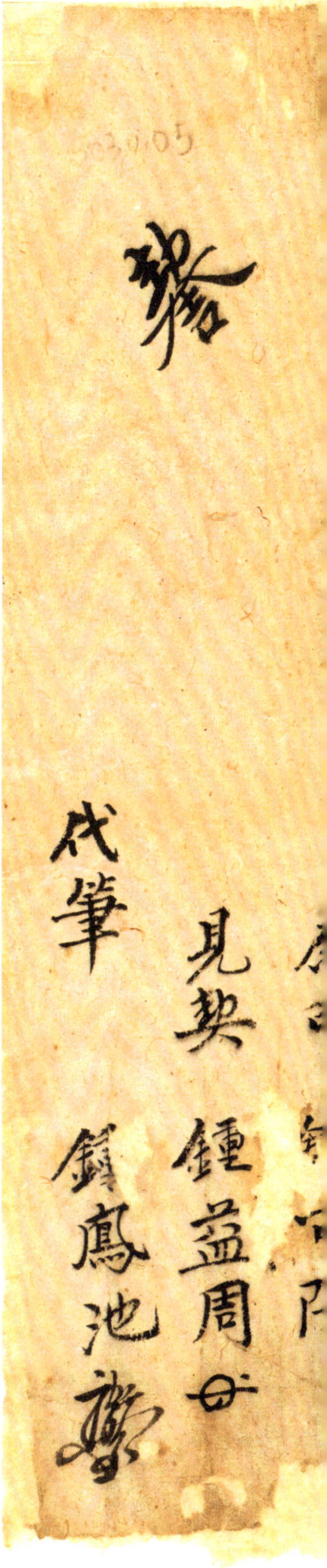

(前頁)>>>>

立賣契鍾許生，父手承分有山塲壹片，□□□都五源净山后，土名屋後降安着，又有園壹□□(坐)落屋右邊安着，並及在内，今因用度不便，自心甘愿憑衆立賣契一紙，出賣與鍾彩子兄邊管業，三面订作價錢壹千叁百文，其錢即日親收完足，分文無滯，其山園未賣之先，並無内外人等文墨交關，既賣之後，听從兄邊籈簶掌管己業，去后伯叔兄弟子侄不得言稱加找，亦無取贖字樣，永□兄邊己業，此係兩相情愿，如有此色，自能支解，不涉兄邊之事，自心甘愿，並無逼抑恢[反]悔等情，今欲有據，立賣契永遠爲照。

道光拾陸年　十二月　日立賣契鍾許生(押)

爲衆　鍾可陽(押)

見契　鍾益周(押)

代筆　鍾鳳池(押)

道光十七年趙邦統衆等立賣契

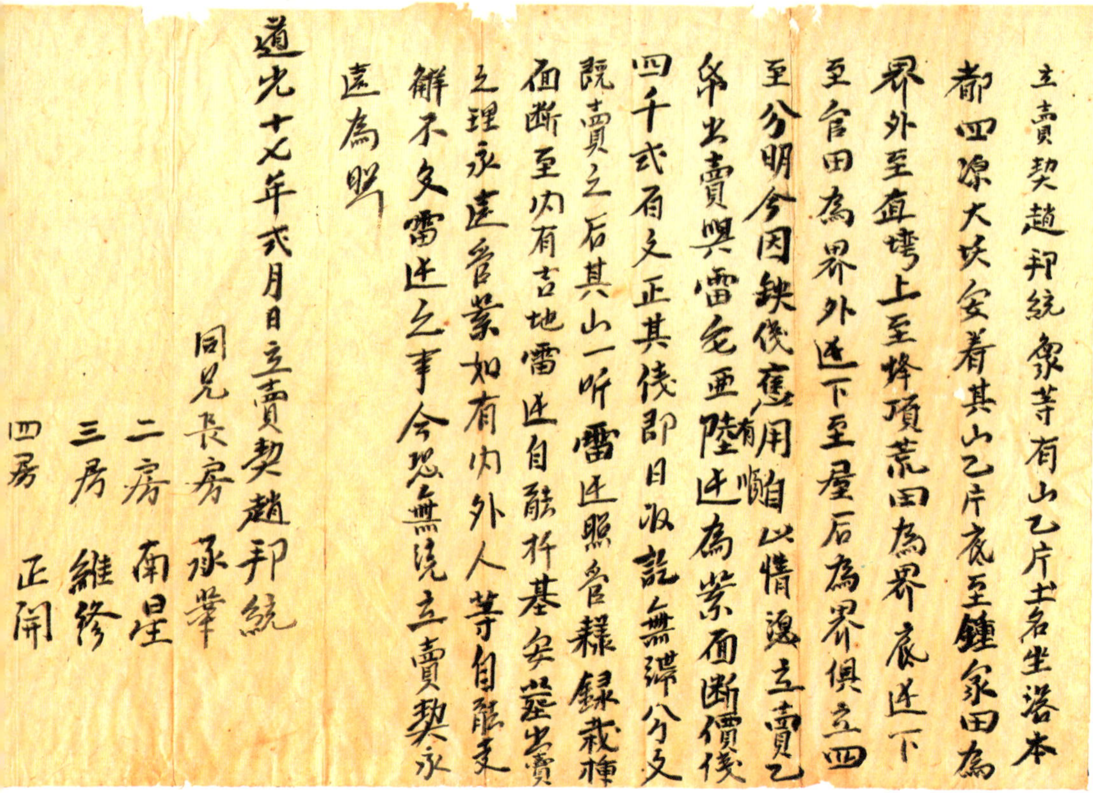

立賣契趙邦統衆等，有山一片，土名坐落本都四源大坱［岙］安着，其山一片，底至鍾家田爲界，外至直塆，上至埄頂荒田爲界，底邊下至官田爲界，外邊下至屋后爲界，俱立四至分明，今因缺錢應用，自心情愿［願］，立賣一紙，出賣與雷宅亞陸、有順邊爲業，面断價錢四千弍百文正，其錢即日收訖，無滯分文，既賣之后，其山一听雷邊照管，𦔳［樣］録栽種，面断至内有吉地，雷邊自能扦基安葬出賣之理，永遠管業，如有内外人等，自能支解，不及雷邊之事，今恐無憑，立賣契永遠爲照。

道光十七年弍月日立賣契趙邦統

同兄長房　承業

二房　南星

三房　維修

四房　正開

六房　大開

親筆　在見朱宗錫

道光十七年鍾賴金立借字

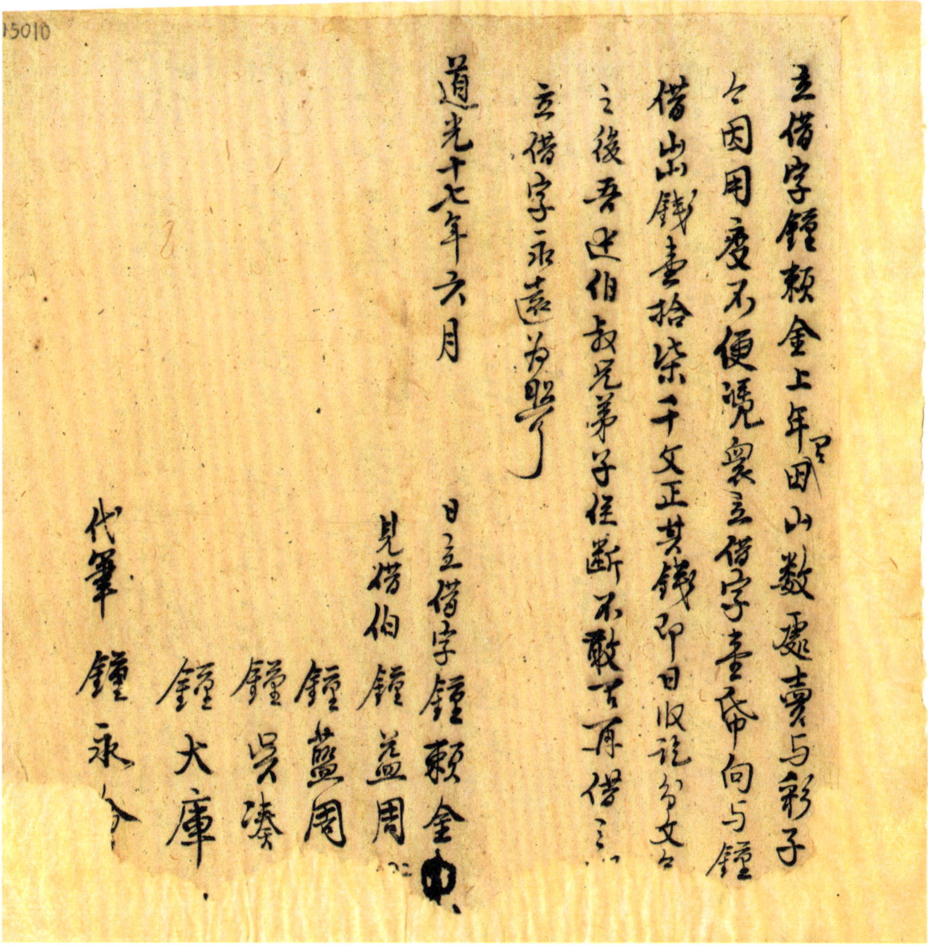

立借字鍾賴金，上年有田山数處賣与彩子，□□
今因用度不便，憑衆立借字壹紙，向与鍾□□
借出錢壹拾柒千文正，其錢即日收訖，分文□□
之後，吾邊伯叔兄弟子侄断不敢有再借之□□
立借字永遠为照。

道光十七年六月　日立借字鍾賴金（押）

见借伯　鍾益周
鍾藍周
鍾吴湊
鍾大庫

代筆鍾永□（會）

道光十七年鍾藍周立賣契

立賣契鍾藍周有山場竹木壹片坐落八都五淳淨山垰安着土名舟垃下上至巴山為界右至路為界左至巴山為界下至路為界肆至分明憑中出賣與弟廷鍾榮子三面斷定自心情愿賣出價錢叁千文即日收乞無滯其山壱所弟廷掾綠管業並無找借之理未賣之先巴賣之後並無逼抑等情叔伯兄弟子侄内外人等並無文墨交干如有此色自能支解不涉錢廷之事恐口無憑立賣契永遠為照

道光十七年　十月　日　立賣契鍾藍周（押）

（前頁）>>>>

立賣契鍾藍周，有山塲竹木壹片，坐落八都五源净
山垢安着，土名舟坵下，上至己山爲界，右至路爲界，左
至己山爲界，下至路爲界，肆至分明，憑衆出賣與弟
邊鍾蔡子，三面断定，自心情愿，賣出價錢叁千文，即日
收乞［訖］無滞，其山壹听弟邊様録［籙］管葉［業］，並無找借之理，
未賣之先，已賣之後，並無逼抑等情，叔伯兄弟子
侄内外人等並無文墨交干，如有此色，自能支解，
不涉钱邊之事，恐口無憑，立賣契永遠爲照。

道光十七年　十月　日　立賣契鍾藍周（押）

在見　弟　大庫（押）

代筆　吴凑（押）

道光二十一年鍾銀頂立當契

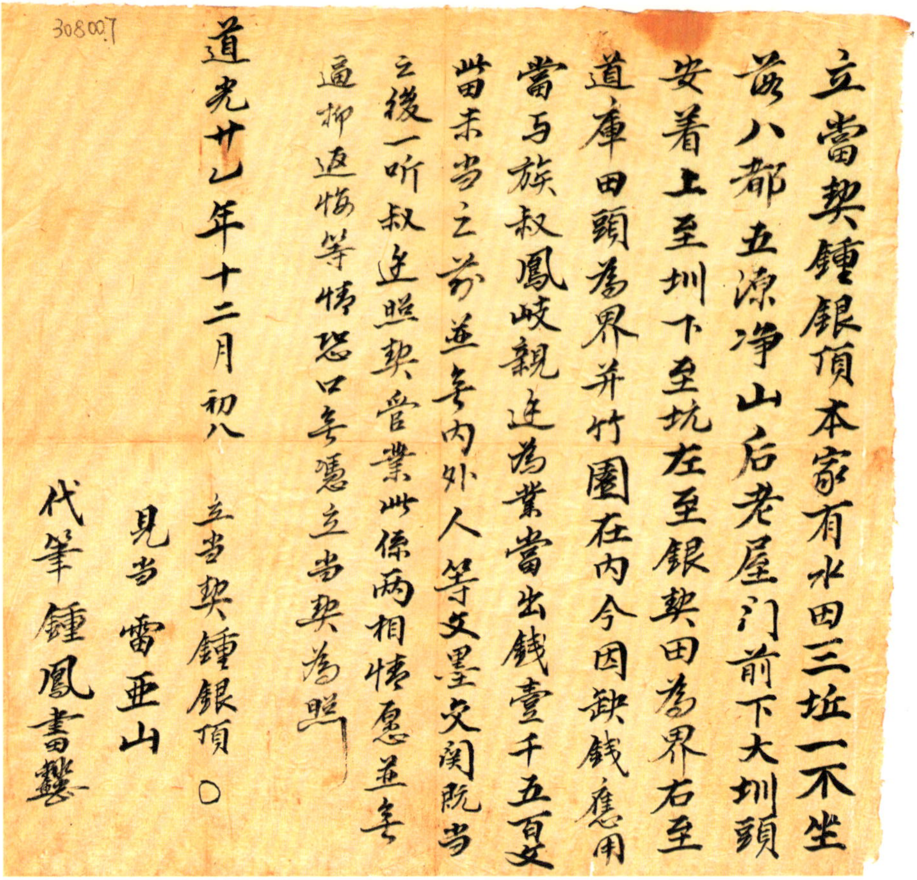

立當契鍾銀頂，本家有水田三坵，一不坐落八都五源净山后老屋门前下大圳頭安着，上至圳，下至坑，左至銀契田爲界，右至道庫田頭爲界，並竹園在内，今因缺錢應用，當与族叔鳳岐親邊爲業，當出錢壹千五百文，此田未当之前，並無内外人等文墨交關，既当之後，一听叔邊照契管業，此係兩相情愿，並無逼抑返悔等情，恐口無憑，立当契爲照。

道光廿一年十二月初八　立当契鍾銀頂（押）

見当　雷亞山（押）

代筆　鍾鳳書（押）

311010

立退佃并借字鍾藍周父手承分有水田壹号坐落八都五源淨山后土名牛塘下安着计租五方计田弍坵正今因缺錢應用憑中立退佃并借字一紙又向鍾彩子弟邊借出錢貳千文既借之后兄邊兄弟子侄不得再借之理今欲有據立退佃并借字爲照

道光貳拾壹年十二月　日立退佃借字鍾藍周（押）

見退借　弟　遵庚（押）

爲中　雷唐音（押）

代筆　鍾毓秀（押）

（前頁）>>>>

立退佃並借字鍾藍周，父手承分有水田壹号，坐落八都五源净山后，土名牛塘下安着，计租五方，计田弍坵正，今因缺錢應用，憑衆立退佃並借字一紙，又向鍾彩子弟邊借出錢貳千文，既借之后，兄邊兄弟子侄不得再借之理，今欲有據，立退佃並借字爲照。

道光貳拾壹（年）十二月　日立退佃借字鍾藍周（押）

見退借　弟道庫（押）

爲衆　雷唐音（押）

代筆　鍾毓秀（押）

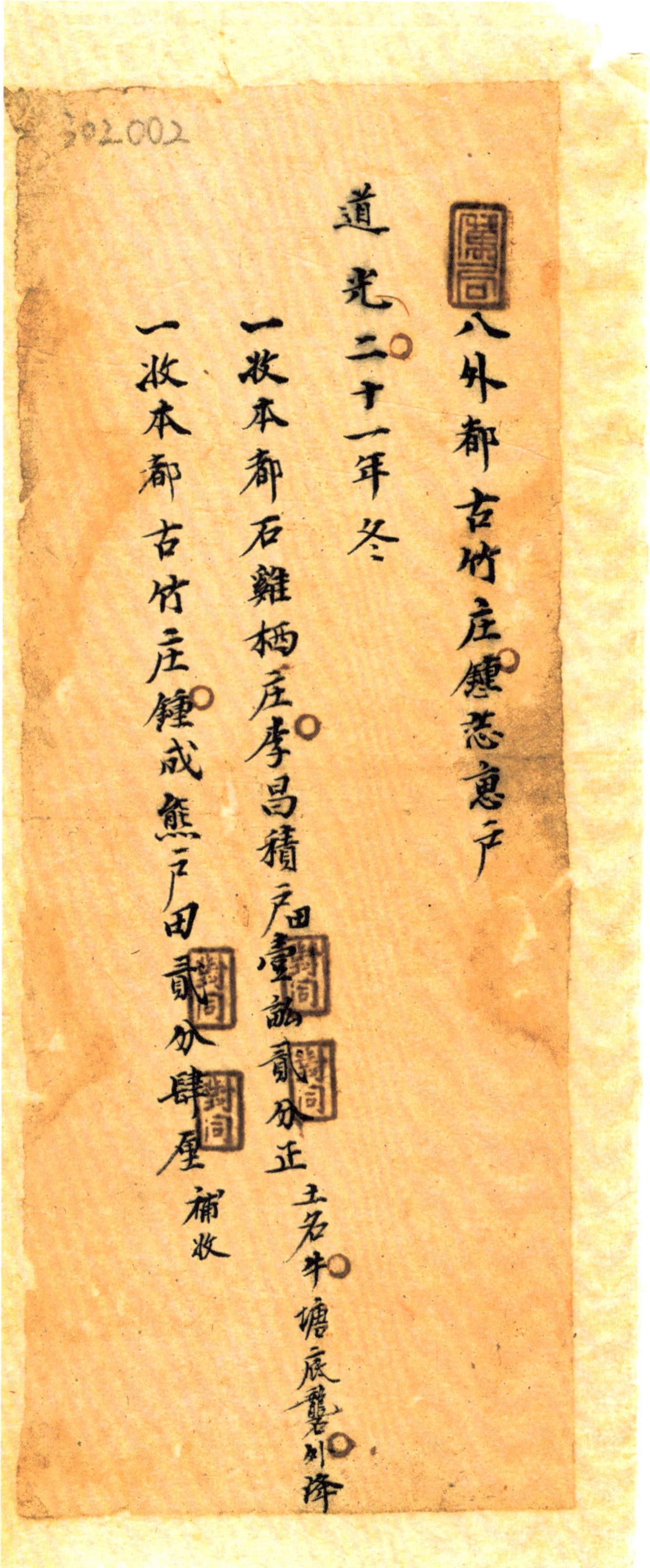

(印)八外都古竹庄鍾志惠户
道光二十一年冬
一收本都石雞栖庄李昌積户田壹畝(印)貳分(印)正　土名牛塘底礱外降
一收本都古竹庄鍾成熊户田貳分(印)肆厘(印)　補收

道光二十一年鍾高陞等立賣契

立賣契鍾高陞仝弟勲弟進爲莫財本家遺有民田壹坵坐本都
土名淨山后外壟下長坵安着計租壹碩貳方正計畝叁分
陞厘正其田四至不俱今因用度不便憑中立賣契壹帋出賣與
房叔祖亜岳爲業三面斷出時價錢伍千文其錢即日收訖無滞
分文此田未賣之先並無内外人等文墨交干既賣之后壹听
叔祖邊自行耕種管業吾邊伯叔兄弟子侄玄房毋得言三
語四之理爲有此色自能支解不涉叔祖邊之事此係兩相愿
情愿並無逼抑返悔等情今欲有據立賣契永遠爲照

道光貳拾壹年拾貳月　立賣契鍾高陞押
仝弟勲弟押
進爲押
莫財押押
雷庚音押
代筆　旌叔毓琇押

（前頁）>>>>

立賣契鍾高陞仝弟勳弟、進高、英財，本家遺有衆田壹坵，坐本都，土名净山后外屋下長坵安着，计租壹碩貳方正，计亩叁分陸厘正，其田四至不俱，今因用度不便，憑衆立賣契壹紙，出賣與房叔祖亞岳爲業，三面断出时價錢伍千文，其錢即日收訖，無滯分文，此田未賣之先，並無内外人等文墨交干，既賣之后，壹听叔祖邊自行耕種管業，吾邊伯叔兄弟子侄玄房毋得言三语四之理，爲有此色，自能支解，不涉叔祖邊之事，此係兩相『愿』情愿，並無逼抑返悔等情，今欲有據，立賣契永遠爲照。

道光貳拾壹年拾貳月　立賣契鍾高陞（押）

仝弟勳弟（押）

進高（押）

英財（押）

雷唐音（押）

代筆　族叔毓珍（押）

道光二十二年鍾高陞等立找截契

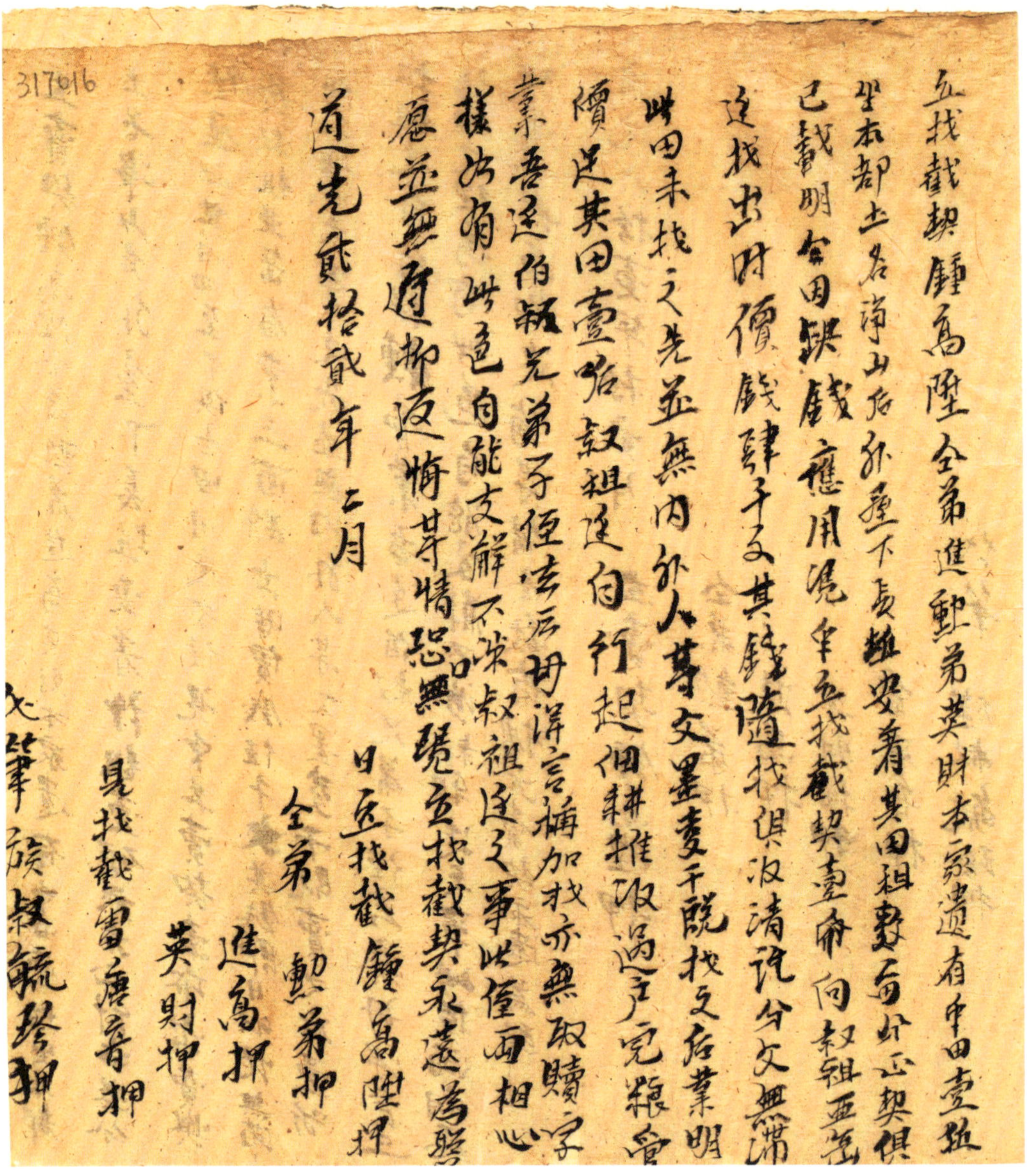
立找截契鍾高陞仝弟進勳弟英財本家遺有田壹坵
坐本都土名薄山后外垄下長坵安着其田租數每坵正契俱
已載明今因缺錢應用憑中立找截契壹紙向叔祖亞嵩
邊找出時價錢肆千文其錢隨找俱收清訖分文無滯
此田未找之先並無內外人等文墨交干既找之后業明
價足其田壹坵叔祖邊自行起佃耕推收過户完粮會
業吾邊伯叔兄弟子侄云后毋得言稱加找亦無取贖字
樣如有此色自能支解不涉叔祖邊之事此係兩相心
愿並無逼抑返悔等情恐口無憑立找截契永遠為照
道光貳拾貳年二月　日立找截　鍾高陞押
仝弟　勳弟押
進高押
英財押
見找截　雷唐音押
代筆　族叔毓琴押

（前頁）>>>>

立找截契鍾高陞仝弟進（高）、勳弟、英財，本家遺有衆田壹坵，坐本都，土名净山后外屋下長坵安着，其田租数、亩分正契俱已載明，今因缺錢應用，憑衆立找截契壹紙，向叔祖亞岳邊找出时價錢肆千文，其錢隨找俱收清訖，分文無滯，此田未找之先，並無内外人等文墨交[交]干，既找之后，業明價足，其田壹听叔祖邊自行起佃耕（種），推收過户，完粮管業，吾邊伯叔兄弟子侄去后毋得言稱加找，亦無取贖字樣，如有此色，自能支解，不涉叔祖邊之事，此係兩相心愿，並無逼抑返悔等情，恐口無憑，立找截契永遠爲照。

道光貳拾貳年二月　日立找截鍾高陞（押）

仝弟　勳弟（押）

進高（押）

英財（押）

見找截雷唐音（押）

代筆族叔毓珍（押）

道光二十二年鍾高陞等立借字

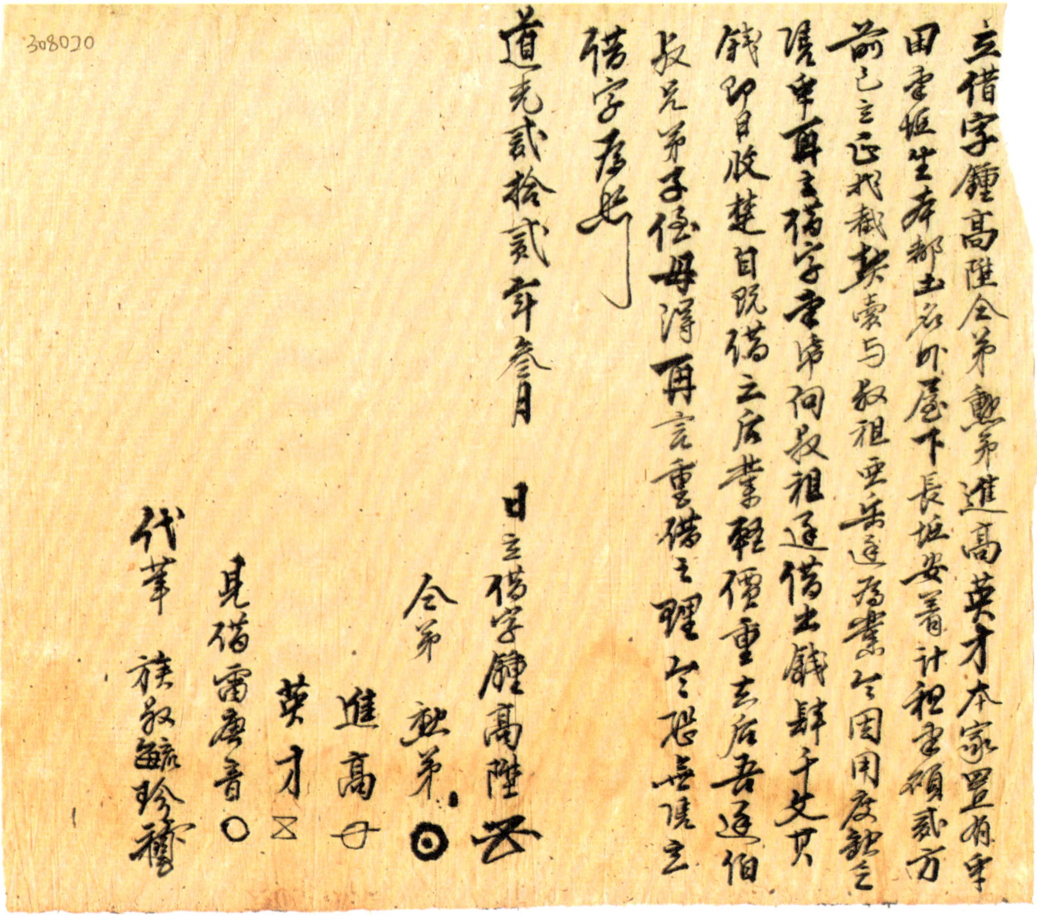

立借字鍾高陞仝弟勳弟、進高、英才，本家置有衆
田壹坵，坐本都，土名外屋下長坵安着，计租壹碩貳方，
前已立正、找截契，賣与叔祖亞岳邊爲業，今因用度缺乏，
憑衆再立借字壹紙，向叔祖邊借出錢肆千文，其
錢即日收楚，自既借之后，業輕價重，去后吾邊伯
叔兄弟子侄毋得再言重借之理，今恐無憑，立
借字爲照。

道光貳拾貳年叁月　日立借字鍾高陞（押）
仝弟　勳弟（押）
進高（押）
英才（押）
見借雷唐音（押）
代筆　族叔毓珍（押）

道光二十二年鍾高陞等立退佃

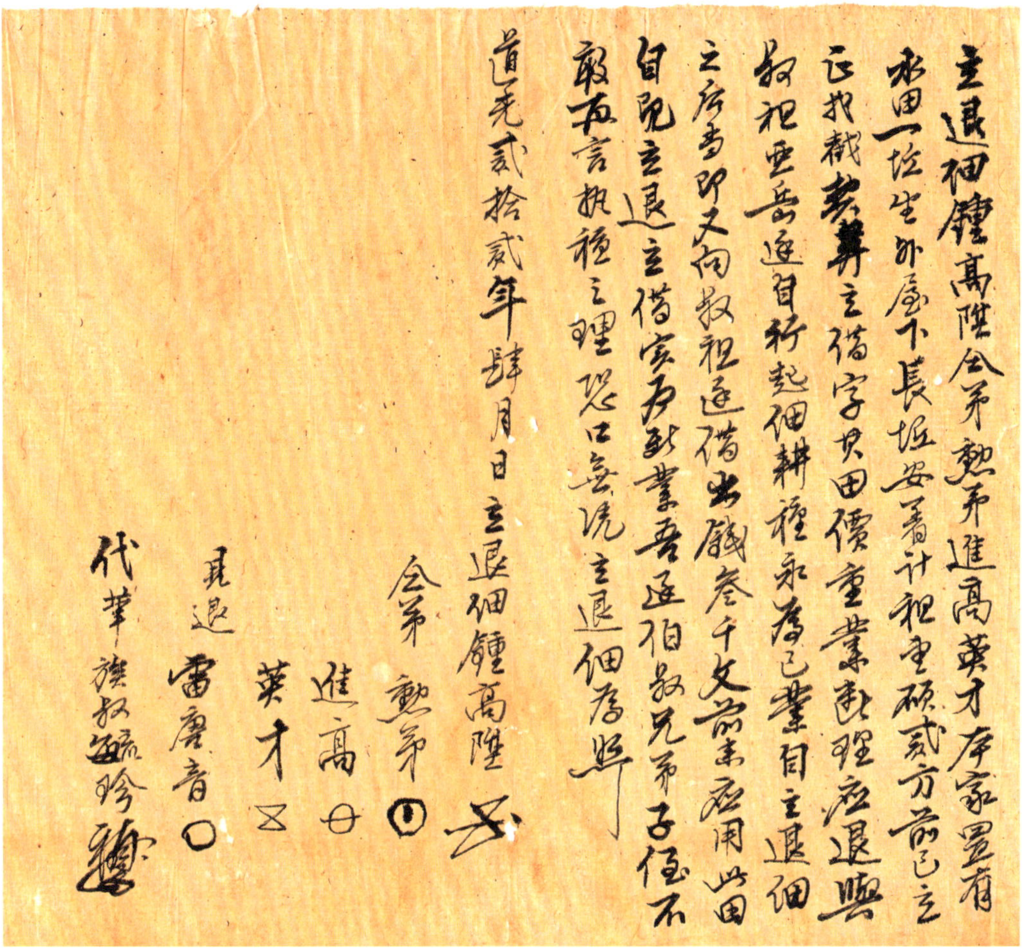

立退佃鍾高陞仝弟勷弟、進高、英才，本家置有水田一坵，坐外屋下長坵安着，计租壹碩貳方，前已立正、找截契，並立借字，其田價重業断，理应退與叔祖亞岳邊自行起佃耕種，永爲己業，自立退佃之后，当即又向叔祖邊借出錢叁千文前來应用，此田自既立退立借，实爲断業，吾邊伯叔兄弟子侄不敢再言执種之理，恐口無憑，立退佃爲照。

道光貳拾貳年肆月日立退佃鍾高陞（押）

仝弟　勷弟（押）

進高（押）

英才（押）

見退　雷唐音（押）

代筆　族叔毓珍（押）

道光二十二年鍾藍周等立借字

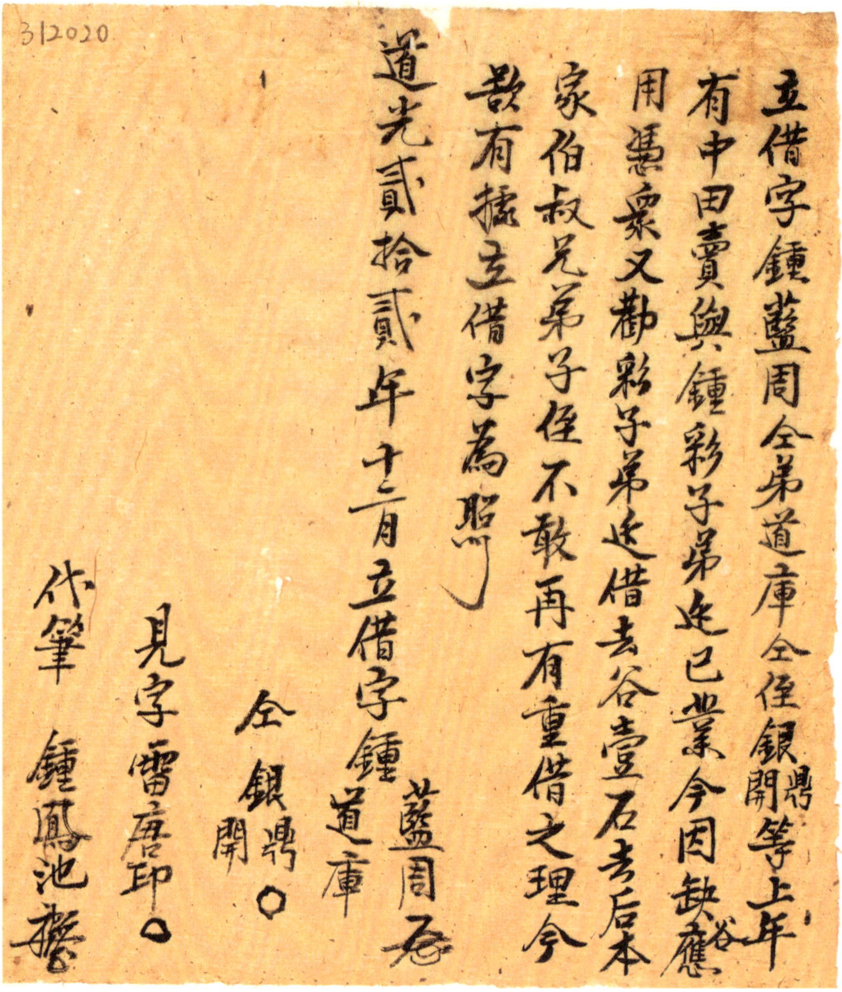

立借字鍾藍周仝弟道庫仝侄銀鼎、（銀）開等，上年有中田賣與鍾彩子弟邊己業，今因缺谷應用，憑衆又勸彩子弟邊借去谷壹石，去后本家伯叔兄弟子侄不敢再有重借之理，今欲有據，立借字爲照。

道光貳拾貳年十二月立借字鍾藍周（押）

道庫

仝　銀鼎（押）

（銀）開

見字雷唐印（押）

代筆　鍾鳳池（押）

06

立賣契鍾道庫今家承分有水田壹號坐落本都土名楓樹降內塆路下安
着計租壹碩五方正計畝四分五厘正計田捌坵其四至上至路下至錫明兄邊田
為界左至坑右至外降直落田為界其至內有山塲竹木園坪併及在內具立四至
分明今因缺錢应用憑中立賣契壹紙出賣與房兄蔡子為業三面斷出時價錢
捌千文正其錢即日收訖無滯分文此田山未賣之先並無內外人等文墨交関既
之後壹听兄邊自行耕種録𧟄管業吾邊兄弟伯叔子侄以後毋得言三
語四之理如有此色自能支解不涉兄邊之事此係兩相情愿並無逼抑返悔等
今欲有據立賣契永遠為照

道光貳拾貳年十二月　日立賣契鍾道庫（押）

見契兄　藍周（押）

為中　雷唐音

代筆房侄鍾鴻業（押）

契

（前頁）>>>>

立賣契鍾道庫，本家承分有水田壹號，坐落本都，土名楓樹降内塆路下安着，计租壹碩五方正，计亩四分五厘正，计田捌坵，其四至上至路，下至锡明兄邊田爲界，左至坑，右至外降直落田爲界，其至内有山塲竹木園坪並及在内，具立四至分明，今因缺錢应用，憑衆立賣契壹紙，出賣与房兄蔡子爲業，三面断出時價錢捌千文正，其錢即日收訖，無滯分文，此田山未賣之先，並無内外人等文墨交關，既之後，壹听兄邊自行耕種，籙籙管業，吾邊兄弟伯叔子侄去後毋得言三语四之理，如有此色，自能支解，不涉兄邊之事，此係兩相情愿，並無逼抑返悔等（情），□□欲有據，立賣契永遠爲照。

道光貳拾貳年十二月　日立賣契鍾道庫（押）

見契兄　藍周（押）

爲衆　雷唐音

代筆房侄鍾鴻業（押）

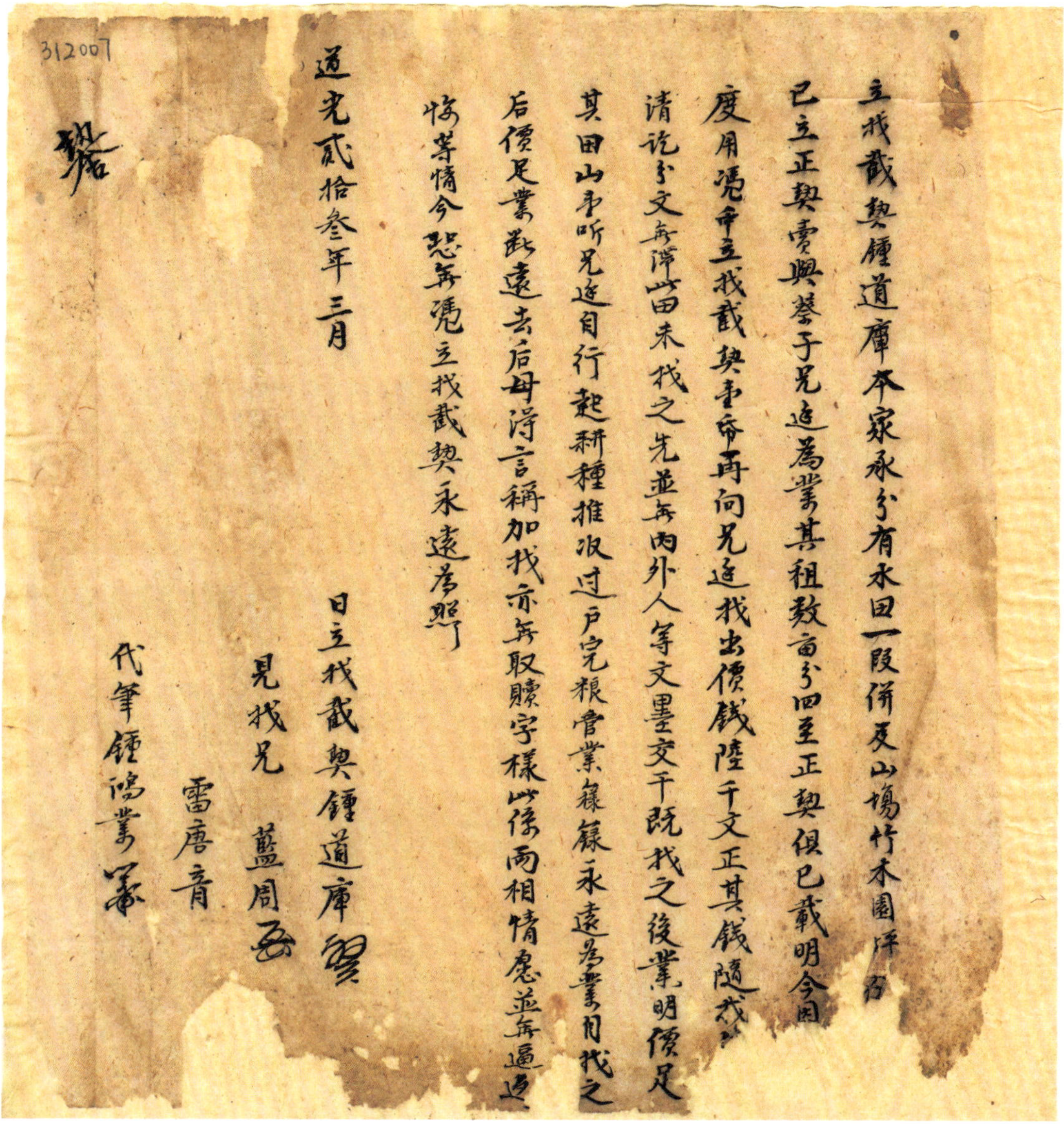

立找截契鍾道庫，本家承分有水田一段，併及山塲竹木園坪方
已立正契賣與嫠子兄邊為業，其租數畝分四至正契俱已載明。今因
度用，憑中立找截契，託中再向兄邊找出價錢陸千文正，其錢隨找
清訖，分文無滯。此田未找之先，並無內外人等文墨交干。既找之後，業明價足，
其田山聽兄邊自行起耕種推收過户完粮管業，録録永遠為業。自找之
后，價足業斷，遠去后毋得言稱加找，亦無取贖字樣。此係兩相情愿，並無逼迫
抑等情。今恐無憑，立找截契永遠為照。

道光貳拾叁年三月　日立找截契鍾道庫（押）

見找兄　藍周（押）

雷唐育

代筆鍾鳴業（押）

契

312007

(前頁)>>>>

立找截契鍾道庫,本家承分有水田一段,並及山塲竹木園坪□□□□已立正契賣與蔡子兄邊爲業,其租数、亩分、四至正契俱已載明,今因□□度用,憑衆立找截契壹紙,再向兄邊找出價錢陸千文正,其錢隨找□□清訖,分文無滯,此田未找之先,並無内外人等文墨交干,既找之後,業明價足,其田山壹听兄邊自行起耕種,推收过户,完粮管業籐籙,永遠爲業,自找之后,價足業断,遠去后毋得言稱加找,亦無取贖字様,此係兩相情愿,並無逼(抑)返悔等情,今恐無憑,立找截契永遠爲照。

道光貳拾叁年三月　日立找截契鍾道庫(押)

見找兄　藍周(押)

雷唐音

代筆鍾鴻業(押)

立借字鍾道庫，本家置有水田山場一號，计租壹碩五方冢，坐落本都土名楓樹垟

路下，安着前已立正找截契賣與蔡子兄邊為業，價與業俱已截足。

缺錢應用，憑中再立借字壹紙，文向兄邊借出錢叁千文，其錢隨借俱收

完足。自再借之后，業輕價重，方後毋得再言重之理。今欲有據，立借

字永遠為業為照。

道光貳拾叁年十二月　日立借字　鍾道庫（押）

見借兄　藍周（押）

雷唐音

代筆侄　鍾鴻業（押）

(前頁)>>>>

立借字鍾道庫，本家置有水田山場一號，計租壹碩五方(押)，坐落本都土名楓□□□□路下安着，前已立正、找截契賣與蔡子兄邊爲業，價與業俱已截□□□缺錢应用，憑衆再立借字壹紙，又向兄邊借出錢叁千文，其錢随借俱收完足，自再借之后，業輕價重，去後毋得再言重之理，今欲有據，立借字永遠爲業爲照。

道光貳拾叁年十二月　日立借字鍾道庫(押)

見借兄　藍周(押)

雷唐音

代筆侄鍾鴻業(押)

道光二十三年鍾亞法立當契

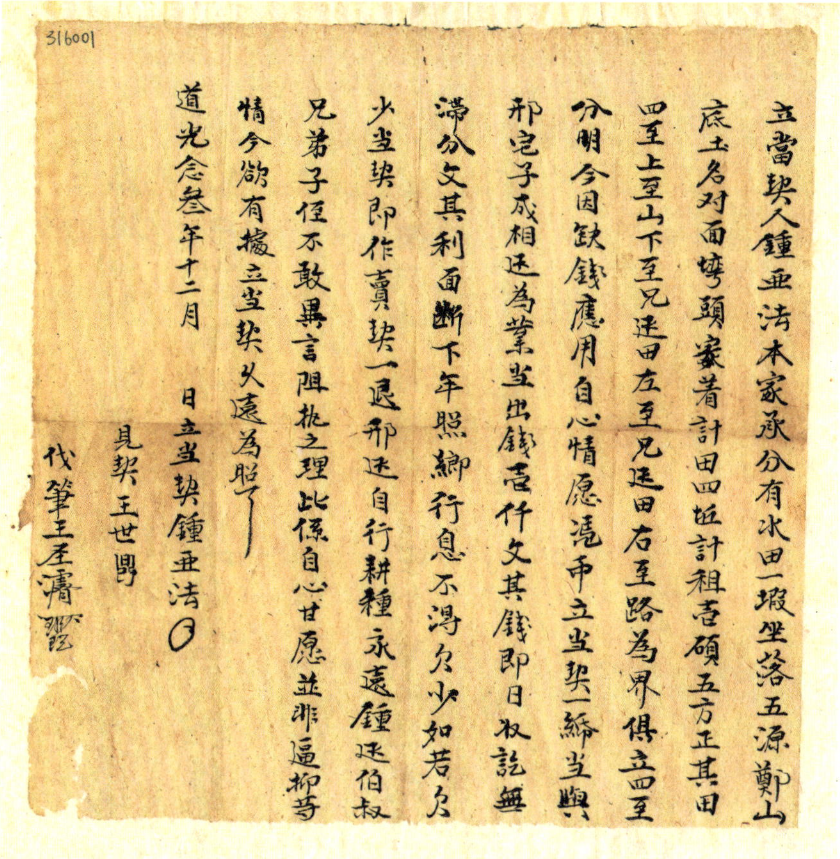

立當契人鍾亞法，本家承分有水田一坵，坐落五源鄭山底，土名对面塆頭安着，计田四坵，計租壹碩五方正，其田四至上至山，下至兄邊田，左至兄邊田，右至路爲界，俱立四至分明，今因缺錢應用，自心情愿，憑衆立当契一紙，当與邢宅子成相邊爲業，当出錢壹仟文，其錢即日收訖，無滯分文，其利面断下年照鄉行息，不得欠少，如若欠少，当契即作賣契，一退邢邊自行耕種永遠，鍾邊伯叔兄弟子侄不敢異言阻执之理，此係自心甘愿，並非逼抑等情，今欲有據，立当契久遠爲照。

道光念叁年十二月　日立当契鍾亞法（押）

見契王世鼎

代筆王圣濬（押）

道光二十四年鍾道庫立退佃

309019

立退佃鍾道庫夲家置有水田及山場壹號，前已立正找截契，併立此字，其土名正契俱已載明。此田山業輕價重，理应退与蔡子兄边自行起佃耕種管業。自立退佃之後，又向兄边借出錢貳千文前来应用。既退之後，吾边兄弟伯叔子侄毋得言三語四之理。恐口無凭，立退佃為照。

道光貳拾肆年三月　日立退佃鍾道庫（押）

見退兄　藍周（押）

雷唐音

代筆侄鍾鴻業筆

（前頁）>>>>

立退佃鍾道庫，本家置有水田及山塲一號，前已立正、找截契，並立□□，
其土名正契俱已載明，此田山業輕價重，理应退與蔡子兄邊自行起□□□（佃耕種）
管業，自立退佃之後，又向兄邊借出錢貳千文，前來应用，既退之後，吾邊兄
弟伯叔子侄毋得言三語四之理，恐口無憑，立退佃爲照。

道光貳拾肆年三月　　日立退佃鍾道庫（押）
見退兄藍周（押）
雷唐音
代筆侄鍾鴻業（押）

道光二十四年鍾高星等立借並退佃

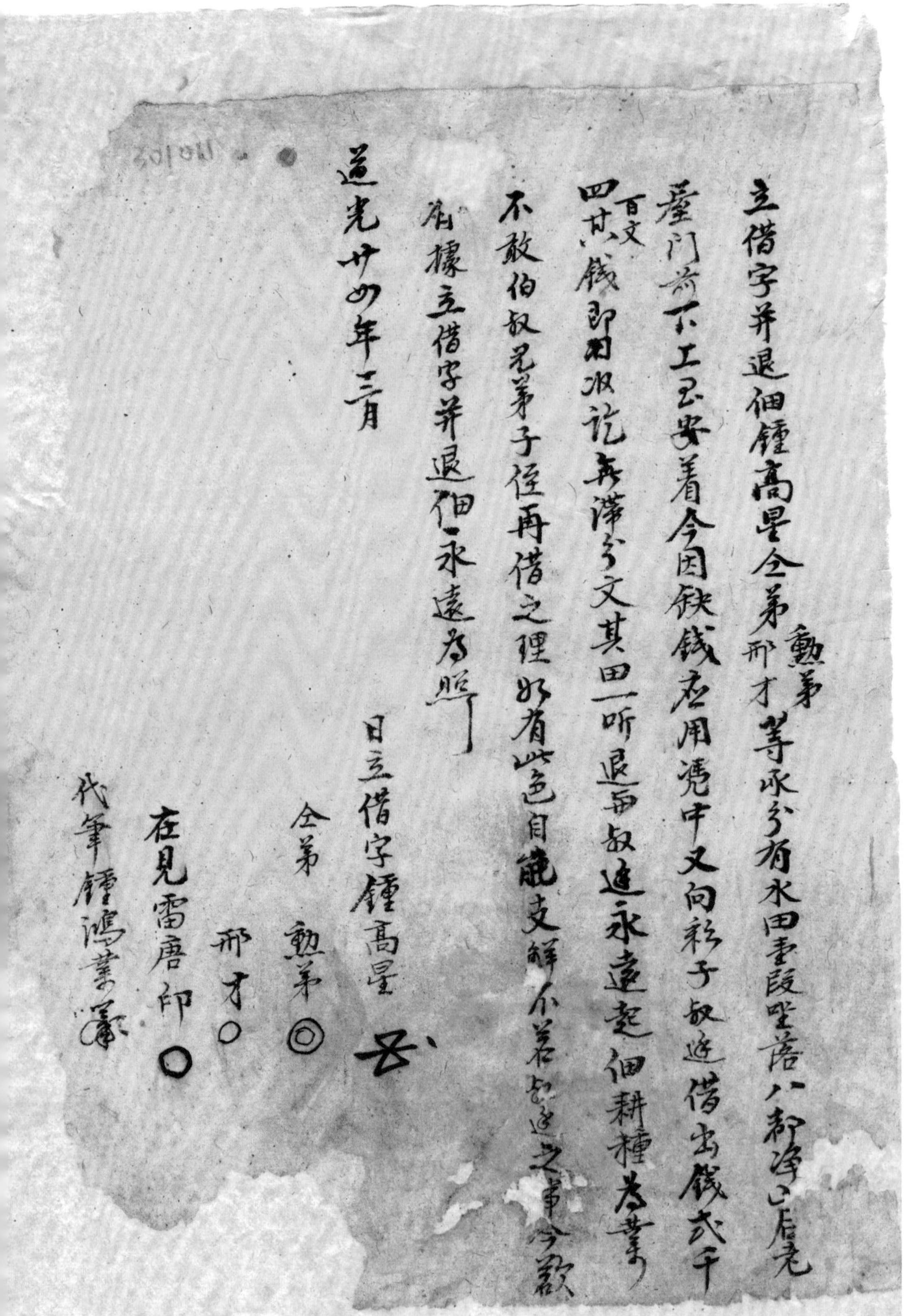
立借字并退佃鍾高星仝弟勲弟、邢才等承分有水田壹段坐落八都淨心后充
壟門前下工坵安着，今因缺錢應用，凴中又向彩子叔邊借出錢弍千
四百廿八文錢，即日收訖，無滯分文。其田一听退与叔邊永遠起佃耕種為業，
不敢伯叔兄弟子侄再借之理。如有此色，自能支解，不若叔邊之事。今欲
有據，立借字并退佃一永遠為照。
道光廿四年三月　日立借字鍾高星（押）
仝弟　勲弟◎
邢才○
在見雷唐印○
代筆鍾鴻業（押）

(前頁)>>>>

立借字並退佃鍾高星仝弟勳弟、邢才等，承分有水田壹段，坐落八都净山后老屋门前下上至安着，今因缺錢应用，憑中又向彩子叔邊借出錢弍千四百文，其錢即日收訖，無滯分文，其田一听退與叔邊，永遠起佃耕種爲業，不敢伯叔兄弟子侄再借之理，如有此色，自能支解，不若叔邊之事，今欲有據，立借字並退佃永遠爲照。

道光廿四年三月　日立借字鍾高星(押)

仝弟　勳弟(押)

邢才(押)

在見雷唐印(押)

代筆鍾鴻業(押)

道光二十四年鍾銀頂立賣契

立賣契鍾銀頂本家承分有水田壹段坐落八都五源净山后
老屋门前下大圳頭安着其田大小四坵其竹園雜木在内計租
五方正計畝壹分五厘正其四至上至水圳下至坑左至銀魁田右
至道庫田為界具立四至分明今因缺钱應用凴中賣与叔连一
為賣出價钱肆千文正其钱即日收訖分文無滞其田未賣之
前並無内外人等文墨既賣之后一听叔连鍾彩子叔起佃耕種管
業完粮去后侄连伯叔兄弟子侄不得異言之理如有此色自能
支解不涉叔连之事此係两相情愿並無逼返悔等情今欲有據
立契賣永遠為照

光廿肆年十二月　日　立賣契鍾銀頂〇

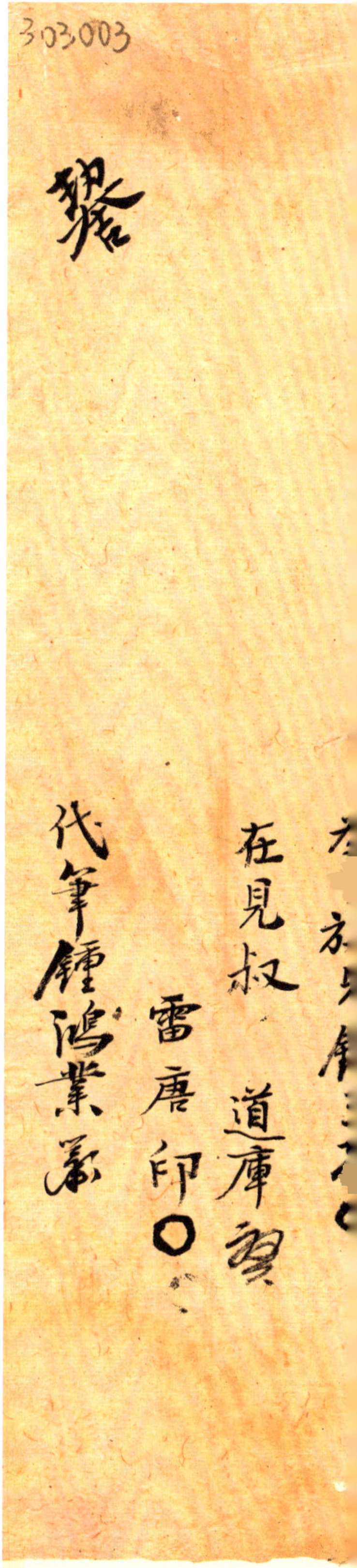

（前頁）>>>>

立賣契鍾銀頂，本家承分有水田壹段，坐落八都五源净山后老屋門前下大圳頭安着，其田大小四坵，其竹園雜木在内，计租五方正，计畝壹分五厘正，其四至上至水圳，下至坑，左至銀契田，右至道庫田爲界，具立四至分明，今因缺錢应用，憑中賣與叔邊一紙，賣出價錢肆千文正，其錢即日收訖，分文無滯，其田未賣之前，並無内外人等文墨，既賣之後，一听叔邊鍾彩子叔起佃耕種管業完粮，去后侄邊伯叔兄弟子侄不得異言之理，如有此色，自能支解，不涉叔邊之事，此係兩相情愿，並無逼（抑）返悔等情，今欲有據，立契賣永遠爲照。

道光貳拾肆年十二月　日　立賣契鍾銀頂（押）

爲中族兄鍾王孔（押）

在見叔　道庫（押）

雷唐印（押）

代筆鍾鴻業（押）

道光二十五年鍾唐聰等立賣契

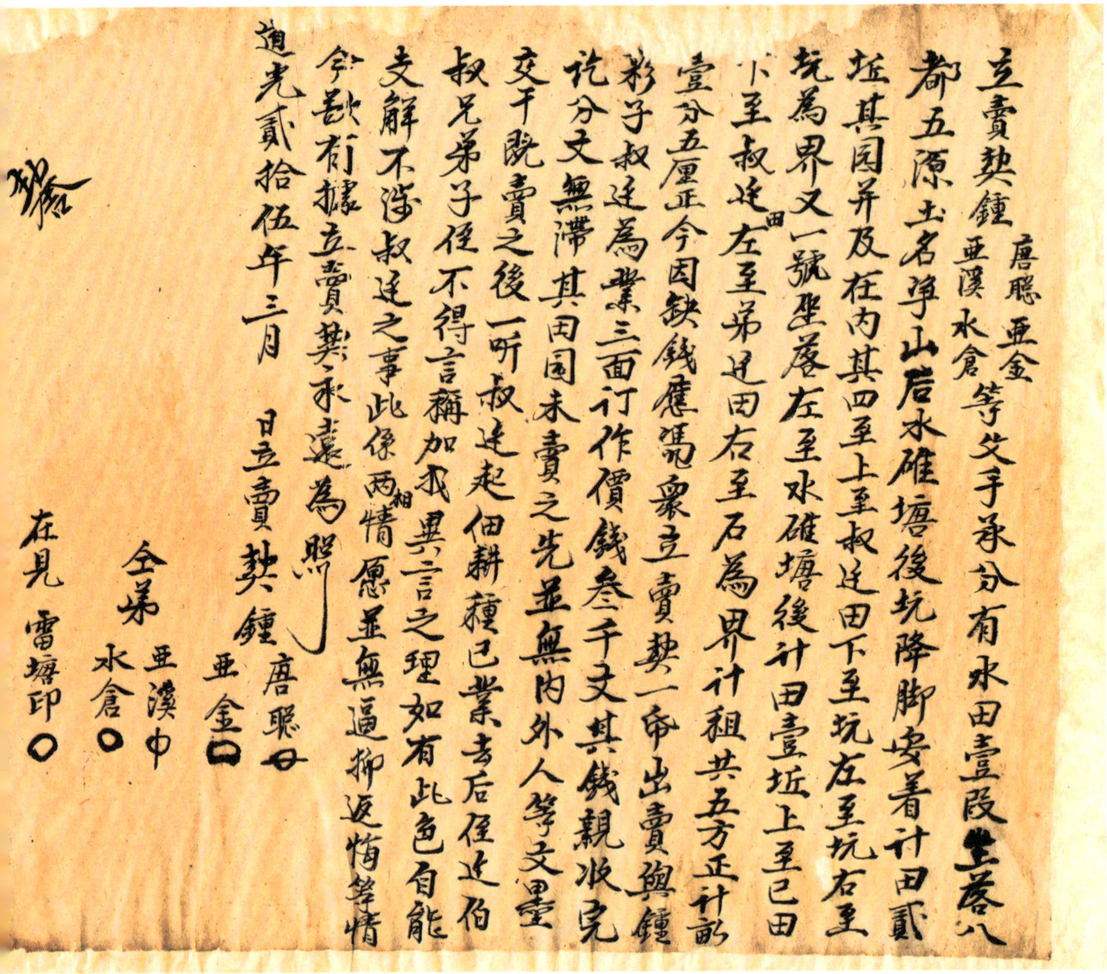

立賣契鍾唐聰 亞金 亞漢 水倉等父手承分有水田壹段坐落八
都五源土名淨山后水碓塘後坑降脚安着計田貳
坵其田并及在內其四至上至叔廷田下至坑左至坑右至
坑為界又一號坐落在水碓塘後計田壹坵上至己田
下至叔廷田左至弟廷田右至石為界計租共五方正計畝
壹分五厘正今因缺錢應用憑衆立賣契一紙出賣與鍾
彩子叔廷為業三面訂作價錢叁千文其錢親收完
訖分文無滯其田因未賣之先並無內外人等文墨
交干既賣之後一听叔廷起佃耕種己業去后侄廷伯
叔兄弟子侄不得言稱加找異言之理如有此色自能
支解不涉叔廷之事此係兩相情愿並無逼抑返悔等情
今欲有據立賣契永遠為照

道光貳拾伍年三月　日立賣契鍾唐聰○
亞金○
仝弟 亞漢○
水倉○
在見 雷塘印○

（前頁）>>>>>

立卖契鍾唐聪、亞金、亞溪、水倉等，父手承分有水田壹段，坐落八都五源，土名净山后水碓塘後坑降脚安着，计田贰坵，其园並及在内，其四至上至叔邊田，下至坑，左至坑，右至坑爲界，又一號坐落左至水碓塘後，计田壹坵，上至己田，下至叔邊田，左至弟邊田，右至石爲界，计租共五方正，计畝壹分五厘正，今因缺錢應（用），憑衆立賣契一紙，出賣與鍾彩子叔邊爲業，三面订作價錢叁千文，其錢親收完訖，分文無滯，其田园未賣之先，並無内外人等文墨交干，既賣之後，一听叔邊起佃耕種己業，去后侄邊伯叔兄弟子侄不得言稱加找異言之理，如有此色，自能支解，不涉叔邊之事，此係兩相情愿，並無逼抑返悔等情，今欲有據，立賣契永遠爲照。

道光貳拾伍年　三月　日立賣契　鍾唐聪（押）

亞金（押）

仝弟　亞溪（押）

水倉（押）

在見　雷塘印（押）

爲中　叔官科（押）

鍾王貢（押）

代筆　鍾鳳池（押）

道光二十五年鍾道庫立賣契

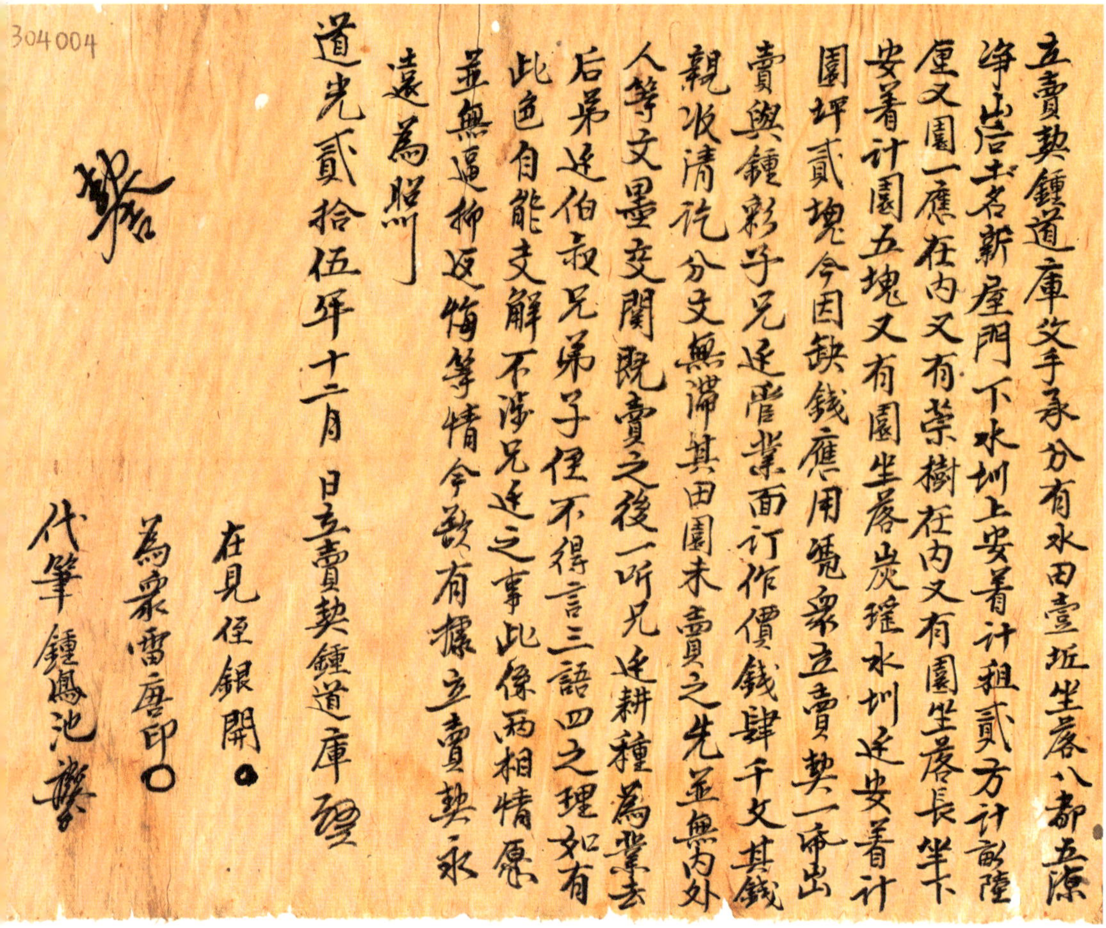

立賣契鍾道庫，父手承分有水田壹坵，坐落八都五源净山后，土名新屋門下水圳上安着，计租貳方，计畝陸厘，又園一應在内，又有萗樹在内，又有園坐落長坐下安着，计園五塊，又有園坐落炭瑶水圳邊安着，计園坪貳塊，今因缺錢應用，憑衆立賣契一紙，出賣與鍾彩子兄邊管業，面订作價錢肆千文，其錢親收清訖，分文無滯，其田園未賣之先，並無内外人等文墨交關，既賣之後，一听兄邊耕種爲業，去后弟邊伯叔兄弟子侄不得言三語四之理，如有此色，自能支解，不涉兄邊之事，此係兩相情愿，並無逼抑返悔等情，今欲有據，立賣契永遠爲照。

道光貳拾伍年十二月　日立賣契鍾道庫（押）

在見侄銀開（押）

爲衆雷唐印（押）

代筆鍾鳳池（押）

道光二十五年鍾塘聰等立當字

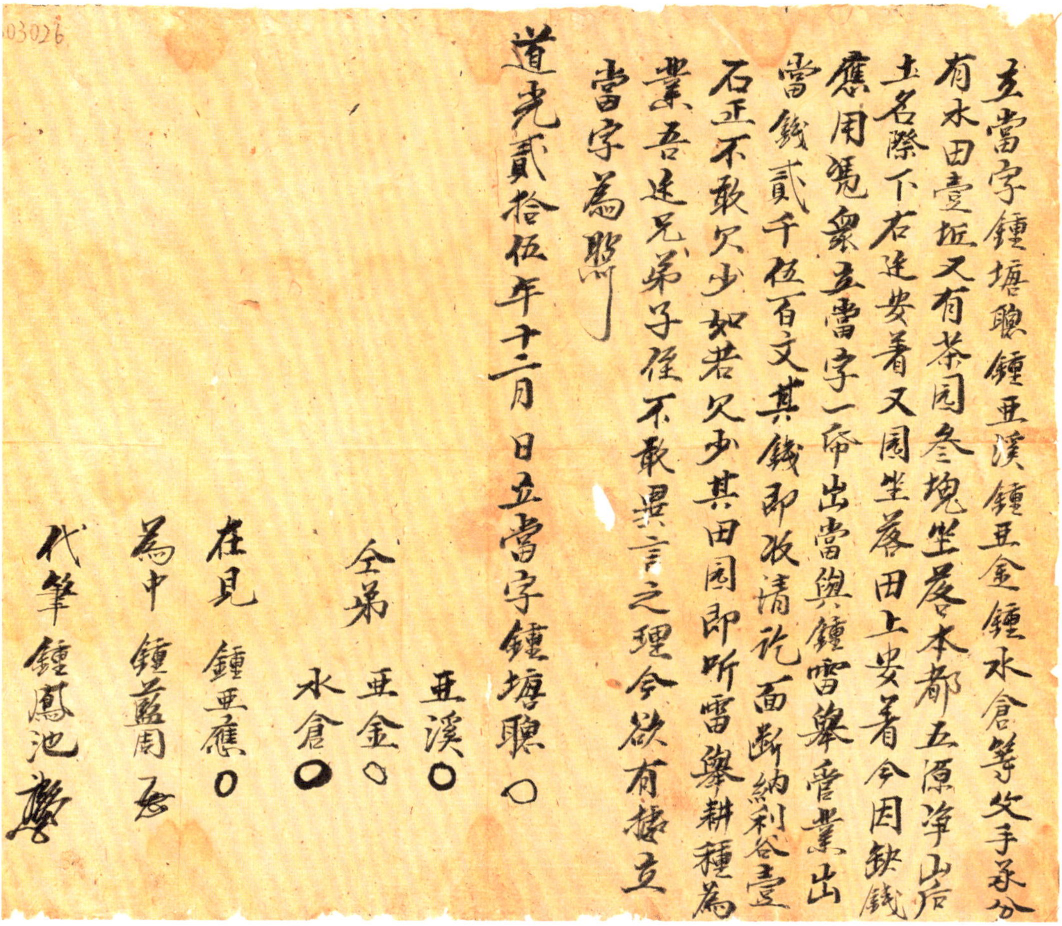

立當字鍾塘聰、鍾亞溪、鍾亞金、鍾水倉等，父手承分有水田壹坵，又有茶园叁塊，坐落本都五源净山后，土名際下右邊安着，又园坐落田上安着，今因缺錢應用，憑衆立當字一紙，出當與鍾雷舉管業，出當錢貳千伍百文，其錢即收清訖，面断納利谷壹石正，不敢欠少，如若欠少，其田园即听雷舉耕種爲業，吾邊兄弟子侄不敢異言之理，今欲有據，立當字爲照。

道光貳拾伍年十二月　日立當字鍾塘聰（押）

亞溪（押）

仝弟　亞金（押）

水倉（押）

在見　鍾亞應（押）

爲中　鍾藍周（押）

代筆　鍾鳳池（押）

道光二十六年鍾亞典立當字

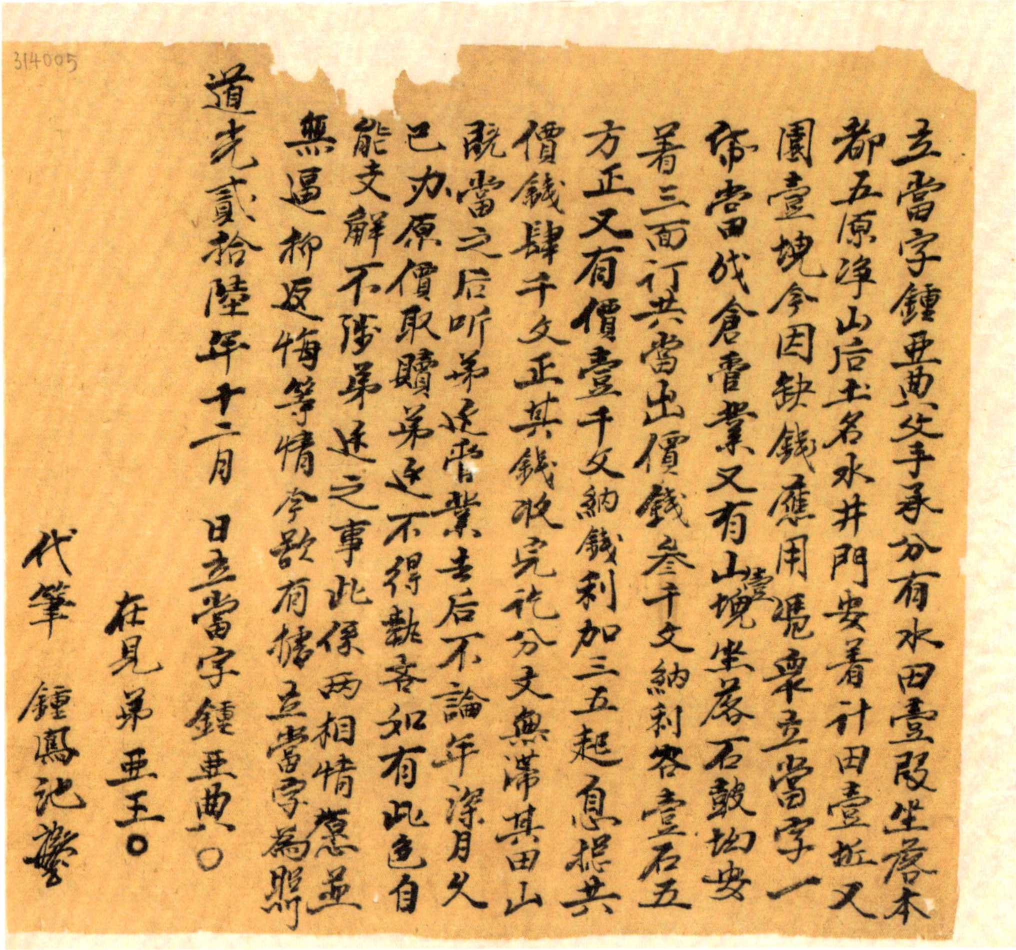
314005
立當字鍾亞典，父手承分有水田壹段，坐落本都五原净山后，土名水井門安着，计田壹坵，又園壹塊，今因缺錢應用，憑衆立當字一紙，當成倉管業，又有山壹塊，坐落石鼓坳安着，三面订，共當出價錢叁千文，納利谷壹石五方正，又有價壹千文，納錢利加三五起息，揔共價錢肆千文正，其錢收完訖，分文無滞，其田山既當之后，听弟邊管業，去后不論年深月久，已办原價取贖，弟邊不得執吝，如有此色，自能支解，不涉弟邊之事，此係兩相情愿，並無逼抑返悔等情，今欲有據，立當字爲照。
道光貳拾陸年十二月　日立當字鍾亞典（押）
在見弟亞王（押）
代筆　鍾鳳池（押）

立當字鍾亞典，父手承分有水田壹段，坐落本都五原［源］净山后，土名水井門安着，计田壹坵，又園壹塊，今因缺錢應用，憑衆立當字一紙，當成倉管業，又有山壹塊，坐落石鼓坳安着，三面订，共當出價錢叁千文，納利谷壹石五方正，又有價壹千文，納錢利加三五起息，揔共價錢肆千文正，其錢收完訖，分文無滞，其田山既當之后，听弟邊管業，去后不論年深月久，已办原價取贖，弟邊不得執吝，如有此色，自能支解，不涉弟邊之事，此係兩相情愿，並無逼抑返悔等情，今欲有據，立當字爲照。

道光貳拾陸年十二月　日立當字鍾亞典（押）

在見弟亞王（押）

代筆　鍾鳳池（押）

道光二十七年鍾亞契仝弟亞金立當契

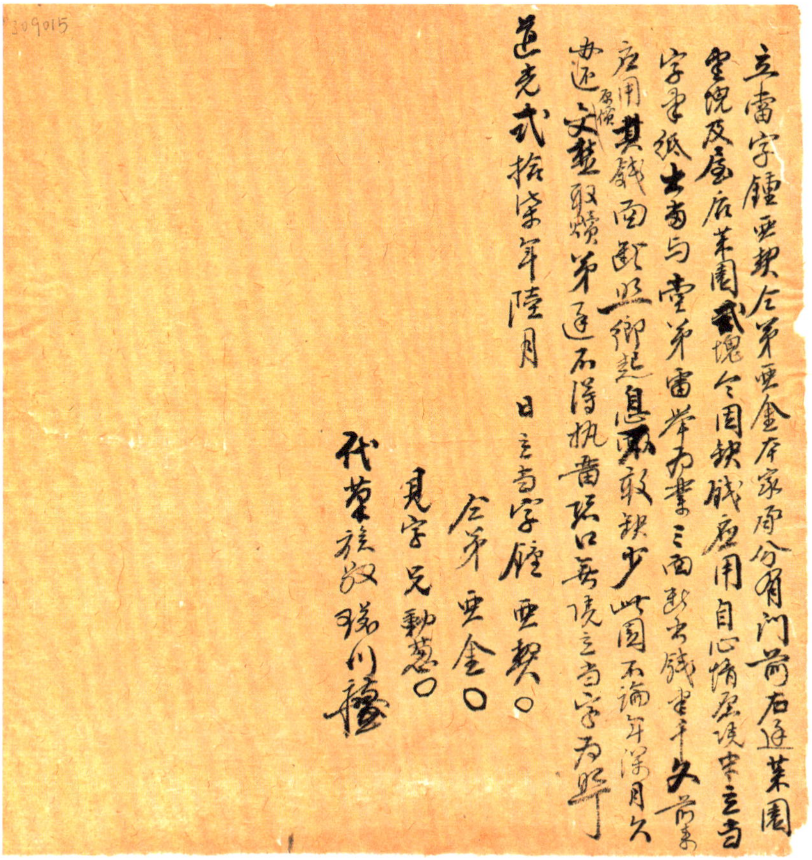

立當字鍾亞契仝弟亞金，本家承分有门前右邊菜園壹塊，及屋后菜園貳塊，今因缺錢应用，自心情愿，憑衆立当字壹紙，出当与堂弟雷举爲業，三面断出錢壹千文，前來应用，其錢面断照鄉起息，不敢缺少，此園不論年深月久办还原價交楚取贖，弟邊不得執留，恐口無憑，立当字为照。

道光式拾柒年陸月　日　立当字鍾亞契（押）

仝弟亞金（押）

見字兄勳葱（押）

代筆族叔瑞川（押）

道光二十七年鍾王孔立賣契

立賣契鍾王孔父手承分有園肆塊坐落八都
五源凈山后土名大旱塘左廷安着上至已業
下至路左至山圳右至塘爲界其並四至分明
今因缺錢應用憑衆立賣契一紙出賣與
彩子叔廷種作壹業三面訂作價錢肆千文
其錢即日收訖分文無滯其園未賣之先並
無內外人等文墨交關即賣之後一听叔種作
已業去后侄廷伯叔兄弟子侄不得言稱加找
亦無取贖字樣永爲叔廷已業如有此色自
能支當不涉叔廷之事此係兩相情愿並無
逼抑返悔等情今欲有據立賣契永遠爲照
道光貳拾柒年十二月　日立賣契鍾王孔

（前頁）>>>>

立賣契鍾王孔，父手承分有園肆塊，坐落八都五源净山后，土名大旱塘左邊安着，上至己業，下至路，左至山圳，右至塘爲界，其立四至分明，今因缺錢應用，憑衆立賣契一紙，出賣與彩子叔邊種作管業，三面订作價錢肆千文，其錢即日收訖，分文無滞，其園未賣之先，並無内外人等文墨交關，即賣之後，一听叔種作己業，去后侄邊伯叔兄弟子侄不得言稱加找，亦無取贖字様，永爲叔邊己業，如有此色，自能支當，不涉叔邊之事，此係兩相情愿，並無逼抑返悔等情，今欲有據，立賣契永遠爲照。

道光贰拾柒年十二月　日立賣契鍾王孔（押）

在見兄上典（押）

爲衆雷唐印（押）

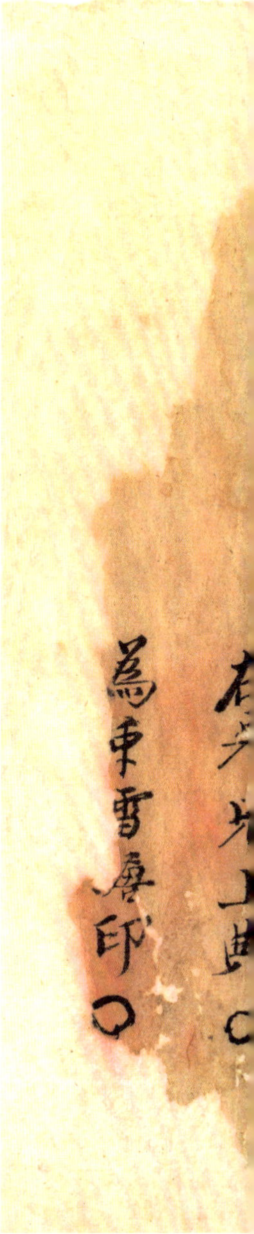

道光二十八年鍾上典等立賣契

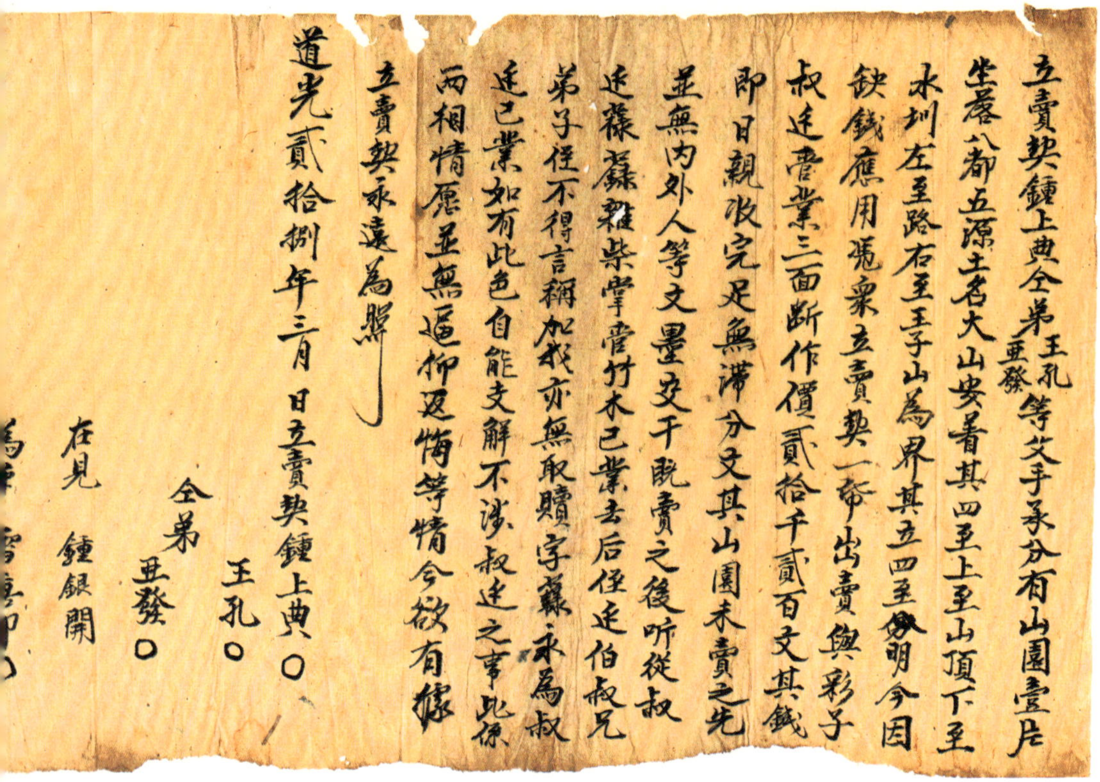

立賣契鍾上典仝弟王孔、亞發等，父手承分有山園壹片，坐落八都五源，土名大山安着，其四至上至山頂，下至水圳，左至路，右至王子山爲界，其立四至分明，今因缺錢應用，憑衆立賣契一紙，出賣與彩子叔邊管業，三面断作價貳拾千貳百文，其錢即日親收完足，無滯分文，其山園未賣之先，並無内外人等文墨交干，既賣之後，听從叔邊籙籙雜柴，掌管竹木己業，去后侄邊伯叔兄弟子侄不得言稱加找，亦無取贖字籙，永爲叔邊己業，如有此色，自能支解，不涉叔邊之事，此係兩相情愿，並無逼抑返悔等情，今欲有據，

立賣契永遠爲照。

道光貳拾捌年三月　日立賣契鍾上典（押）

王孔（押）

仝弟

亞發（押）

在見　鍾銀開

爲衆　雷塘印（押）

代筆　鍾鳳池（押）

道光二十八年鍾道庫立當契

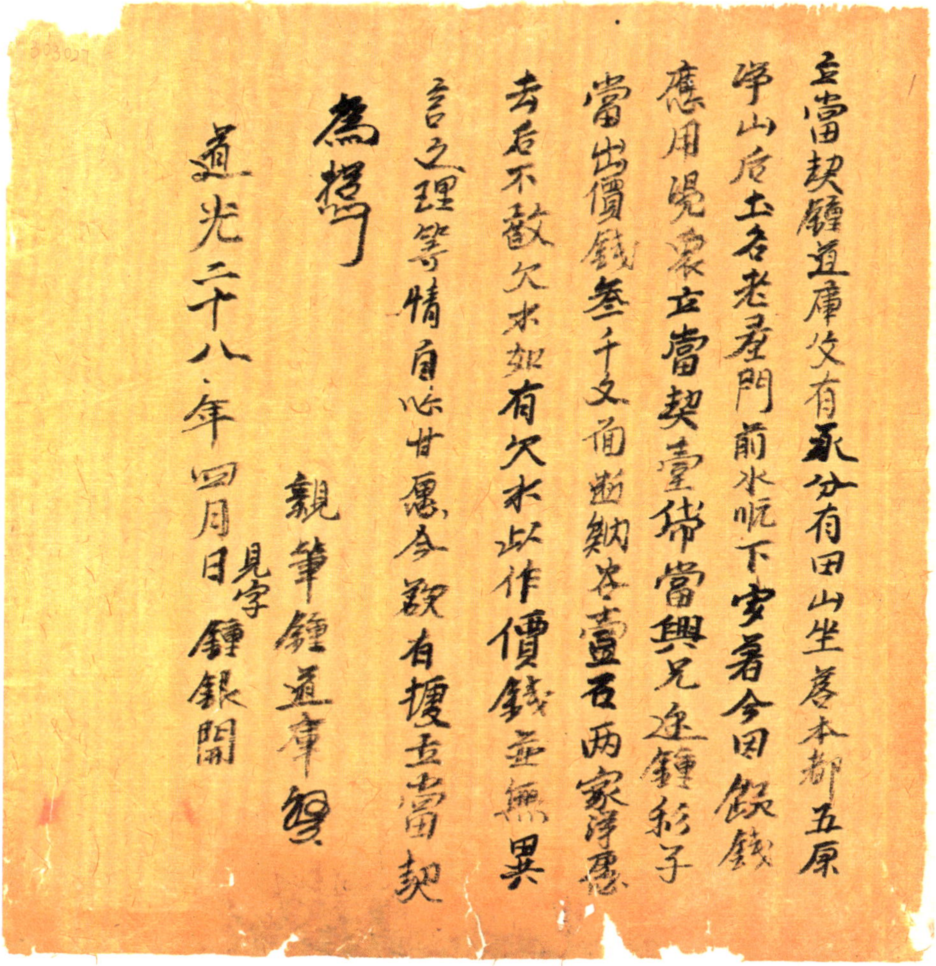

立當契鍾道庫，父有承分有田山，坐落本都五原［源］浄山后，土名老屋門前水⿸厂元下安着，今因缺錢應用，憑衆立當契壹紙，當與兄邊鍾彩子，當出價錢叁千文，面断纳谷壹石，兩家浄［情］愿，去后不敢欠少，如有欠少，此作價錢，並無異言之理等情，自心甘愿，今欲有據，立當契爲照。

親筆鍾道庫（押）

道光二十八年四月日見字鍾銀開

道光二十九年鍾進高立截借找字

立截借找鍾進高父手先年有水田壹段坐落八都五源
凈山后老屋對面壋中安着出賣與房公留福轉賣
與房叔鍾蔡子爲業今因缺錢應用凴文中向勸蔡子叔
邊借找出錢壹千五百文其錢即日收訖無滯其田听叔邊
永遠管業侄邊不得再有找借字樣之理永遠斷絕字
樣吾邊伯叔兄弟子侄自心甘愿並無逼折等情恐口無
凴立截字爲照
道光廿九年五月　日立截借找字鍾進高（押）

（前頁）>>>>

立截借找鍾進高，父手先年有水田壹段，坐落八都五源净山后老屋對面塆中安着，出賣與房公留福，轉賣與房叔鍾蔡子爲業，今因缺錢应用，憑中又向勸蔡子叔邊借找出錢壹千五百文，其錢即日收訖無滯，其田听叔邊永遠管業，侄邊不得再有找借字樣之理，永遠断绝字樣，吾邊伯叔兄弟子侄自心甘愿，並無逼抑等情，恐口無憑，立截字爲照。

道光廿九年五月　日立截借找字鍾進高（押）

在見叔　藍周（押）

憑中　雷唐印

代筆　鍾鴻業（押）

道光二十九年鍾高星立當字

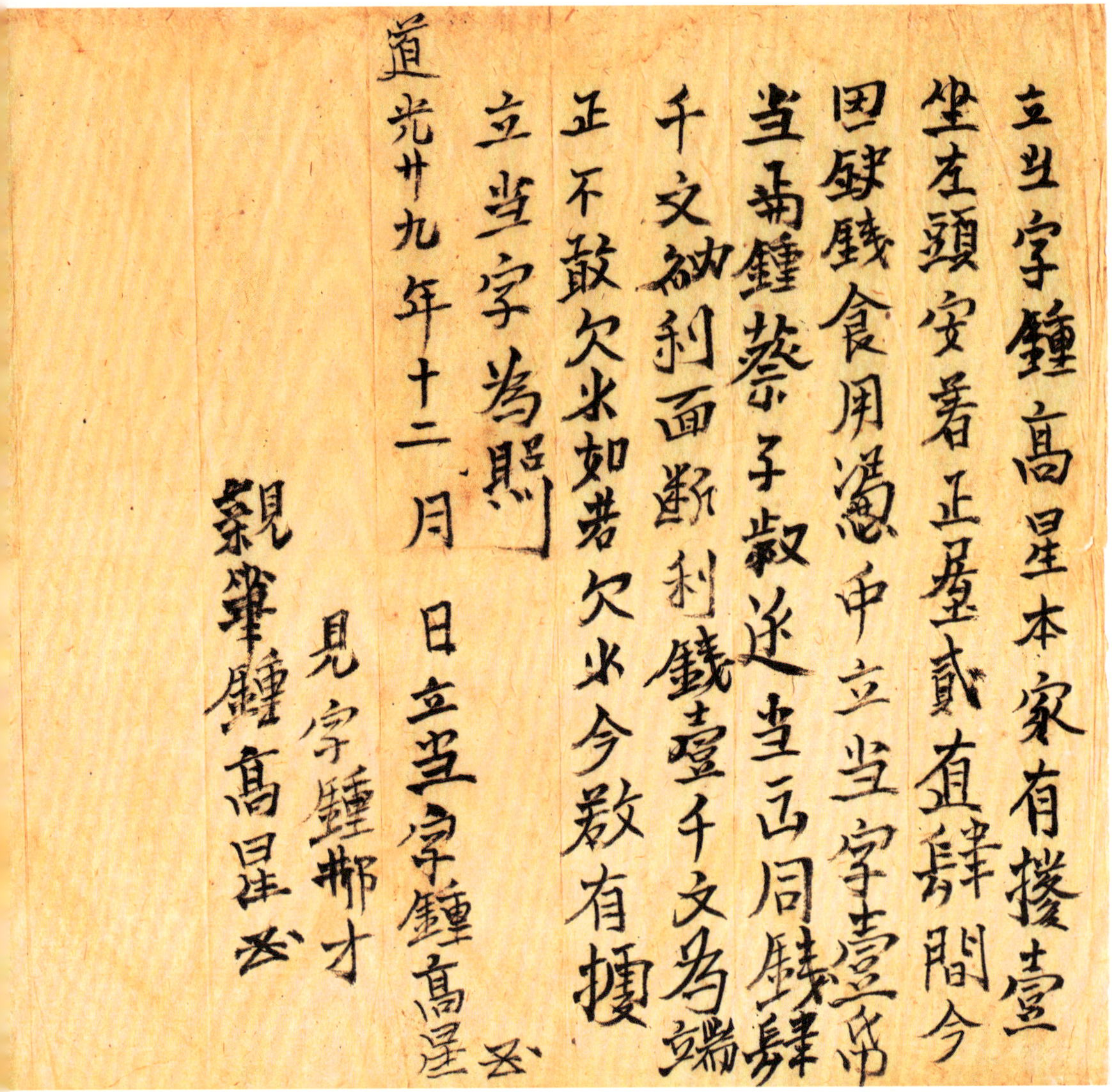

立当字鍾高星，本家有摟［樓］壹，
坐左頭安着，正屋貳直肆間，今
因缺錢食用，憑衆立当字壹紙，
当與鍾蔡子叔邊，当出同［銅］錢肆
千文，納利面断利錢壹千文爲端
正，不敢欠少，如若欠少，今欲有據，
立当字爲照。

道光廿九年十二月　日立当字鍾高星（押）

見字鍾邢才

親筆鍾高星（押）

道光二十九年鍾艮等立賣契

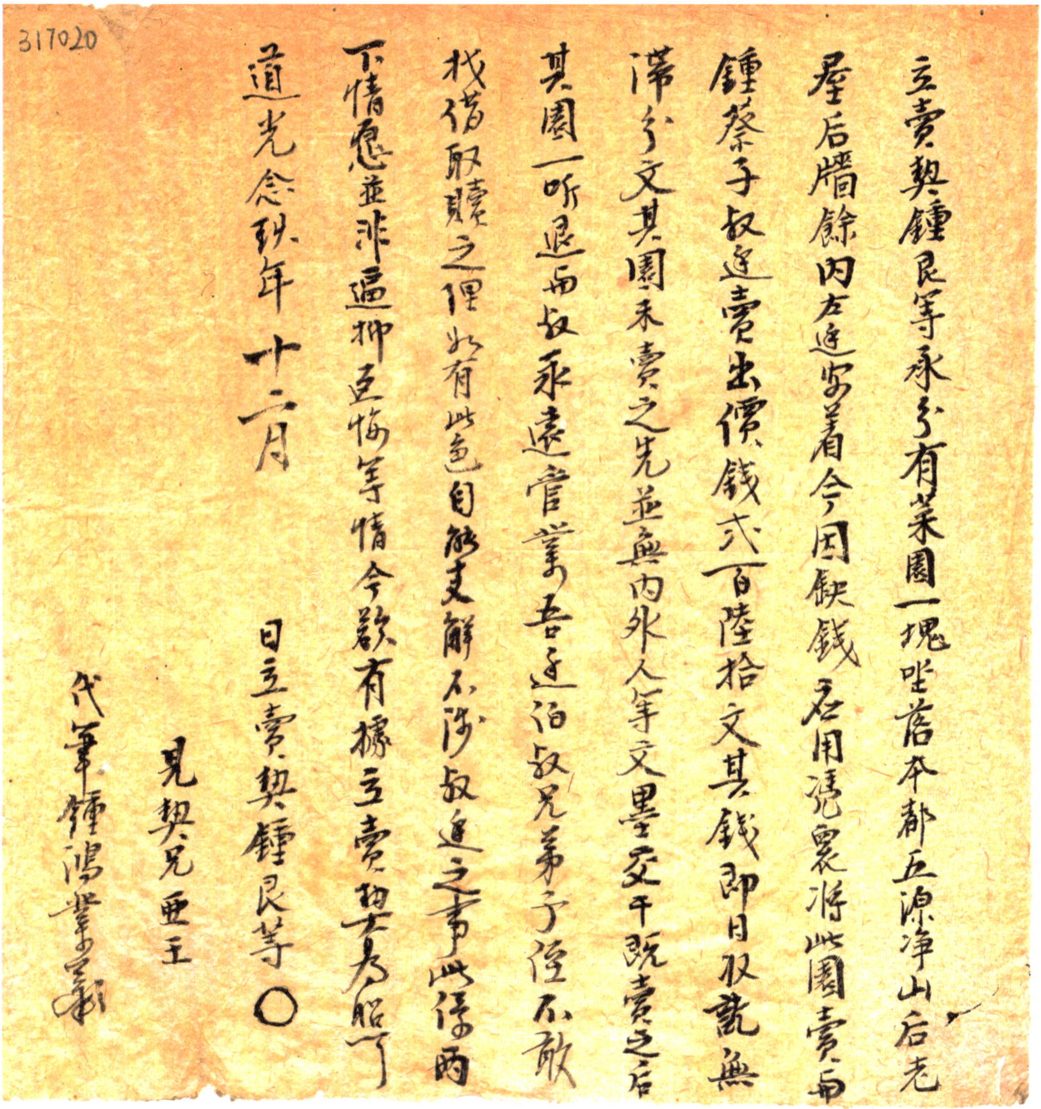

317020

立賣契鍾艮等承父有菜園一塊坐落本都五源淨山后老屋后牆餘內左邊安着今因缺錢應用情愿將此園賣與鍾蔡子叔邊賣出價錢弍百陸拾文其錢即日收訖無滯分文其園未賣之先並無內外人等文墨交干既賣之后其園一所退與叔承遠管業吾邊伯叔兄弟子侄不敢找借取贖之理如有此色自能支解不涉叔邊之事此係兩下情愿並非逼抑反悔等情今欲有據立賣契存照

道光念玖年　十二月　日立賣契鍾艮等〇

見契兄亜王

代筆鍾鴻業書

道光二十九年鍾藍周立賣契

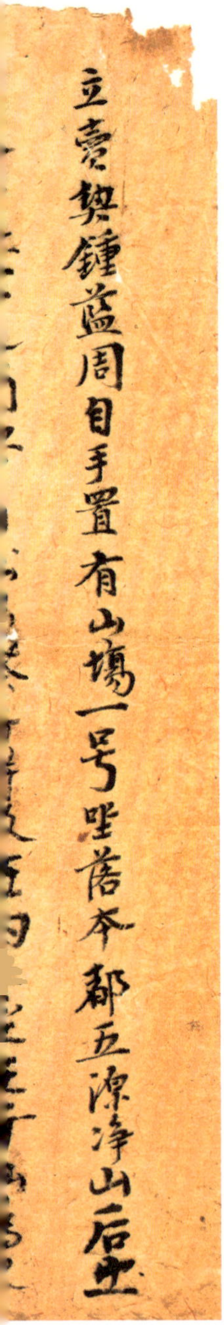
立賣契鍾藍周自手置有山塲一号坐落本都五源净山后坐

（前頁）>>>>

立賣契鍾艮等，承分有菜園一塊，坐落本都五源净山后老屋后牆餘内左邊安着，今因缺錢应用，憑衆将此園賣與鍾蔡子叔邊，賣出價錢弍百陸拾文，其錢即日收訖，無滯分文，其園未賣之先，並無内外人等文墨交干，既賣之后，其園一听退與叔永遠管業，吾邊伯叔兄弟子侄不敢找借取贖之理，如有此色，自能支解，不涉叔邊之事，此係兩下情愿，並非逼抑返悔等情，今欲有據，立賣契爲照。

道光念玖年十二月　日立賣契鍾艮等（押）

見契兄亞王

代筆鍾鴻業（押）

314016

明今因缺錢應用，凴衆立賣契一紙賣與鍾蔡子為業三
面欽價五千五百文，其錢即日收訖，無滯分文。此山未賣之
先並無內外人等文墨交干，既賣之后，其山塲松杉茶子一所
蔡子弟遠為業，去后吾遠伯叔兄弟子不得找借之理。如有
此色，自能支解，不涉錢主之事。此係兩下心願，並無逼抑返悔
等情。今欲有據，立賣契永遠為照。

道光念玖年十二月　日立賣契鍾蔚閭（押）

見契侄　良開

代筆　鍾鴻業（筆）

（前頁）>>>>

立賣契鍾藍周，自手置有山塲一号，坐落本都五源净山后，土名水井垳左邊崗安着，松杉茶子並及在内，上至王子山爲界，下至路爲界，右至王子山爲界，左至艮契田爲界，具立四至分明，今因缺錢应用，憑衆立賣契一紙，賣與鍾蔡子爲業，三面断價五千五百文，其錢即日收訖，無滞分文，此山未賣之先，並無内外人等文墨交干，既賣之后，其山塲松杉茶子一听蔡子弟邊爲業，去后吾邊伯叔兄弟子不得找借之理，如有此色，自能支解，不涉錢主，此係兩下心愿，並非逼抑返悔等情，今欲有據，立賣契永远爲照。

道光念玖年十二月　日立賣契鍾藍周（押）

見契侄艮開

代筆鍾鴻業（押）

道光三十年鍾進高立當字

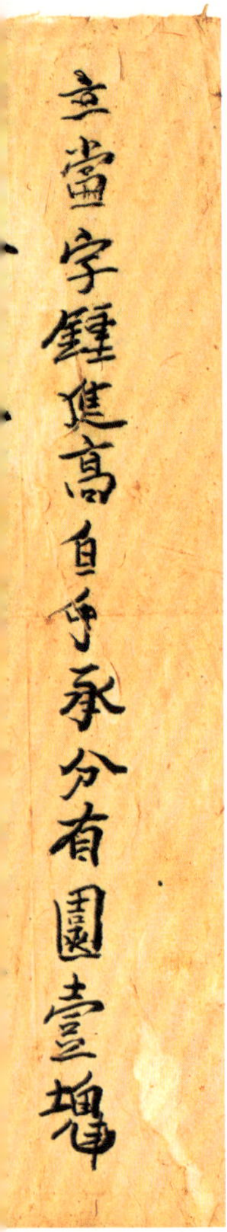

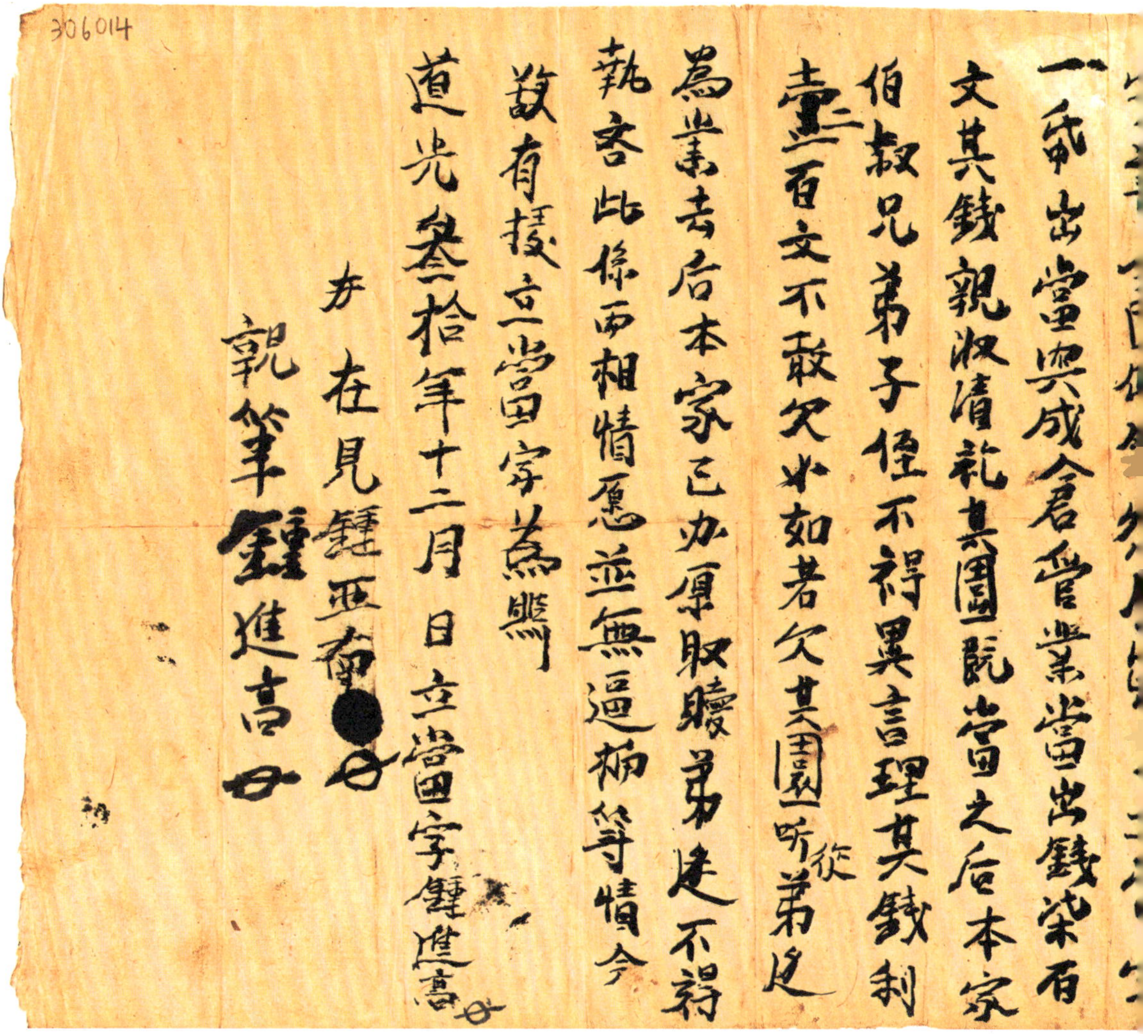

立當字鍾進高，自手承分有園壹塊，坐落八都五源净山后，土名天井下園安着，今因缺錢應用，憑衆立當字一紙，出當與成倉管業，當出錢柒百文，其錢親收清訖，其園既當之后，本家伯叔兄弟子侄不得異言理，其錢利二百文，不敢欠少，如若欠，其園听從弟邊爲業，去后本家已办原（價）取贖，弟邊不得執吝，此係兩相情愿，並無逼柳［抑］等情，今欲有據，立當字爲照。

道光叁拾年十二月　日立當字鍾進高（押）

在見　鍾亞南（押）

親筆　鍾進高（押）

咸豐二年鍾亞印立賣契

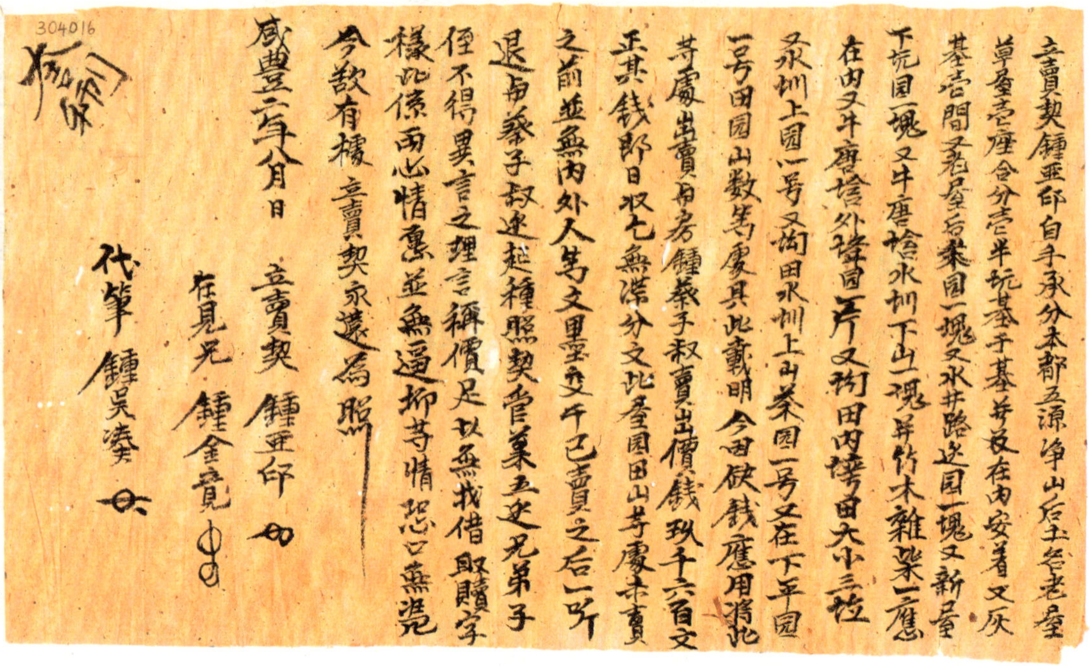

立賣契鍾亞印，自手承分本都五源净山后，土名老屋草屋壹座，合分壹半坑基，于基並及在内安着，又灰基壹間，又老屋后菜园一塊，又水井路邊园一塊，又新屋下坑园一塊，又牛唐垥水圳下山一塊，並竹木雜柴一應在内，又牛唐垥外埄园一片，又坳田内塆田大小三坵，又水圳上园一号，又坳田水圳上山茶园一号，又在下平园一号，田园山数等處具此載明，今因缺錢應用，將此等處出賣與房鍾蔡子叔，賣出價錢玖千六百文正，其錢即日收乞[訖]，無滯分文，此屋园田山等處未賣之前，並無内外人等文墨交干，已賣之后，一听退與蔡子叔邊起種，照契管業，五[吾]邊兄弟子侄不得異言之理，言稱價足，以[亦]無找借取贖字樣，此係兩心情愿，並無逼抑等情，恐口無憑，今欲有據，立賣契永遠爲照。

咸豐二年八月日　立賣契　鍾亞印（押）

在見兄　鍾金竟（押）

代筆　鍾吴凑（押）

咸豐二年鍾上貞立當字

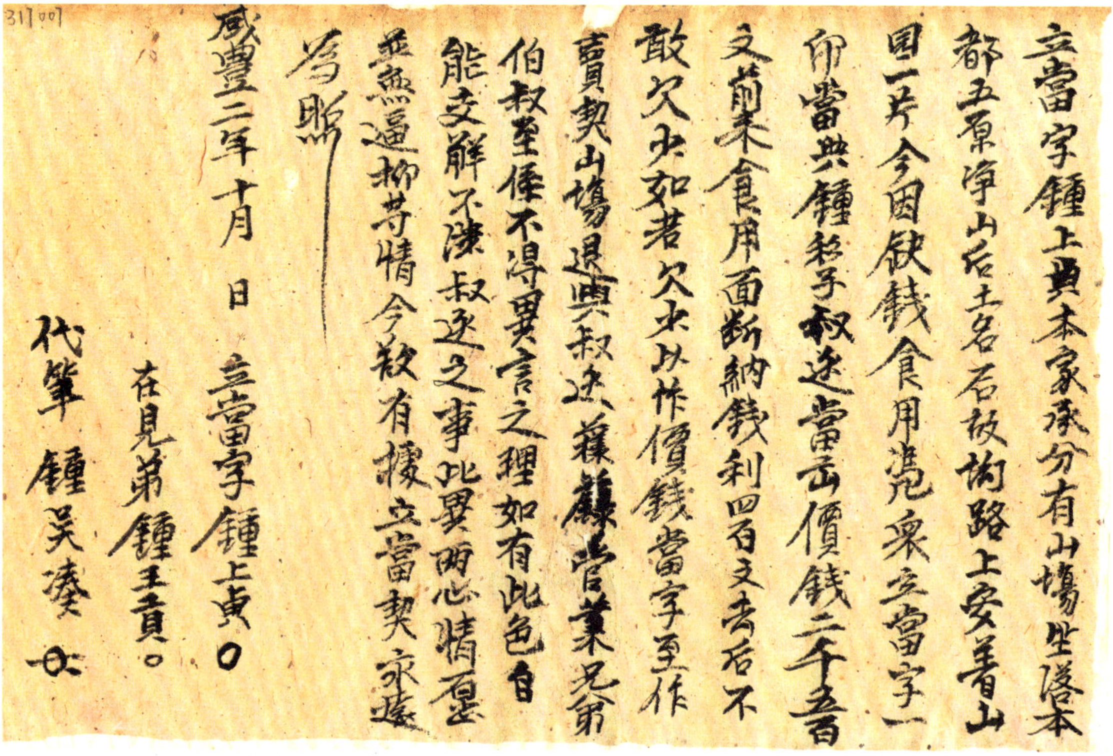

立當字鍾上貞，本家承分有山塲，坐落本都五原[源]净山后，土名后故坳路上安着，山园一片，今因缺錢食用，憑衆立當字一紙，當與鍾彩子叔邊，當出價錢二千五百文，前來食用，面断納錢利四百文，去后不敢欠少，如若欠少，以作價錢，當字至作賣契，山塲退與叔邊籙籙管業，兄弟伯叔至[子]侄不得異言之理，如有此色，自能支解，不涉叔邊之事，此異[亦]兩心情愿，並無逼抑等情，今欲有據，立當契永遠爲照。

咸豐二年十月　日　立當字鍾上貞（押）

在見弟鍾王貢（押）

代筆　鍾吴凑（押）

咸豐二年鍾動葱立賣契

立賣契鍾動葱祖手承分有園坐落本都五源淨山之界屋前右邊牆園內菜園壹塊又一号坐落屋邊左至路上峰園一塊又一号坐左邊坪園一片上至路下至亞英園為界右至亞英山左至山圳為界俱立四至分明其園三号安着今因缺錢應用憑衆立賣契壹帋向雷擧弟賣出時價錢叁千文其錢即日收訖無滯分文此園未賣之先並無內外人等文墨交加已賣之後其園一所退與弟邊起種管業吾邊伯叔兄弟子侄不得異言之理如有此色自能支解不涉買主之事此係兩相情愿並非逼迫抑返悔等情今欲有據立賣契為照

(前頁)>>>>

立賣契鍾動葱，祖手承分有園，坐落本都五源净山□□
界屋前右邊墻，園内菜園壹塊，又一号坐落屋邊，左至路上埄
園一塊，又一号坐左邊塝園一片，上至路，下至亞英園爲界，右至
亞英山，左至山圳爲界，俱立四至分明，共園三号安着，今因缺錢
应用，憑衆立賣契壹紙，向雷舉弟賣出時價錢叁千文，
其錢即日收訖，無滯分文，此園未賣之先，並無内外人等文墨交
(干)，已賣之後，其園一听退與弟邊起種管業，吾邊伯叔兄弟子侄
不得異言之理，如有此色，自能支解，不涉賣主之事，此係兩相
情愿，並非逼抑返悔等情，今欲有據，立賣契爲照。

咸豐弍年十二月　日立賣契鍾動葱(押)

爲衆弟亞契(押)

在見弟亞英(押)

依口代筆鍾鴻業(押)

咸豐二年鍾門雷氏立賣契

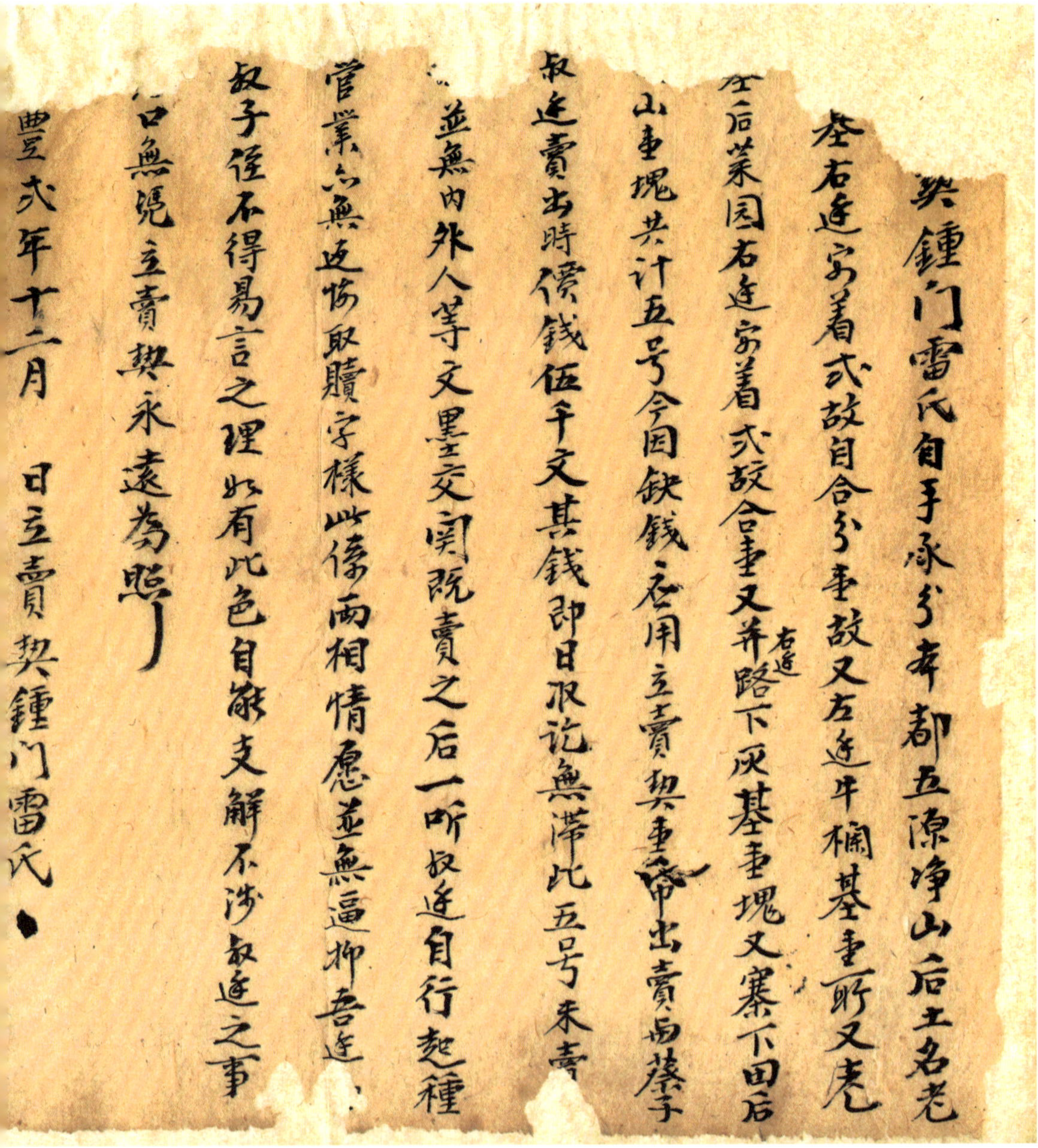

契鍾门雷氏自手承分本都五源净山后土名老
坐右边安着弍坵自合分壹坵又左边牛欄基壹所又老
坐后菜园右边安着弍坵合壹又并（右边）路下灰基壹塊又寨下田后
山壹塊共计五号今因缺钱应用立賣契壹帋出賣與蔡子
叔边賣出時價钱伍千文其钱即日收讫無滯此五号未賣
並無内外人等文墨交関既賣之后一听叔边自行耕種
管業亦無返悔取贖字樣此係兩相情愿並無逼抑吾边
叔子侄不得易言之理如有此色自能支解不涉叔边之事
恐口無憑立賣契永遠為照
豐弍年十二月　日立賣契鍾门雷氏●

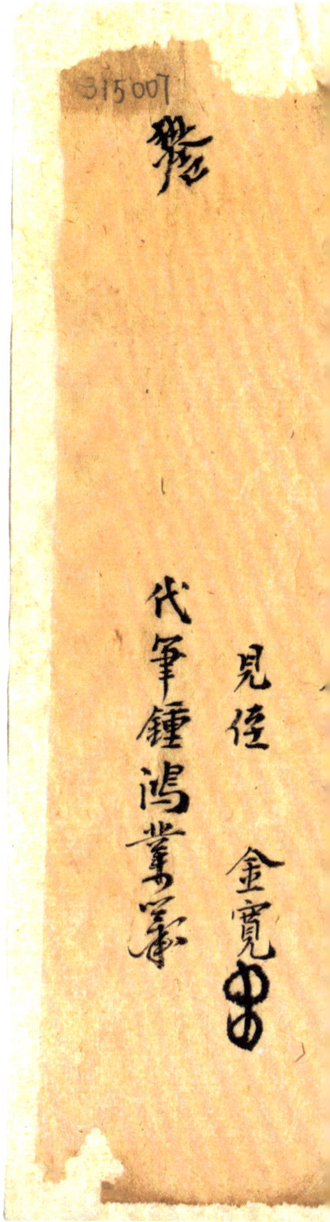

(前頁)>>>>

□(立)□(賣)契鍾门雷氏，自手承分本都五源净山后，土名老
□基右邊安着，式故自合分壹故，又左邊牛欄基壹所，又老
□后菜园右邊安着，式故合壹，又並右邊路下灰基壹塊，又寨下田后
□山壹塊，共计五号，今因缺錢应用，立賣契壹紙，出賣與蔡子
叔邊，賣出時價錢伍千文，其錢即日收訖無滞，此五号未賣□
□並無内外人等文墨交關，既賣之后，一听叔邊自行起種
管業，亦無返悔取贖字樣，此係兩相情愿，並無逼抑，吾邊□
叔子侄不得易言之理，如有此色，自能支解，不涉叔邊之事，
□口無憑，立賣契永遠爲照。

□(咸)豐式年十二月　日立賣契鍾门雷氏(押)
仝子　西東(押)
見侄　金寬(押)
代筆鍾鴻業(押)

咸豐二年鍾亞發立當字

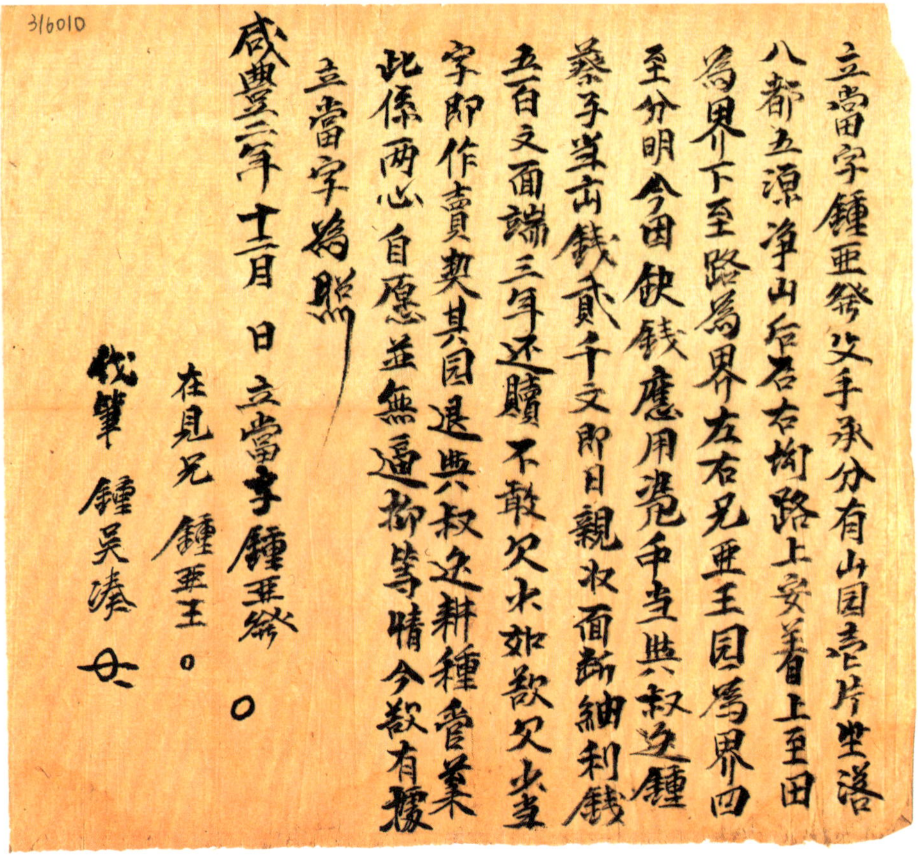

立當字鍾亞發，父手承分有山园壹片，坐落八都五源净山后石右坳路上安着，上至田爲界，下至路爲界，左右兄亞王园爲界，四至分明，今因缺錢應用，憑衆当與叔邊鍾蔡子，当出錢貳千文，即日親收，面断納利錢五百文，面端三年还贖，不敢欠少，如欲欠少，当字即作賣契，其园退與叔邊耕種管業，此係兩心自愿，並無逼抑等情，今欲有據，立當字爲照。

咸豐二年十二月　日　立當字鍾亞發（押）

在見兄鍾亞王（押）

代筆鍾吴凑（押）

咸豐三年鍾動葱立當字

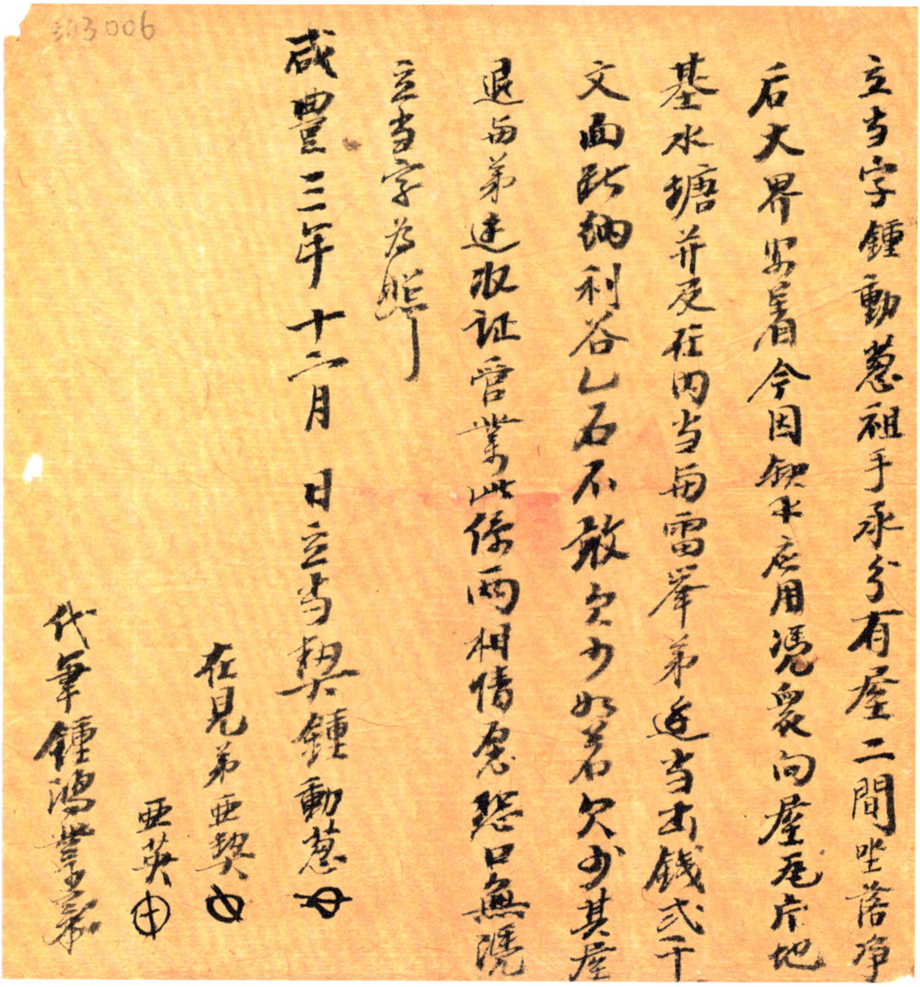

立当字鍾動葱，祖手承分有屋二間，坐落净（山）后大界安着，今因缺錢应用，憑衆向屋瓦片、地基、水塘並及在内，当與雷举弟邊，当出錢弍千文，面断納利谷一石，不敢欠少，如若欠少，其屋退與弟邊收证［征］管業，此係兩相情愿，恐口无憑，立当字爲照。

咸豐三年十二月　日立当契鍾動葱（押）

在見弟亞契（押）

亞英（押）

代筆鍾鴻業（押）

咸豐四年鍾道庫立借退佃

30·3002

立借退佃鍾道庫上冬有水田山園坐落本都五源淨山后老屋門前水圳下安着今因用度不便將此田山園退與族蔡子兄邊起耕永遠管業借出錢叁千文其錢收訖無滯此田山園借之后一听兄管業吾邊兄弟子侄自心情愿並無異言找借之理恐口無憑立退借永遠為照

咸豐四年三月　　日立借退佃鍾道庫（押）

在見侄高祖（押）

代筆鍾鴻業（押）

（前頁）>>>>

立借退佃鍾道庫，上冬有水田山园，坐落本都五源净山后老屋門前水圳下安着，今因用度不便，將此田山園退與族蔡子兄邊起耕，永遠管業，借出錢叁千文，其錢收訖無滯，此田山园□借之后一听兄管業，吾邊兄弟子侄自心情愿，並無異言找□（借）之理，恐口無憑，立退借永遠爲照。

咸豐四年　三月　日立借退佃鍾道庫（押）

在見侄高祖（押）

代筆鍾鴻業（押）

咸豐四年鍾員平立賣契

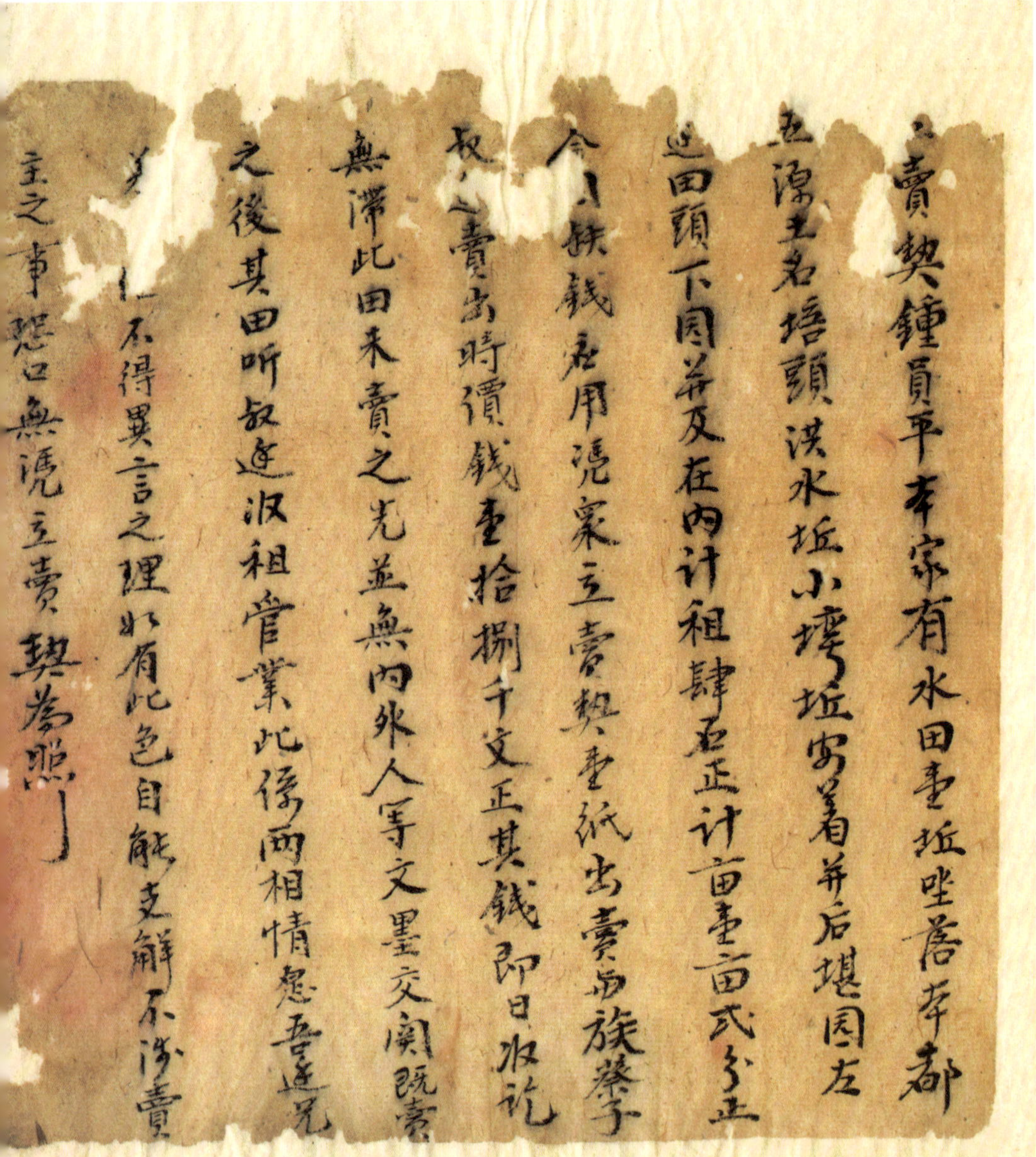
立賣契鍾員平本家有水田壹坵坐落本都
五源土名培頭洪水坵小壪坵安着并后堪因左
邊田頭下圍并及在內計租肆石正計畝壹畝式分正
今因缺錢應用憑衆立賣契壹紙出賣與族蔡字
叔邊賣出時價錢壹拾捌千文正其錢即日收訖
無滯此田未賣之先並無內外人等文墨交關既賣
之後其田听叔邊收祖管業此係兩相情愿吾邊兄
弟人不得異言之理如有此色自能支解不涉賣
主之事恐口無憑立賣契爲照

（前頁）>>>>

立賣契鍾員平，本家有水田壹坵，坐落本都五源，土名培頭洪水坵、小塆坵安着，並后堪园左邊田頭下園並及在内，计租肆石正，计亩壹亩弍分正，今因缺錢应用，憑衆立賣契壹纸，出賣與族蔡子叔邊，賣出時價錢壹拾捌千文正，其錢即日收訖無滯，此田未賣之先，並無内外人等文墨交關，既賣之後，其田听叔邊收租管業，此係兩相情愿，吾邊兄□（弟）□（子）□（侄）不得異言之理，如有此色，自能支解，不涉賣主之事，恐口無憑，立賣契爲照。

咸豐四年三月　日立賣契鍾員平（押）

在見弟瑞墨

爲衆代筆弟鸿業（押）

咸豐四年鍾員平立當契

立当契鍾員平自手承分有水田壹坵坐落本都五源培頭洪水坵也壹坵安着計租肆石正計亩壹亩貳分正今因缺钱应用立当契壹帋凭允衆將田当與族鍾雷弟弟边當出钱貳拾千文正面訖納利谷四石此田未当之先並無内外人等文墨交関既当之后其租谷不敢欠少如若欠少其田所弟边起耕管業吾边兄弟子侄不得異言之理此有此色自能支解不涉弟边之事此係兩相情愿不論年深月久取贖弟边不得抗留恐口無凭今欲有據立当契為照

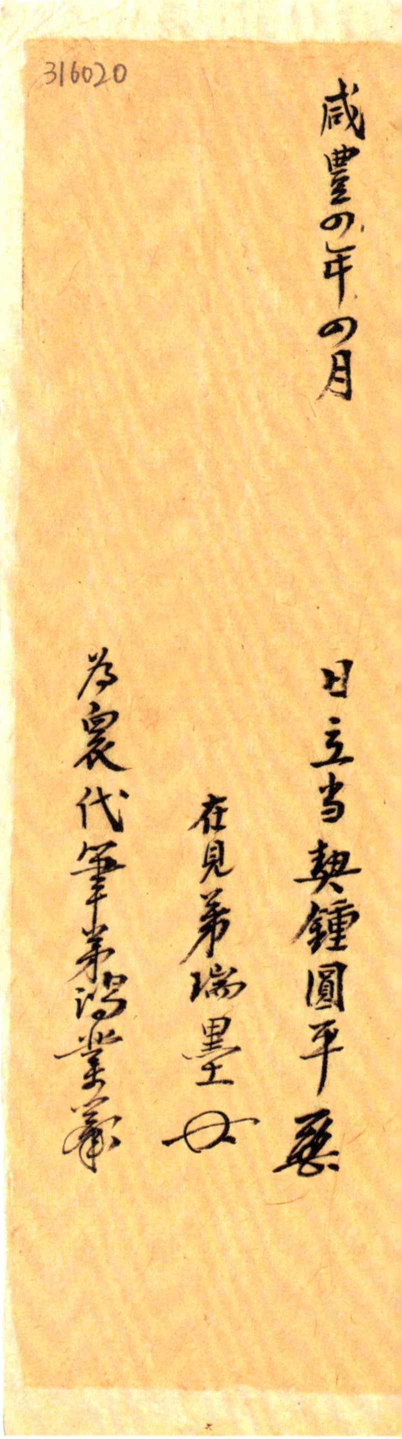

（前頁）>>>>

立当契鍾員平，自手承分有水田壹坵，坐落本都五源培頭洪水坵少（小）塆坵安着，计租肆石正，计亩壹亩弍分正，今因缺錢应用，立当契壹紙，憑衆将此田当與族鍾雷「弟」弟邊，當出錢貳拾千文正，面断纳利谷四石，此田未当之先，並無内外人等文墨交關，既当之后，其田租谷不敢欠少，如若欠少，其田听弟邊起耕管業，吾邊兄弟子侄不得異言之理，如有此色，自能支解，不涉弟邊之事，此係兩相情愿，不論年深月久取赎，弟邊不得执留，恐口無憑，今欲有據，立当契爲照。

咸豐四年四月　日立当契鍾圓平（押）

在見弟瑞墨（押）

爲衆代筆弟鴻業（押）

咸豐四年鍾進高立賣契

立賣契鍾進高，父手承分有水田壹号，坐落八都五原小淨山后，土名嶺脚大路上右邊塋角頭，安着伯叔三人承分，進高自合壹股，計田二坵，計租壹方正，計畝三厘正。今因缺錢食用，情愿中出賣与鍾彩子叔邊，賣出錢壹千玖百五拾文，其錢即日清訖，親收無滯分文。此田未賣之先，内外人等文墨交干。既賣之后，其田起退叔邊自行耕種管業，言清價足，契盡理憑斷截，文契兩心情愿，伯叔兄弟不得異言之理。如有此色，自能支解，不涉錢主之事。恐口無憑，立賣契永遠為照。

咸豐四年五月　日　鍾進高（押）

（前頁）>>>>>

立賣契鍾進高，父手承分有水田壹号，坐落八都五原［源］净山后，土名嶺脚大路上右邊屋角頭安着，伯叔三人承分，進高自合壹股，計田二坵，計租壹方正，計畝三厘正，今因缺錢食用，憑衆出賣與鍾彩子叔邊，賣出錢壹千玖百五柗［拾］文，其錢即日清訖，親收無滯分文，此田未賣之先，内外人等文墨交干，既賣之后，其田起退叔邊自行耕種管葉［業］，言清價足契盡，埋［理］應割截文契，兩心情愿，伯叔兄弟不得異言之理，如有此色，自能支解，不涉錢主之事，恐口無憑，立賣契永遠爲照。

咸豐四年五月　日　鍾進高（押）

爲鍾［衆］雷唐因（押）

在見　高星（押）

親筆（押）

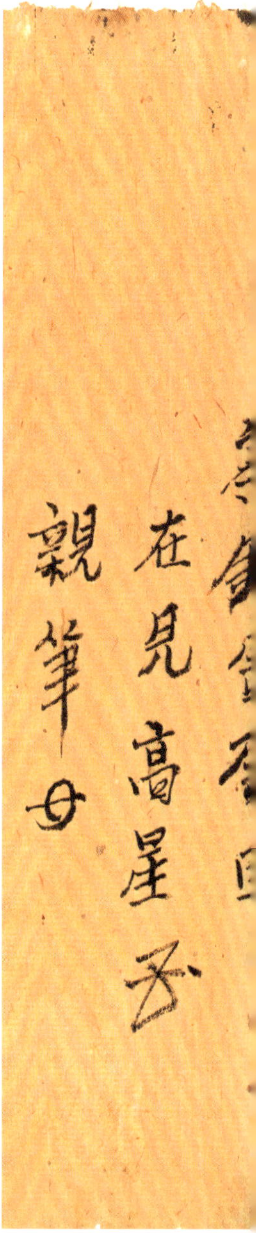

咸豐四年鍾進高立退佃字

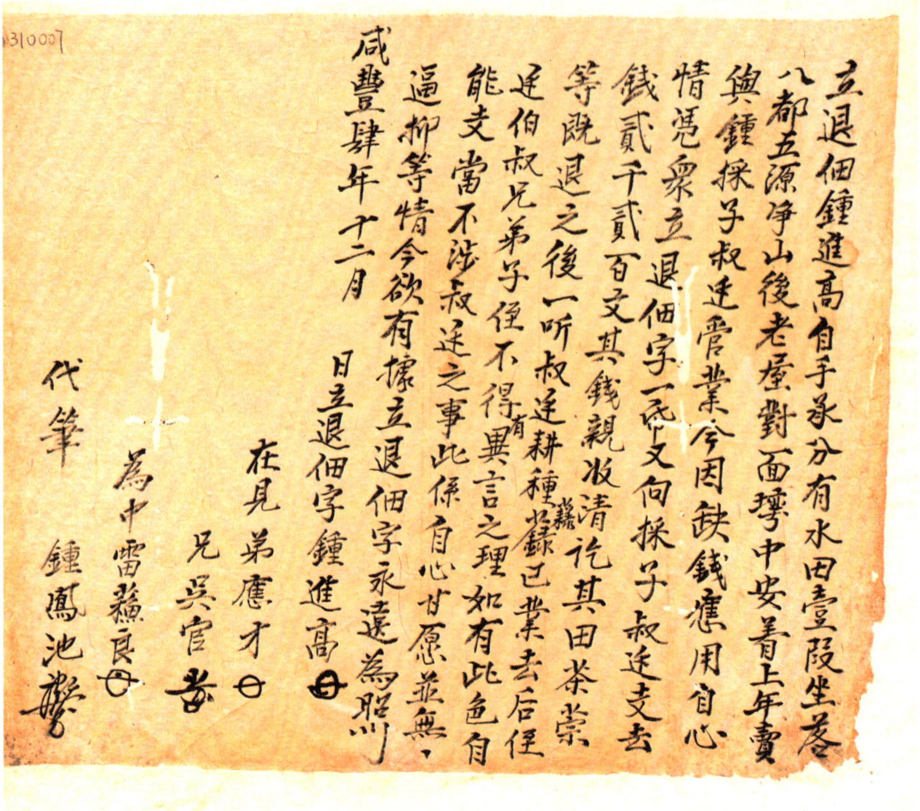

立退佃鍾進高，自手承分有水田壹段，坐落八都五源净山後老屋對面塆中安着，上年賣與鍾採子叔邊管業，今因缺錢應用，自心情（願），憑衆立退佃字一紙，又向採子叔邊支去錢貳千貳百文，其錢親收清訖，其田茶崇等既退之後，一听叔邊耕種籐籙己業，去后侄邊伯叔兄弟子侄不得有異言之理，如有此色，自能支當，不涉叔邊之事，此係自心甘愿，並無逼抑等情，今欲有據，立退佃字永遠爲照。

咸豐肆年十二月　日立退佃字鍾進高（押）

在見弟應才（押）

兄吴官（押）

爲中雷蘇良（押）

代筆　鍾鳳池（押）

咸豐五年鍾員平立借字並退佃

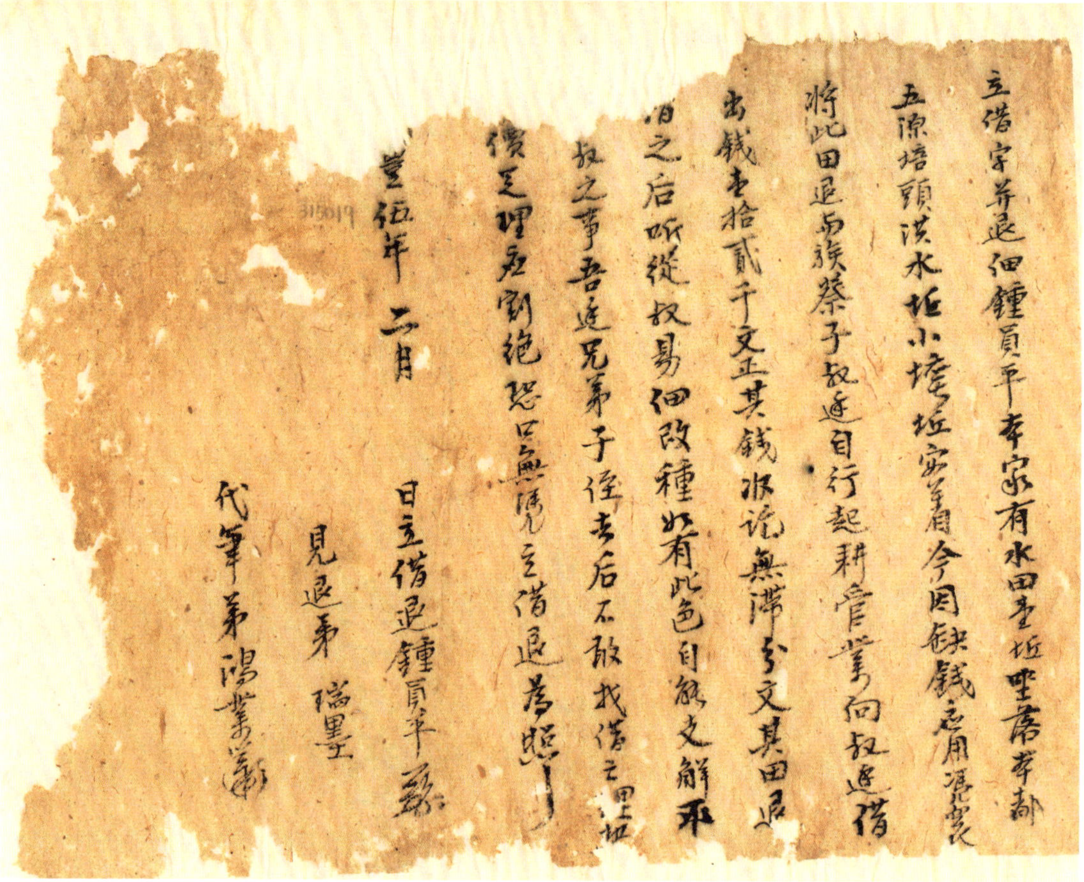

立借字並退佃鍾員平，本家有水田壹坵，坐落本都
五源培頭洪水坵、小塆坵安着，今因缺錢应用，憑衆
将此田退與族蔡子叔邊自行起耕管業，向叔邊借
出錢壹拾貳千文正，其錢收訖，無滯分文，其田退
□之后，听從叔易佃改種，如有此色，自能支解，不
□叔之事，吾邊兄弟子侄去后不敢找借之理，□
□價足，理应割绝，恐口無憑，立借退爲照。

□（咸）豐伍年　二月　日立借退鍾員平（押）

見退弟　瑞墨

代筆弟鴻業（押）

咸豐五年鍾鳳書立收字

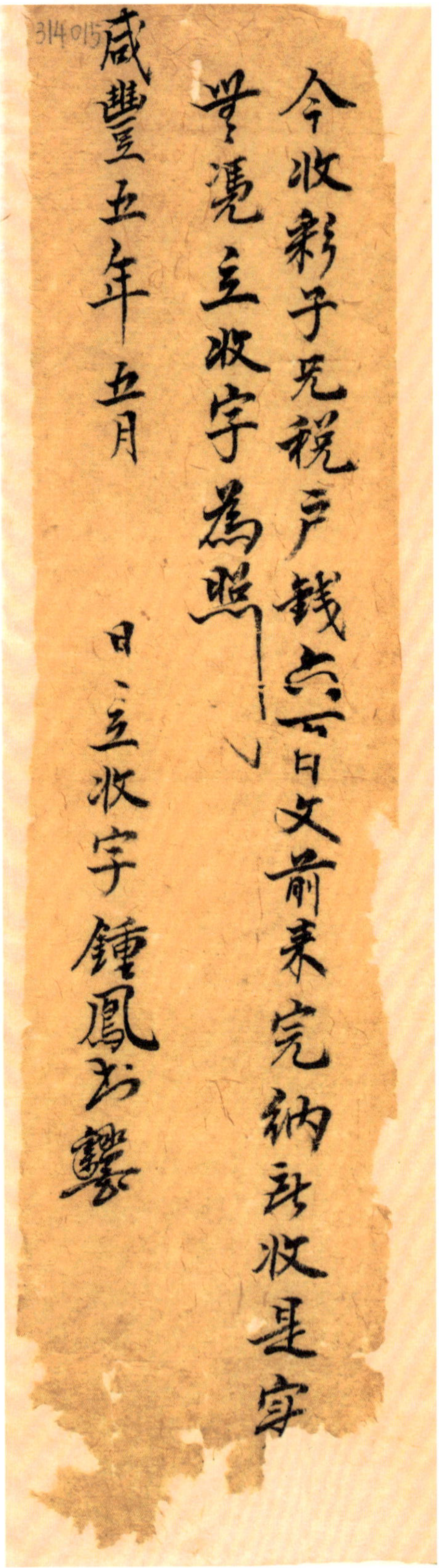

今收彩子兄税户錢六百文，前來完纳，所收是实，□□

無憑，立收字爲照。

咸豐五年五月　日立收字鍾鳳书（押）

咸豐五年鍾財進立賣契

立賣契鍾財進父手承分有園壹号坐落本都五源浄后丹垅下大石边安着上下左右钱主己業今因缺钱应用凴衆立賣契壹紙賣与族蔡子叔公賣出時價錢壹千文其钱即日收訖無滯分文其園听從公边永遠管業吾边兄弟子侄不得言稱找借取贖之理此係兩相情愿並非逼抑恐口無凴立賣契為照

303004

咸豐五年 十二月 日立賣契鍾財進（押）

在見叔 英才（押）

代筆叔鴻業（押）

（前頁）>>>>

立賣契鍾財進，父手承分有園壹号，坐落本都五源净□后丹坵下大石邊安着，上下左右錢主己業，今因缺錢应用，憑衆立賣契壹紙，賣與族蔡子叔公，賣出時價錢壹千文，其錢即日收訖，無滯分文，其园听從公邊永遠管業，吾邊兄弟子侄不得言稱找借取贖之理，此係兩相情愿，並非逼抑，恐口無憑，立賣契爲照。

咸豐五年　十二月　日立賣契鍾財進（押）

在見叔　英才（押）

代筆叔鴻業（押）

咸豐六年鍾大孝大内等立借字

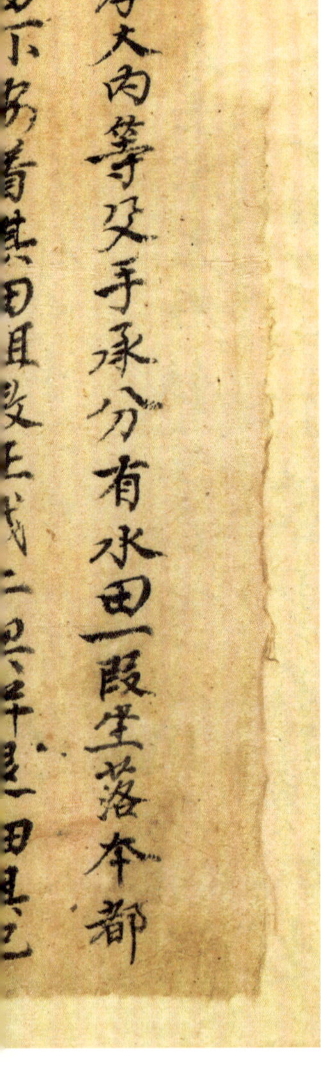

[illegible]借出錢弍千文其錢

即日收訖分文無滯其田已重借之后一听叔迎管業吾

迎伯叔兄弟子侄不敢再有找借之理亦無返悔取贖字

樣並無逼抑等情此係自心情愿恐口無憑立重借永遠

為照

咸豐六年十二月　日立借字鍾大孝（押）

仝弟　鍾大内○

見借　伯員平（押）

代筆　叔　鍾希賢（押）

（前頁）>>>>

立借字鍾大孝、大内等，父手承分有水田一段，坐落本都五源培頭大婆田下安着，其田租数正、找二契並退佃具已載明，令[今]因缺錢應用，又向鴻業叔邊借出錢弌千文，其錢即日收訖，分文無滯，其田已重借之后，一听叔邊管業，吾邊伯叔兄弟子侄不敢再有找借之理，亦無返悔取贖字様，並非逼抑等情，此係自心情愿，恐口無憑，立重借永遠爲照。

咸豐六年十二月　日立借字鍾大孝（押）

仝弟　鍾大内（押）

見借　伯員平（押）

代筆　叔　鍾希賢（押）

咸豐七年鍾英弟立當字

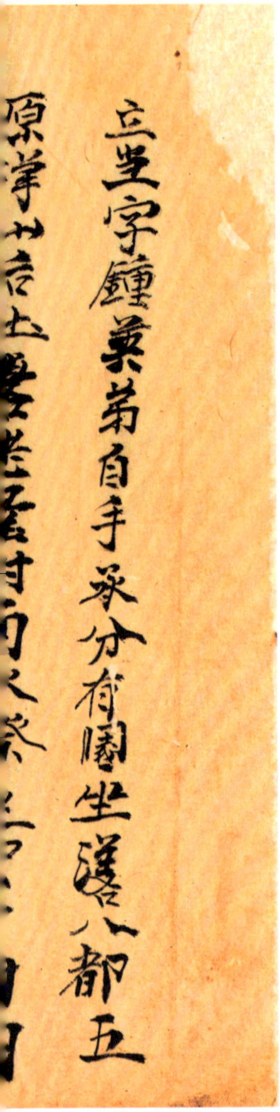
立當字鍾英弟自手承分有園坐落八都五

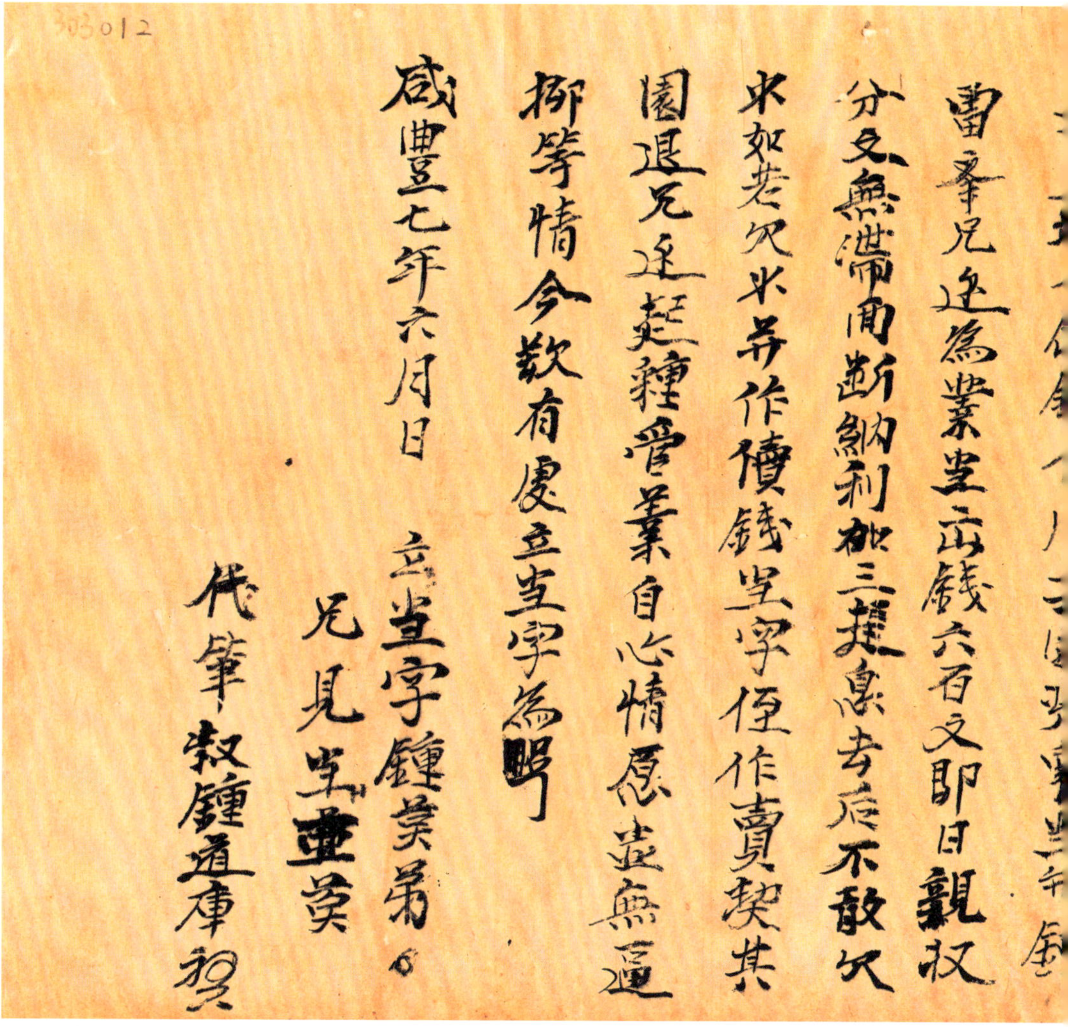

立当字鍾英弟，自手承分有園，坐落八都五原［源］净山后，土名老屋対面水漈邊安着，計園上下三坪，今缺錢食用，其園憑衆当與鍾曾夆兄邊爲業，当出錢六百文，即日親收，分文無滞，面断納利加三起息，去后不敢欠少，如若欠少，並作價錢，当字侄作賣契，其園退兄邊起穜［種］管業，自心情愿，並無逼抑等情，今欲有據，立当字爲照。

咸豐七年六月日　立当字鍾英弟（押）

兄見当亞英（押）

代筆叔鍾道庫（押）

咸豐七年鍾銀頂立收價字

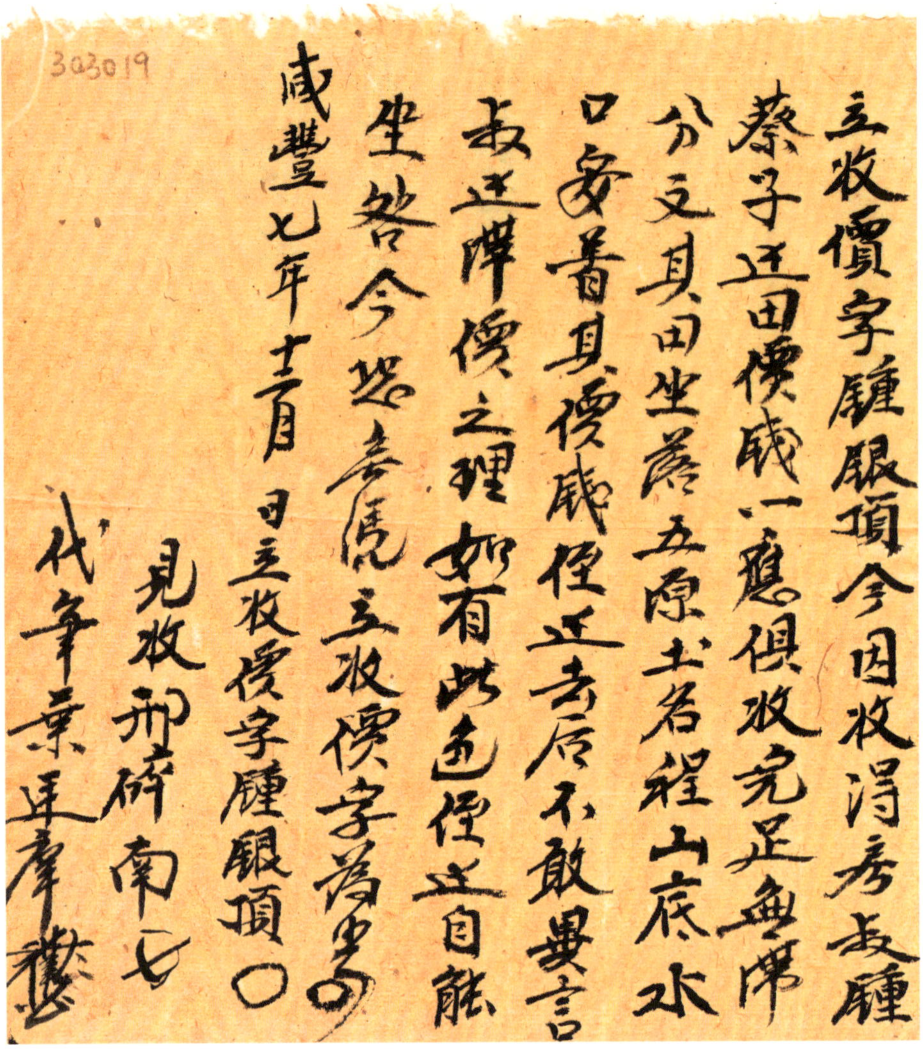

立收價字鍾銀頂，今因收得房叔鍾
蔡子邊田價錢，一應俱收完足，無滯
分文，其田坐落五源，土名程山底水
口安着，其價錢侄邊去后不敢異言
叔邊滯價之理，如有此色，侄邊自能
坐咎，今恐無憑，立收價字爲照。

咸豐七年十二月　日立收價字鍾銀頂（押）

見收邢碎南（押）

代筆葉邊庠（押）

314011

立借字鍾銀頂自手承分有水田壹段
八都五源淨山后土名牛塘安著今因缺錢應
用又向雷貴兄邊借去錢肆百伍十文前未建
用去后伯叔兄弟子侄不敢再有重借之
理如有此色自能支當不涉兄邊之事今
欲有據立借字永遠爲照

咸豐八年二月日立借字鍾銀頂

代筆伯鏡秀

（前頁）>>>>>

立借字鍾銀頂，自手承分有水田壹段，□□八都五源净山后，土名牛塘安着，今因缺錢應用，又向雷貴兄邊借去錢肆百伍十文，前來應用，去后伯叔兄弟子侄不敢再有重借之理，如有此色，自能支當，不涉兄邊之事，今欲有據，立借字永遠爲照。

咸豐八年二月　日立借字鍾銀頂（押）

代筆伯毓秀（押）

咸豐八年鍾庭瑞等立賣契

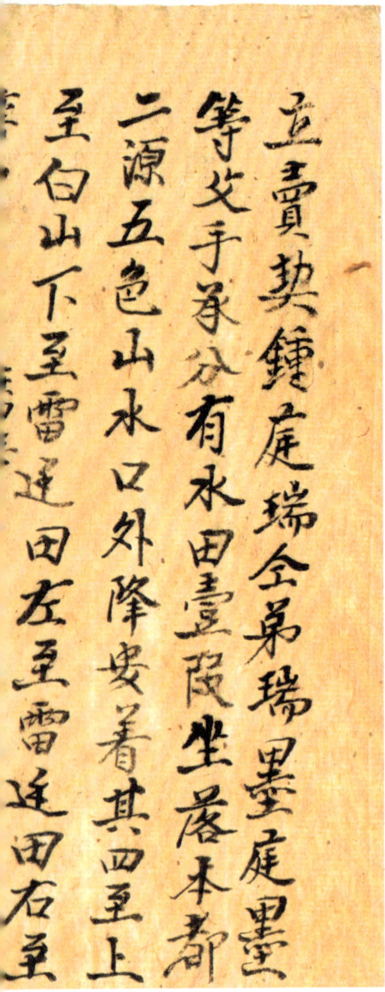
立賣契鍾庭瑞仝弟瑞墨庭墨
等父手承分有水田壹段坐落本都
二源五色山水口外降安着其四至上
至白山下至雷迓田左至雷迓田右至

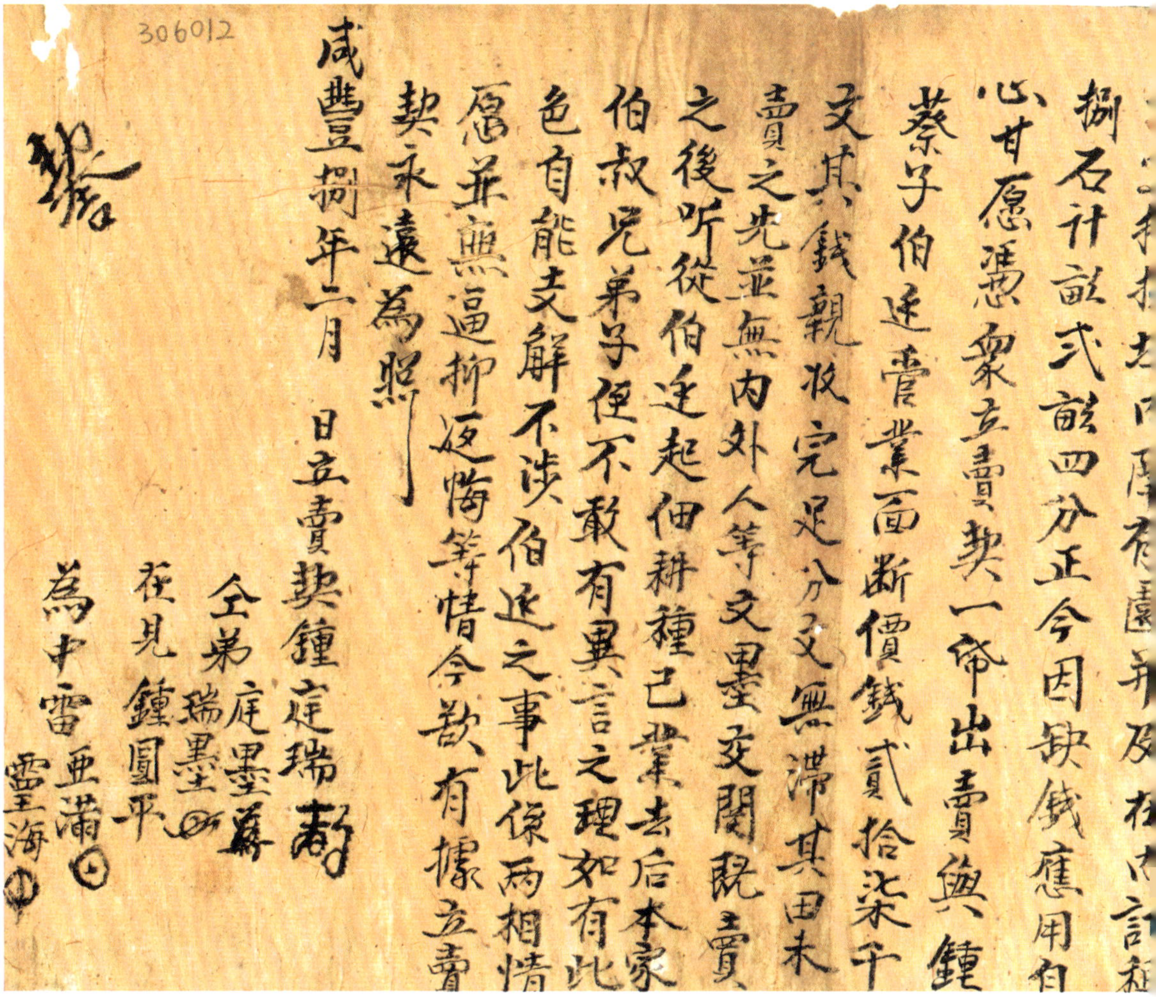

立賣契鍾庭瑞仝弟瑞墨、庭墨等，父手承分有水田壹段，坐落本都二源五色山水口外降安着，其四至上至白山，下至雷邊田，左至雷邊田，右至塆中田壹坵在内（押）爲界，其立四至分明，共計田壹拾捌坵，内降有園並及在内，計租捌石，计畝式畝四分正，今因缺錢應用，自心甘愿，憑衆立賣契一紙，出賣與鍾蔡子伯邊管業，面断價錢貳拾柒千文，其錢親收完足，分文無滯，其田未賣之先，並無内外人等文墨交關，既賣之後，听從伯邊起佃耕種己業，去后本家伯叔兄弟子侄不敢有異言之理，如有此色，自能支解，不涉伯邊之事，此係兩相情愿，並無逼抑返悔等情，今欲有據，立賣契永遠爲照。

咸豐捌年二月　日立賣契鍾庭瑞（押）

仝弟　庭墨（押）

瑞墨（押）

在見鍾圓平

爲中雷亞滿（押）

靈海（押）

咸豐八年鍾錫鈺立税户票

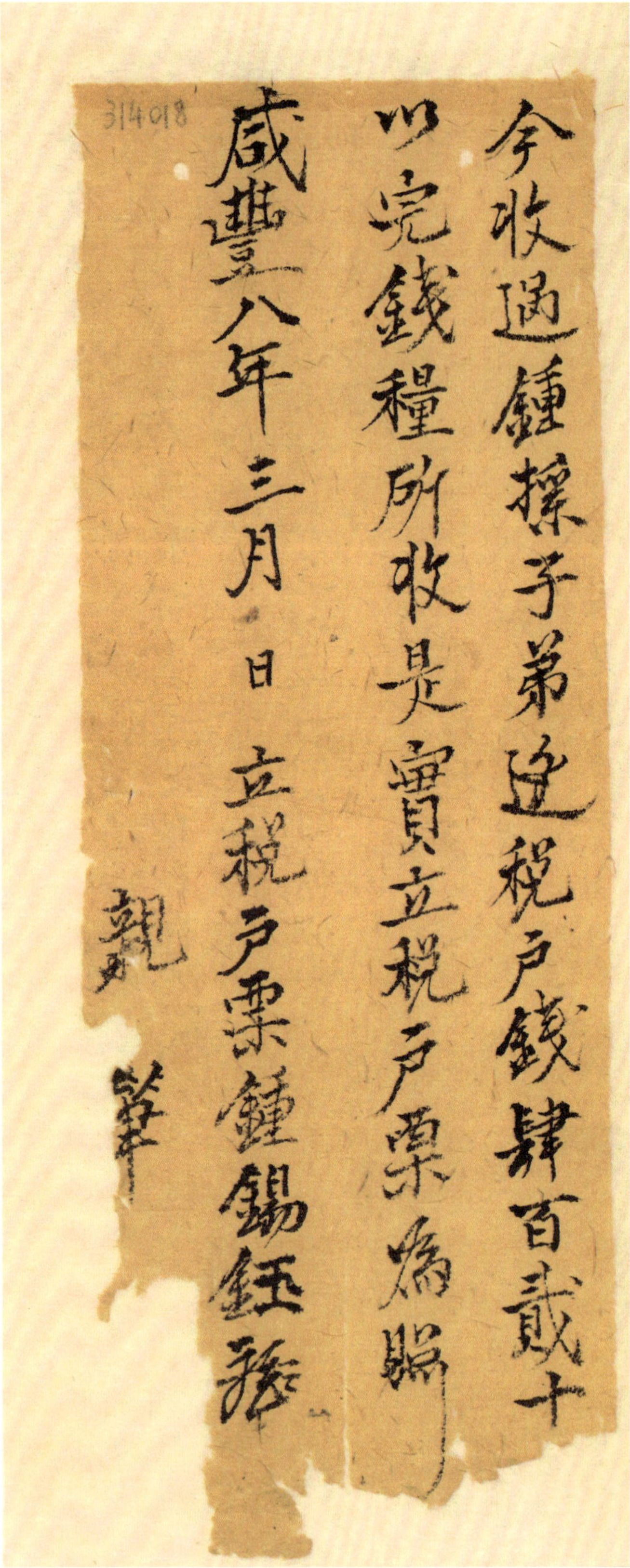

今收過鍾採子弟邊税户錢肆百貳十□
以完錢糧，所收是實，立税户粟［票］爲照。
咸豐八年三月　日　立税户粟［票］鍾錫鈺（押）
親筆

咸豐八年鍾第五立找截契

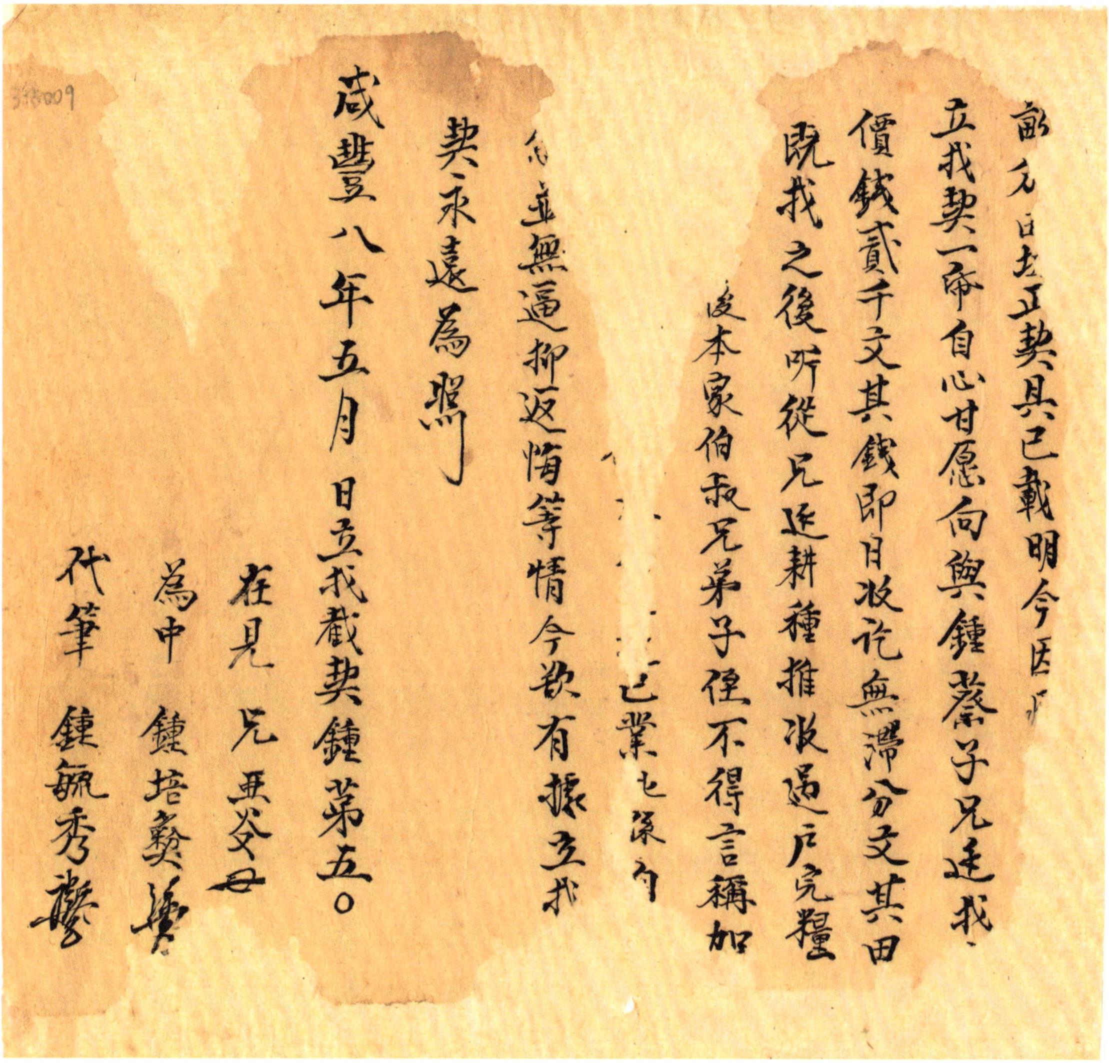

畝分□□正契具已載明，今因□□□□□□
立找契一紙，自心甘愿，向與鍾蔡子兄邊找□
價錢貳千文，其錢即日收訖，無滯分文，其田
既找之後，听從兄邊耕種，推收過户完糧，
□□□後，本家伯叔兄弟子侄不得言稱加
□□□□□□□□□□業，此係自□□
□，並無逼抑返悔等情，今欲有據，立找□
契永遠爲照。

咸豐八年五月　日立找截契鍾第五（押）

在見兄亞發（押）

爲中鍾培彝（押）

代筆鍾毓秀（押）

咸豐八年趙鍾忍立賣契

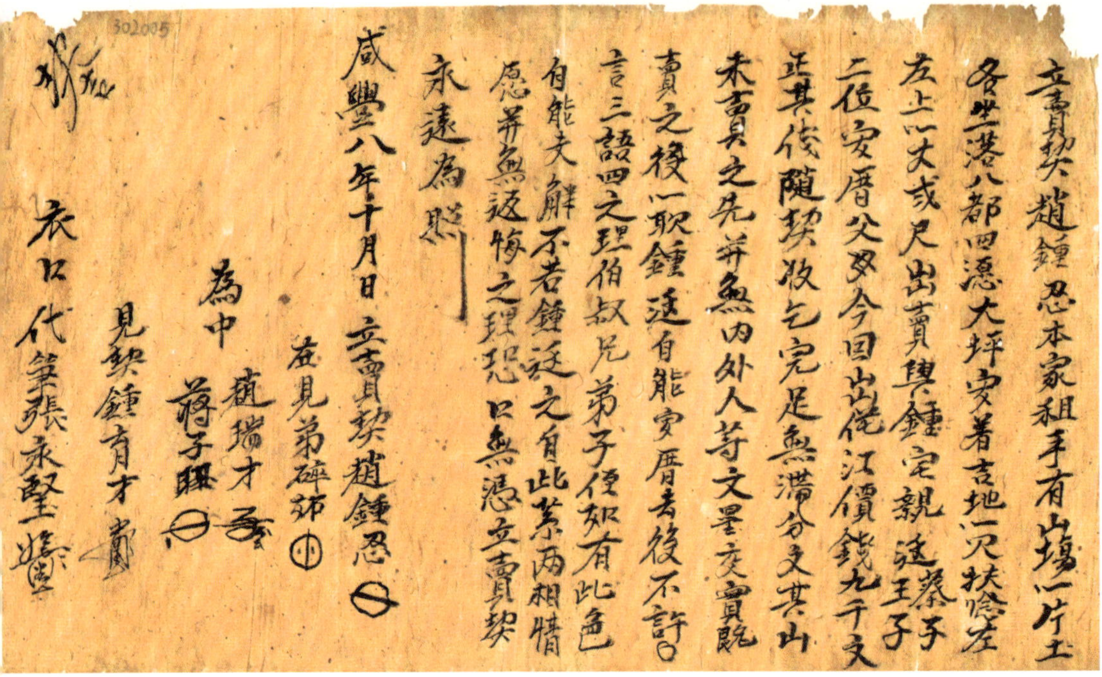

立賣契趙鍾忍，本家租［祖］手有山塲一片，土
名坐落八都四源大坪安着，吉地一穴，扶陰左
左上一丈弍尺，出賣與鍾宅親邊蔡子、王子
二位，安厝父母，今因出□江價錢九千文
正，其錢隨契收乞［訖］完足，無滯分文，其山
未賣之先，並無内外人等文墨交實，既
賣之後，一耿［聽］鍾邊自能安厝，去後不許
言三語四之理，伯叔兄弟子侄如有此色，
自能支解，不若鍾邊之自，此茶［系］兩相情
愿，並無返悔之理，恐口無憑，立賣契
永遠爲照。

咸豐八年十月日　立賣契趙鍾忍（押）
在見　弟碎奶（押）
爲中　趙瑞才（押）
蔣子□（押）
見契鍾育才（押）
衣［依］口代筆張永堅（押）

咸豐八年鍾庭瑞等立找契

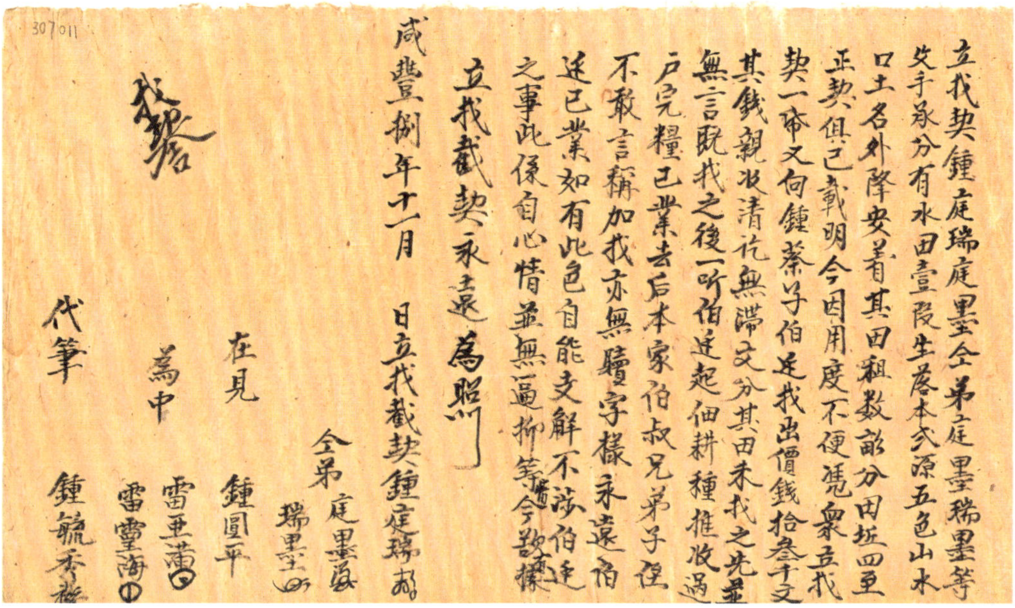

立找契鍾庭瑞、庭墨仝弟庭墨、瑞墨等，父手承分有水田壹段，坐落本弌源五色山水口，土名外降安着，其田租数、畝分、田坵、四至正契俱已載明，今因用度不便，憑衆立找契一紙，又向鍾蔡子伯邊找出價錢拾叁千文，其錢親收清訖，無滯文分，其田未找之先，並無言，既找之後，一听伯邊起佃耕種，推收過户，完糧己業，去后本家伯叔兄弟子侄不敢言稱加找，亦無贖字様，永遠伯邊己業，如有此色，自能支解，不涉伯邊之事，此係自心情（願），並無逼抑等情，今欲有據，立找截契永遠爲照。

咸豐捌年十一月　日立找截契鍾庭瑞（押）

仝弟　庭墨（押）

瑞墨（押）

在見　鍾圓平（押）

爲中　雷亞滿（押）

雷靈海（押）

代筆　鍾毓秀（押）

咸豐八年鍾庭瑞等立借字

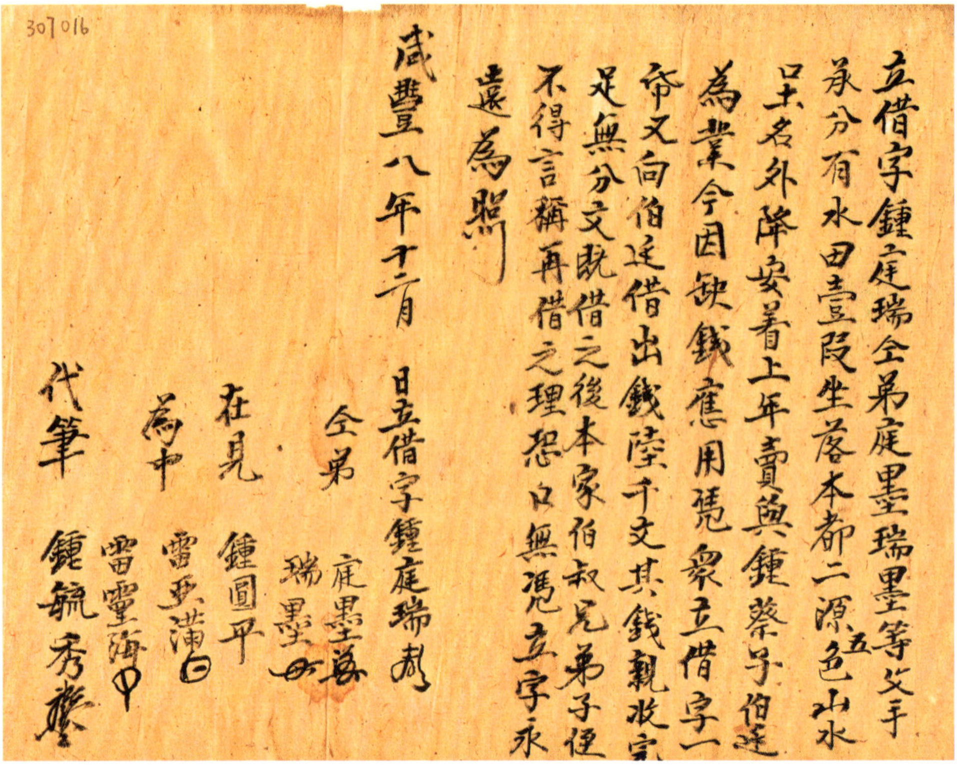

立借字鍾庭瑞仝弟庭墨、瑞墨等，父手承分有水田壹段，坐落本都二源五色山水口，土名外降安着，上年賣與鍾蔡子伯邊爲業，今因缺錢應用，憑衆立借字一紙，又向伯邊借出錢陸千文，其錢親收完足，無(滯)分文，既借之後，本家伯叔兄弟子侄不得言稱再借之理，恐口無憑，立字永遠爲照。

咸豐八年十二月　日立借字鍾庭瑞(押)

仝弟　庭墨(押)

瑞墨(押)

在見　鍾圓平

爲中　雷亞滿(押)

雷靈海(押)

代筆　鍾鯍秀(押)

咸豐九年鍾庭瑞等立退佃並借字

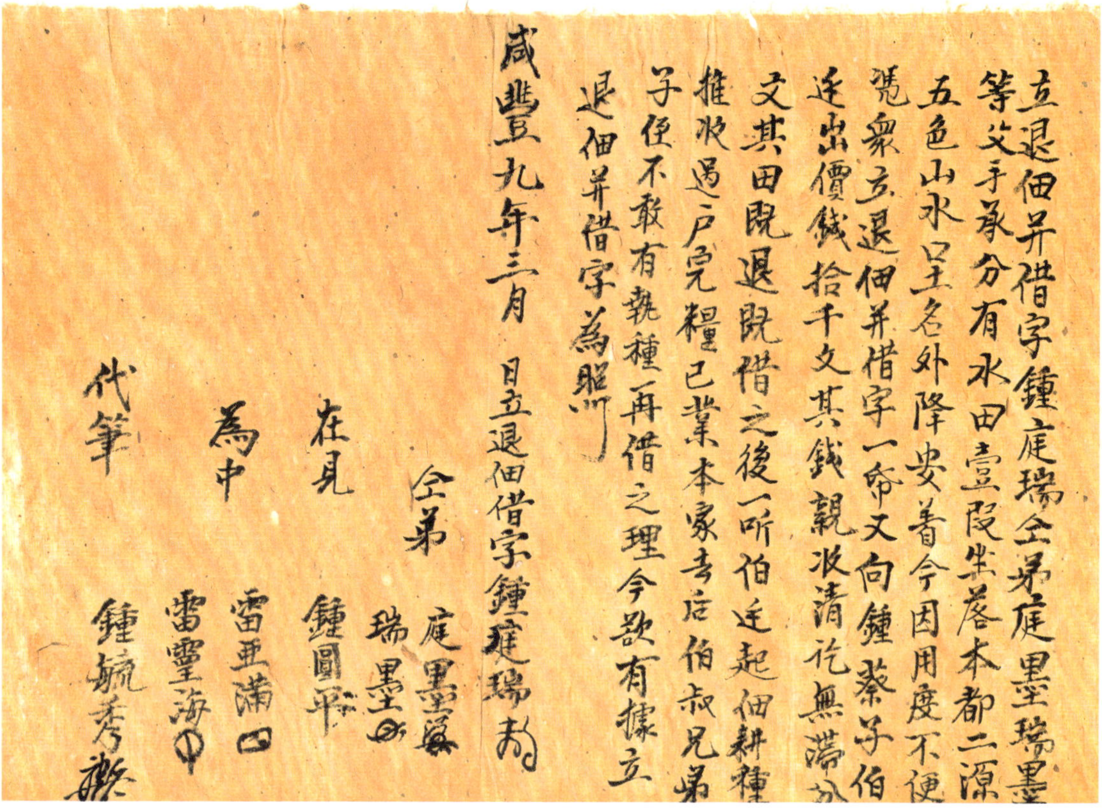

立退佃並借字鍾庭瑞仝弟庭墨、瑞墨等，父手承分有水田壹段，坐落本都二源五色山水口，土名外降安着，今因用度不便，憑衆立退佃並借字一紙，又向鍾蔡子伯邊出價錢拾千文，其錢親收清訖，無滯分文，其田既退既借之後，一听伯邊起佃耕種，推收過户，完糧己業，本家去后伯叔兄弟子侄不敢有執種再借之理，今欲有據，立退佃並借字爲照。

咸豐九年三月　日立退佃借字鍾庭瑞（押）

仝弟　庭墨（押）

瑞墨（押）

在見　鍾圓平

爲中　雷亞滿（押）

雷靈海（押）

代筆　鍾毓秀（押）

咸豐九年鍾鳳書立收字

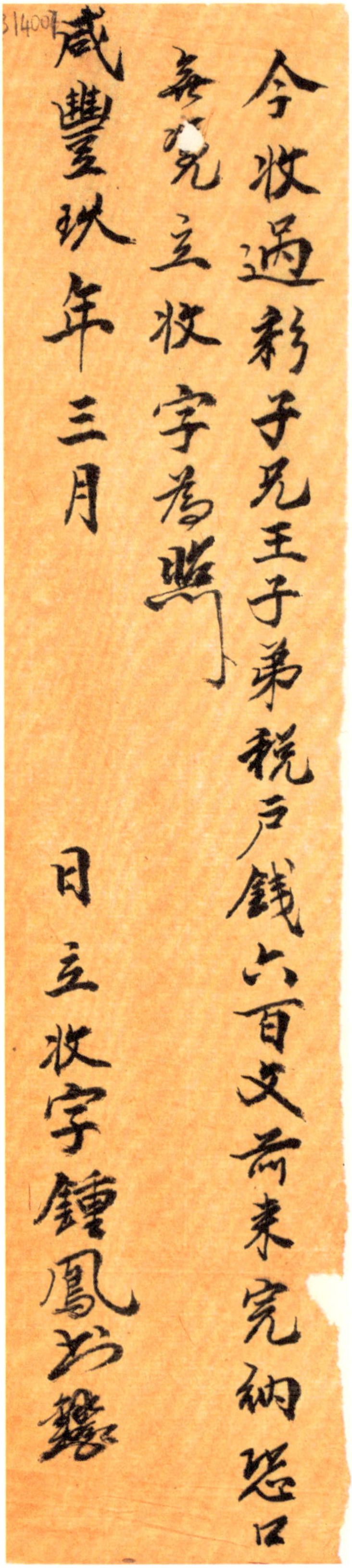

今收過彩子兄、王子弟稅户錢六百文，前來完納，恐口無憑，立收字爲照。

咸豐玖年三月　日　立收字鍾鳳书（押）

咸豐九年鍾鴻業立借退

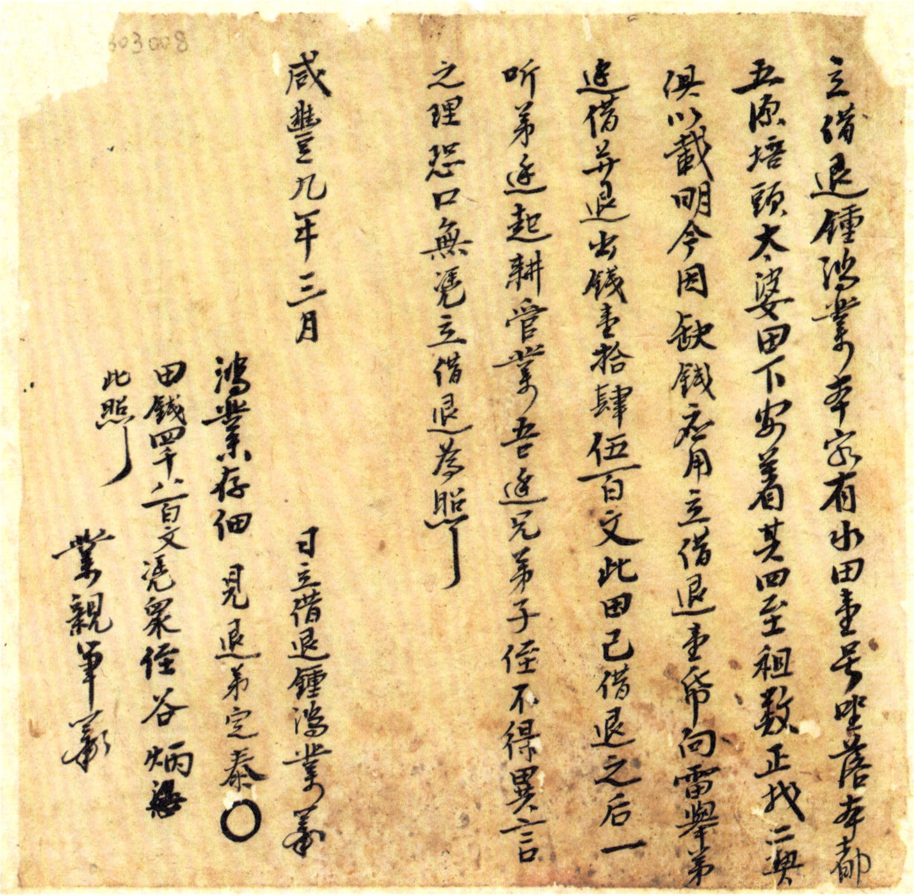

立借退鍾鴻業，本家有水田壹号，坐落本都五源培頭太婆田下安着，其四至、租数正、找二契俱以載明，今因缺錢应用，立借退壹紙，向雷舉弟邊借並退出錢壹拾肆伍百文，此田已借退之后，一听弟邊起耕管業，吾邊兄弟子侄不得異言之理，恐口無憑，立借退爲照。

咸豐九年三月　日立借退鍾鴻業（押）

鴻業存佃　見退弟定泰（押）

田錢四千八百文憑衆侄谷炳（押）

此照　業親筆（押）

咸豐九年鍾傳聰立收字

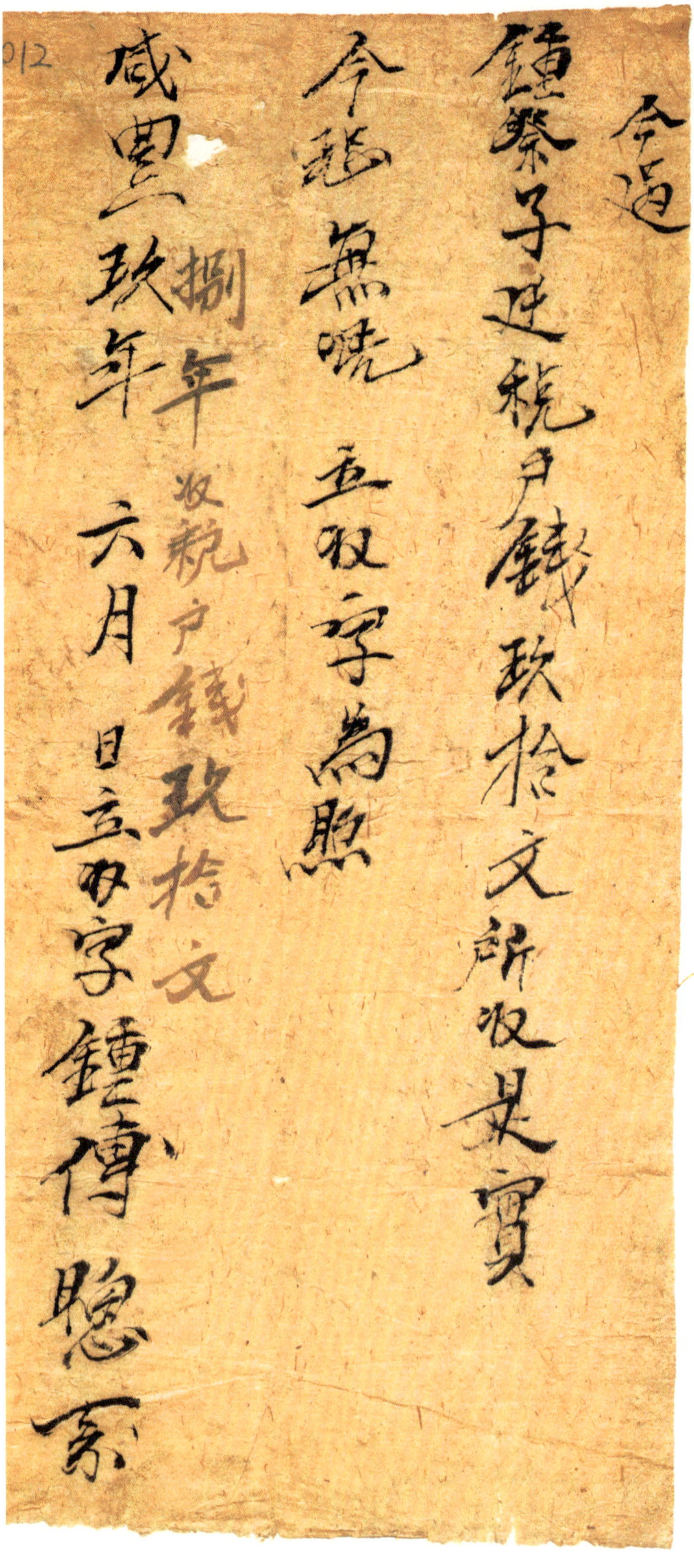

今過
鍾蔡子邊税户錢玖拾文，所收是實，
今恐無憑，立收字爲照。
咸豐捌年，收税户錢玖拾文。
玖年六月　日立收字鍾傳聰（押）

咸豐九年蘇成田立賣契

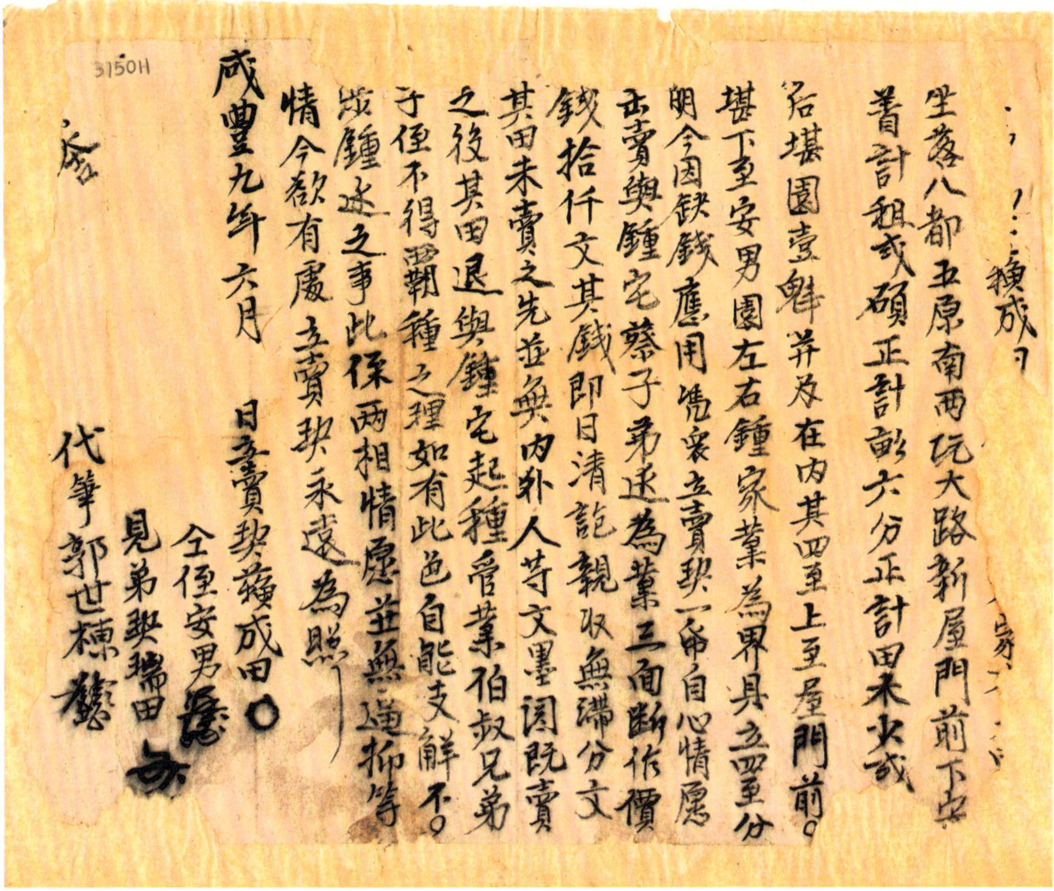

□□□□蘇成□□□□□□家□□□□
坐落八都五原[源]南西坑大路新屋門前下安
着，計租式碩正，計畝六分正，計田未少或□
后堪園壹魁並及在内，其四至上至屋門前
堪，下至安男園，左右(至)鍾家業爲界，具立四至分
明，今因缺錢應用，憑衆立賣契一紙，自心情愿，
出賣與鍾宅蔡子弟邊爲業，三面断作價
錢拾仟文，其錢即日清訖，親收無滯分文，
其田未賣之先，並無内外人等文墨(交)闗，既賣
之後，其田退與鍾宅起種管葉[業]，伯叔兄弟
子侄不得霸種之理，如有此色，自能支解，不
涉鍾邊之事，此係兩相情愿，並無逼抑等
情，今欲有處[據]，立賣契永遠爲照。

咸豐九年六月　日立賣契蘇成田(押)
仝侄安男(押)
見弟契瑞田(押)
代筆郭世棟(押)

咸豐九年蘇成田仝安男立退佃並借字

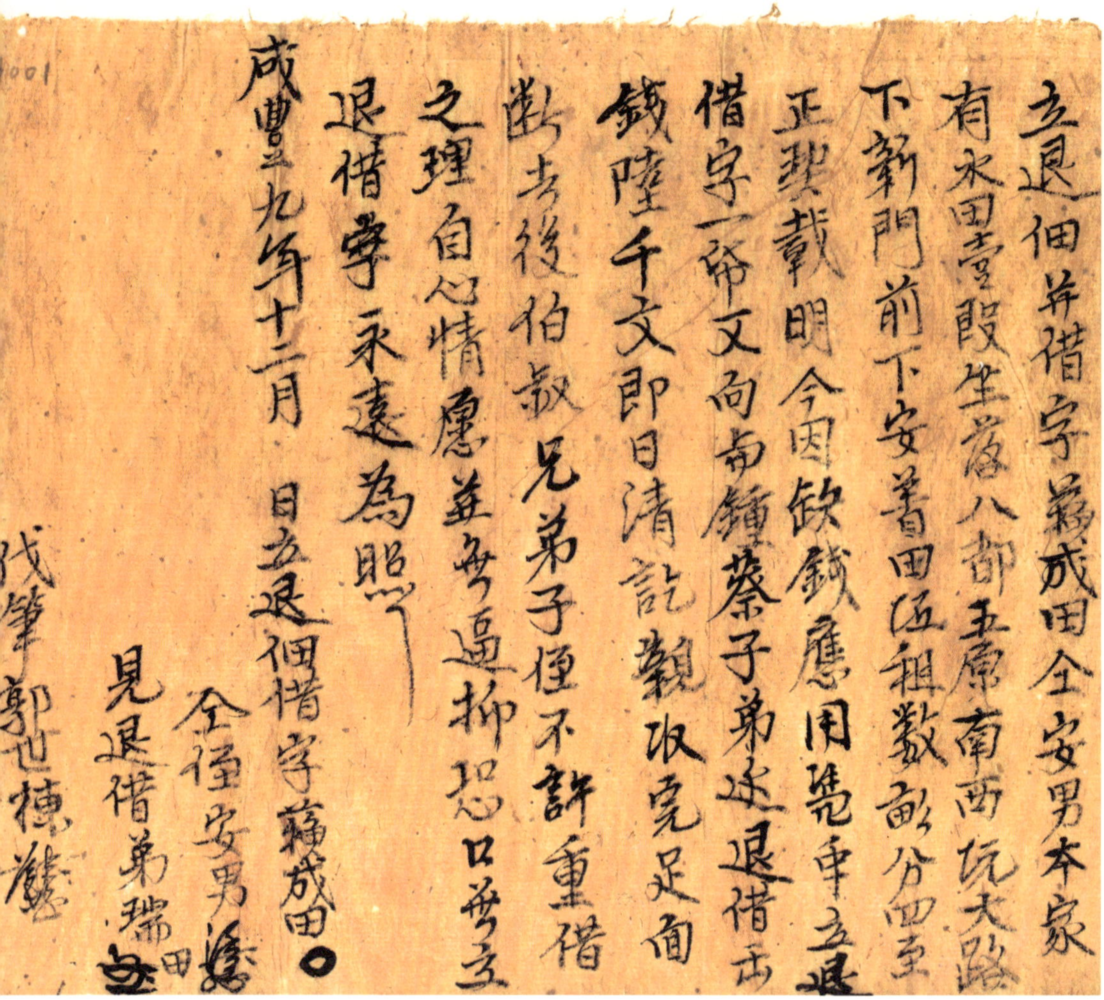

立退佃並借字蘇成田仝安男，本家有水田壹段，坐落八都五原［源］南西坑大路下新門前下安着，田坵、租数、畝分、四至正契載明，今因缺錢應用，憑衆立退借字一紙，又向與鍾蔡子弟邊退借出錢陸千文，即日清訖，親收完足面断，去後伯叔兄弟子侄不許重借之理，自心情愿，並無逼抑，恐口無（憑），立退借字永遠爲照。

咸豐九年十二月　日立退佃借字蘇成田（押）

仝侄安男（押）

見退借弟瑞田（押）

伐［代］筆郭世棟（押）

咸豐十年鍾錫玉立收字

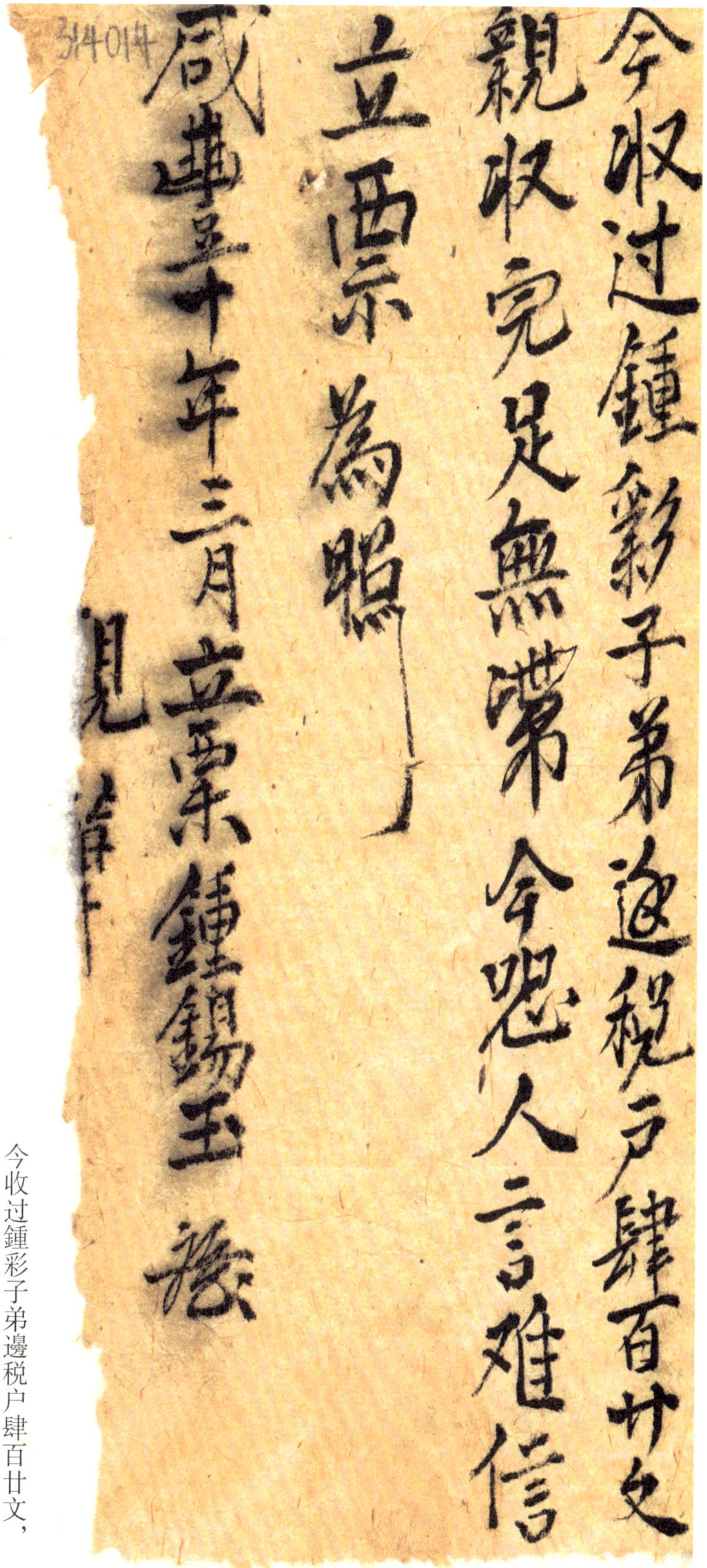

今收过鍾彩子弟邊税户肆百廿文，
親收完足無滯，今恐人言难信，
立票爲照。
咸豐十年三月立票鍾錫玉（押）
親筆

咸豐十年鍾鴻業立收字

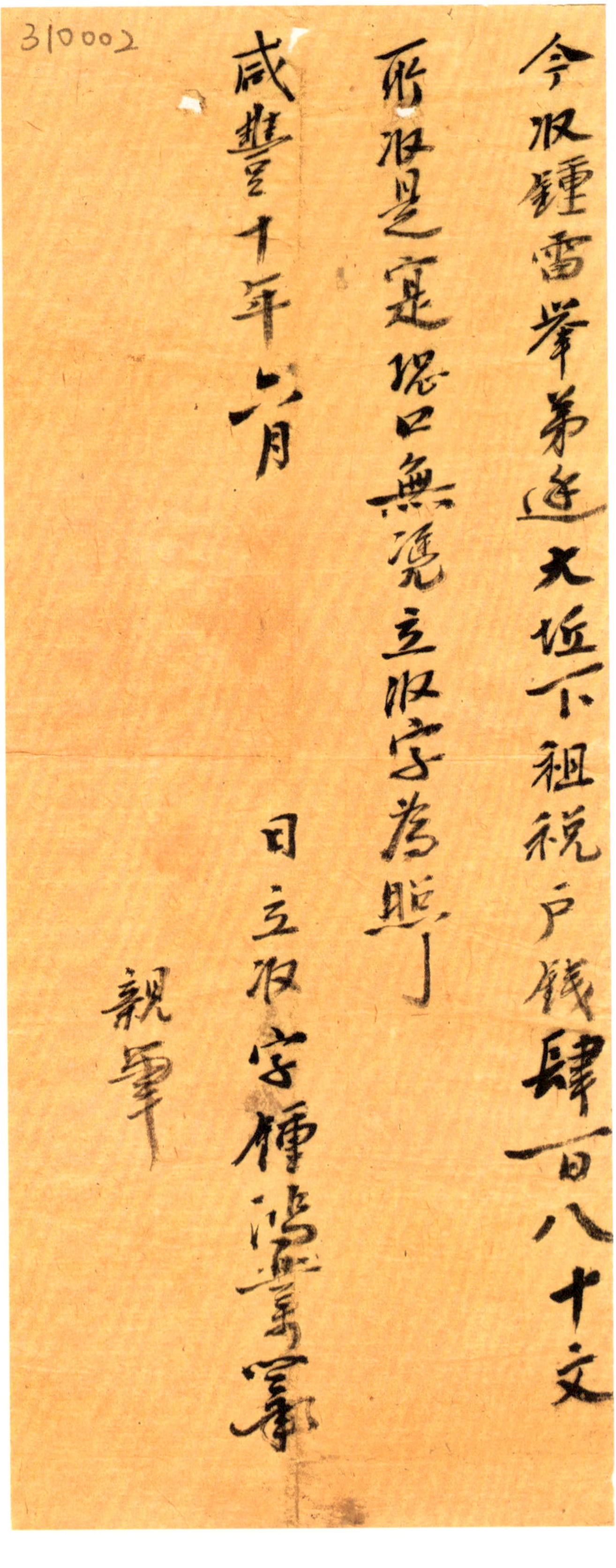
310002
今收鍾雷举弟邊大垃下租税户錢肆百八十文
所收是寔恐口無憑立收字為照
咸豐十年六月　日立收字鍾鴻業（押）
親筆

今收鍾雷举弟邊大垃下租税户錢肆百八十文，所收是寔，恐口無憑，立收字爲照。

咸豐十年六月　日立收字鍾鴻業（押）

親筆

咸豐十年鍾鴻業立收字

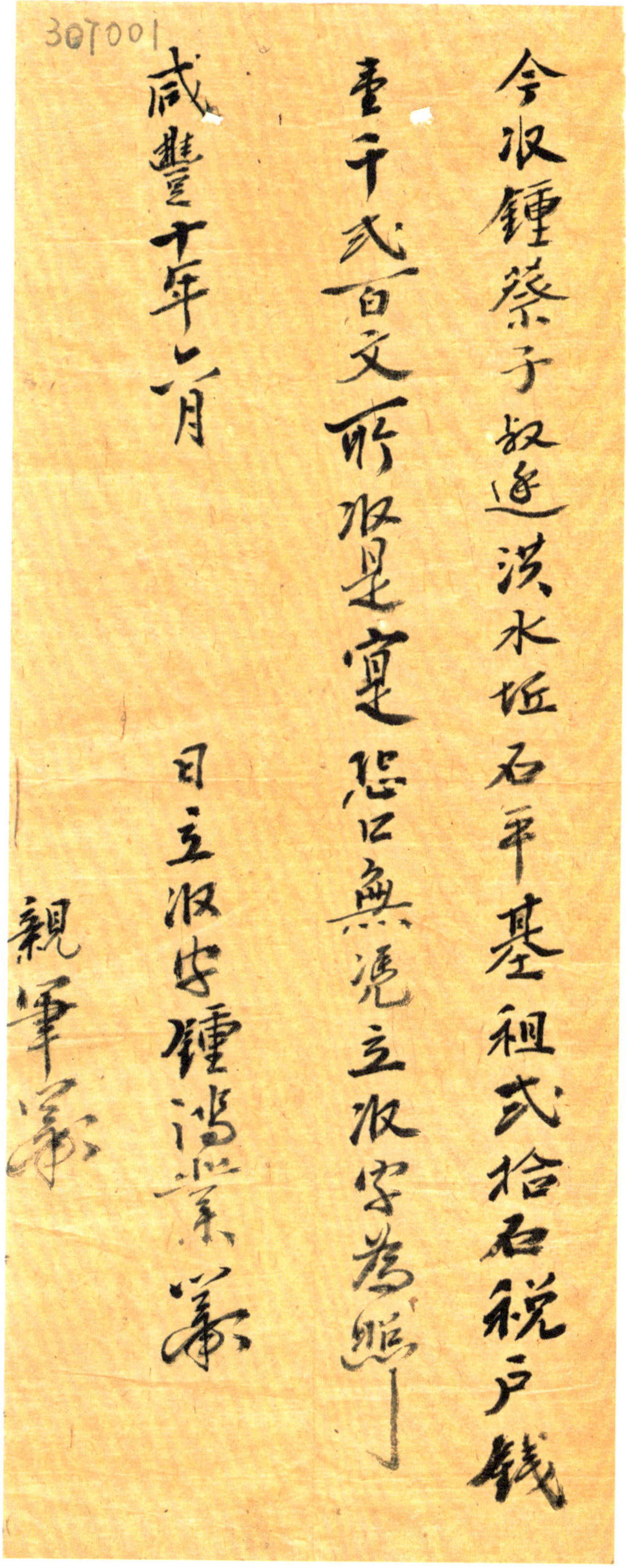

今收鍾蔡子叔邊洪水坵、石平基租弍拾石，税户錢
壹千弍百文，所收是寔，恐口無憑，立收字爲照。
咸豐十年六月　日立收字鍾鴻業（押）
親筆（押）

咸豐十年鍾傳聰立收字

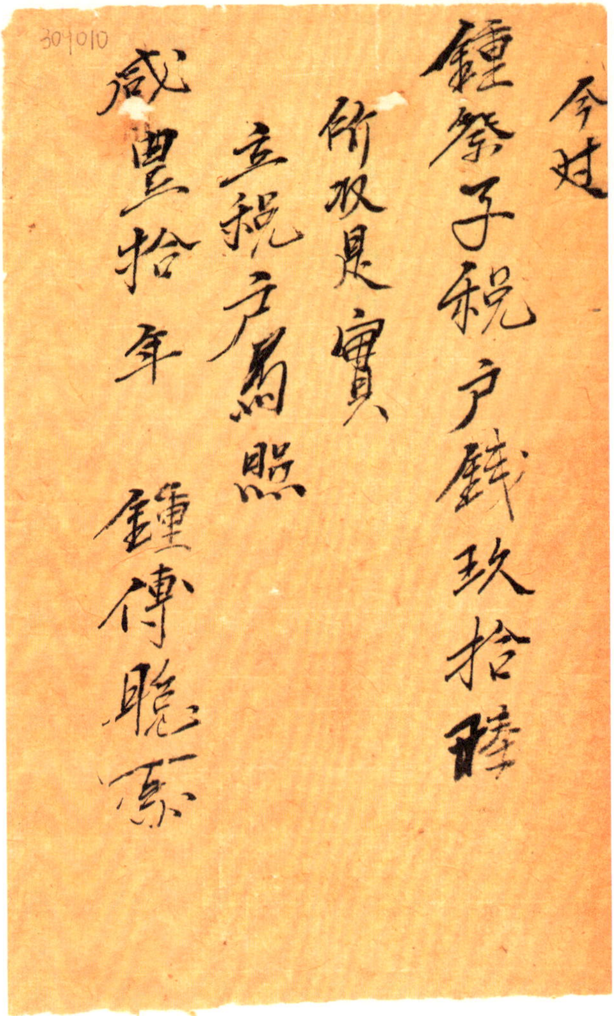

今过
鍾蔡子税户錢玖拾陸
所收是實，
立税户爲照。
咸豐拾年　鍾傳聡（押）

咸豐十年鍾銀頂立借字

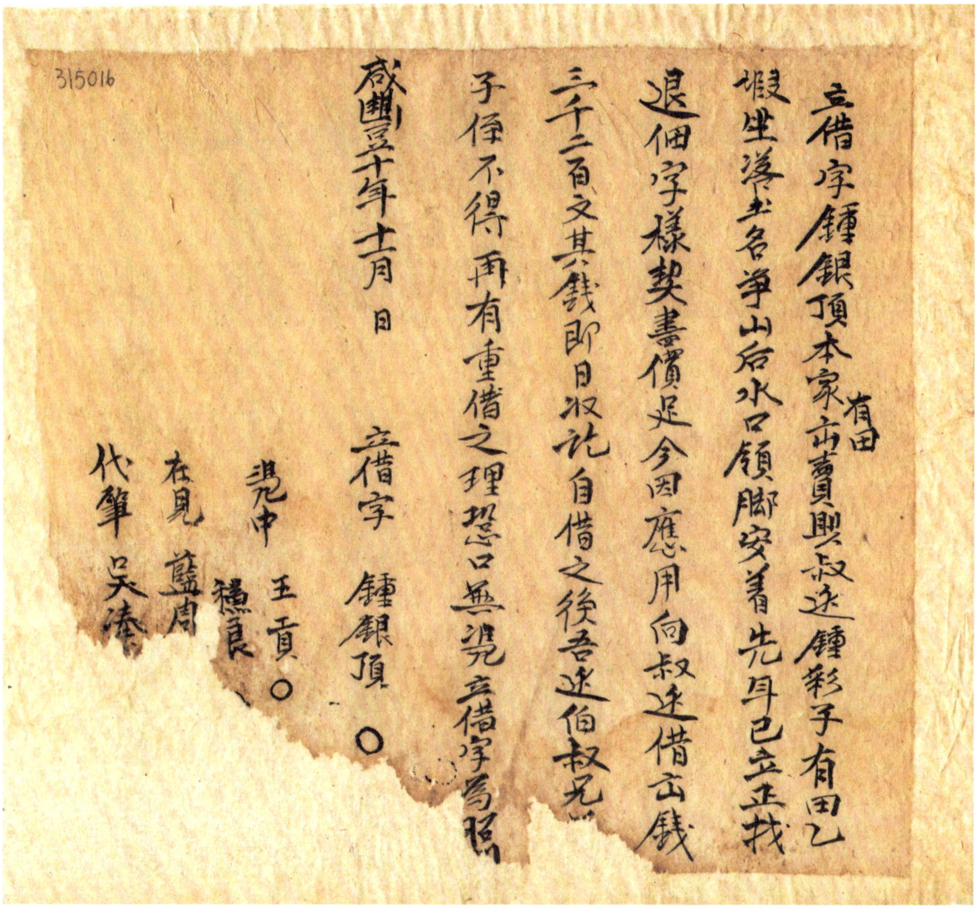

立借字鍾銀頂，本家有田出賣與叔邊鍾彩子，有田一坵，坐落土名净山后水口領脚安着，先年已立正、找、退佃字樣，契盡價足，今因應用，向叔邊借出錢三千二百文，其錢即日收訖，自借之後，吾邊伯叔兄□（弟）子侄不得再有重借之理，恐口無憑，立借字爲照。

咸豐十年十一月　日　立借字　鍾銀頂（押）

憑中　王貢（押）

蘇良

在見　藍周

代筆　吴凑

咸豐十年鍾廷墨立當字

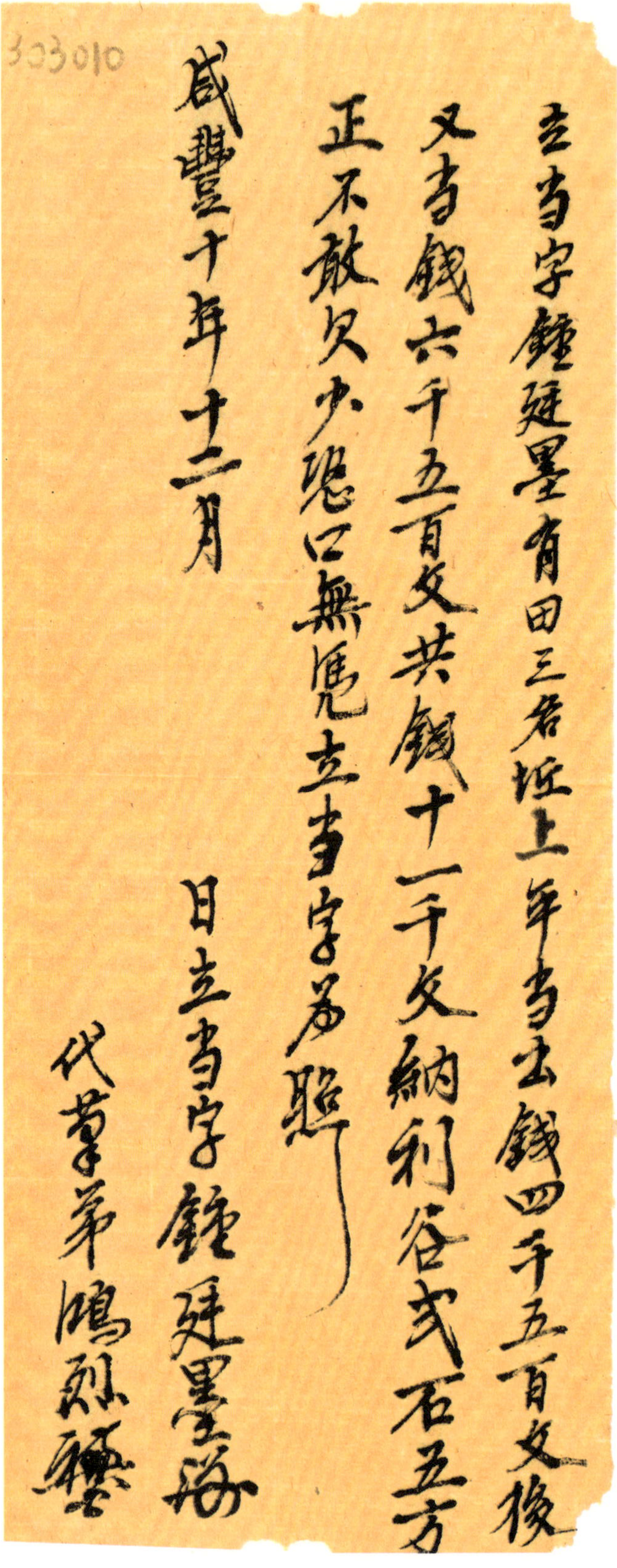
303010
立当字鍾廷墨有田三名坵上年当出錢四千五百文後
又当錢六千五百文共錢十一千文納利谷弍石五方
正不敢欠少恐口無憑立当字爲照
咸豐十年十二月 日立当字鍾廷墨（押）
代筆弟鴻烈（押）

立当字鍾廷墨，有田三名坵，上年当出錢四千五百文，後又当錢六千五百文，共錢十一千文，納利谷弍石五方正，不敢欠少，恐口無憑，立当字爲照。

咸豐十年十二月　日立当字鍾廷墨（押）

代筆弟鴻烈（押）

咸豐十一年鍾銀頂立重借

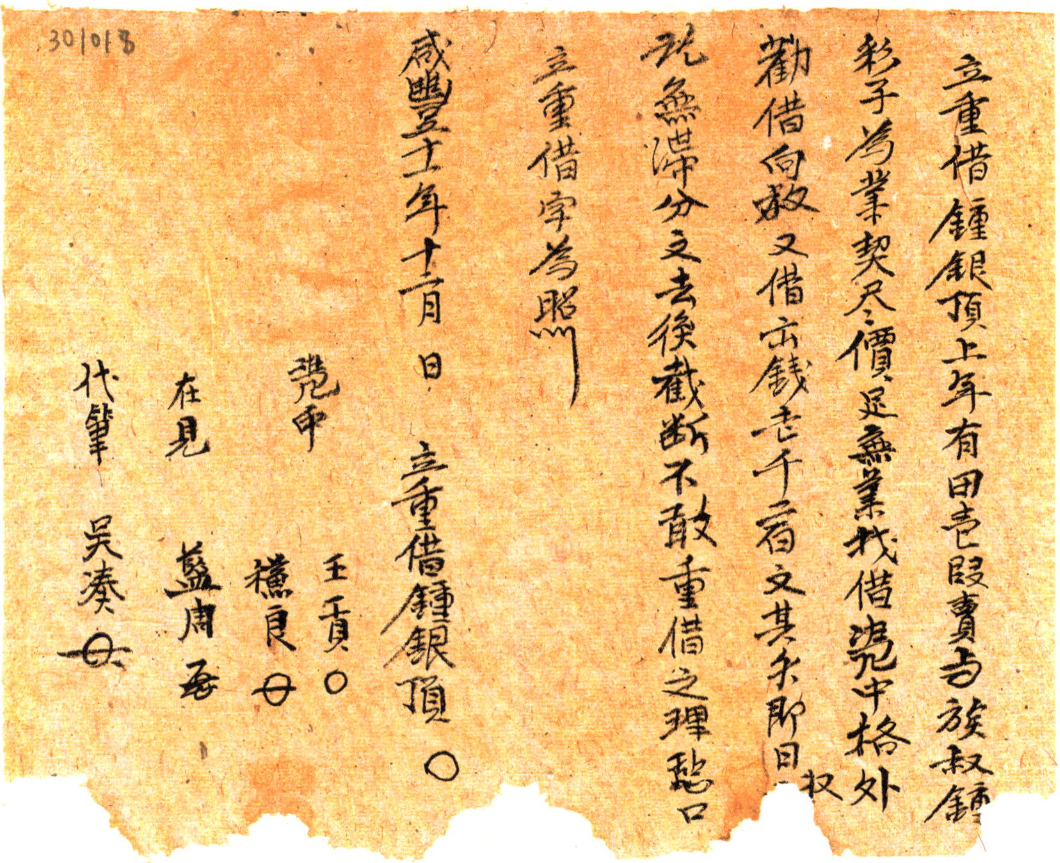

立重借鍾銀頂，上年有田壹段，賣与族叔鍾彩子爲業，契尽價足，無業找借，憑中格外勸借，向叔又借出錢壹千二百文，其錢即日收訖，無滯分文，去後截断，不敢重借之理，恐口，立重借字爲照。

咸豐十一年十二月　日　立重借鍾銀頂（押）

憑衆　王貢（押）

蘇良（押）

在見　藍周（押）

代筆　吴凑（押）

咸豐十一年蘇學錫立收字

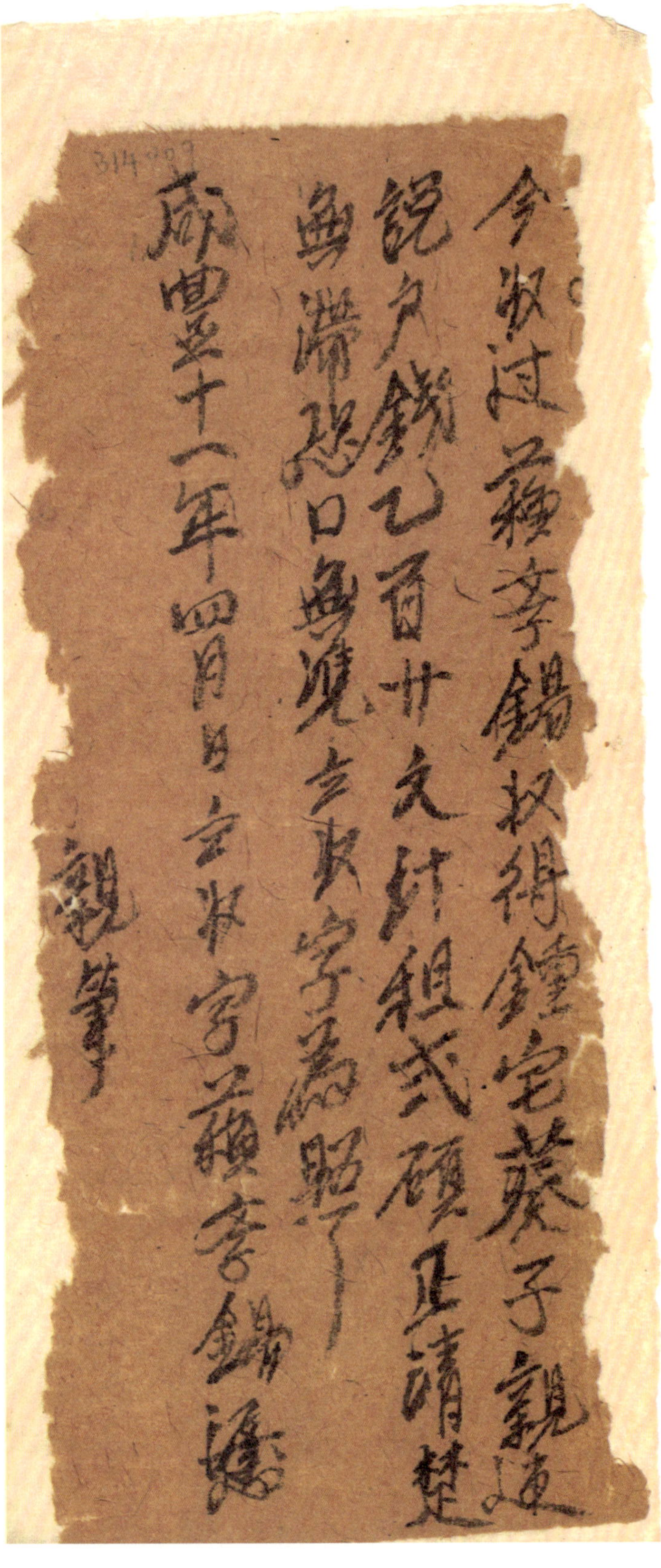

今收过蘇學錫，收得鍾宅蔡子親邊稅户錢一百廿文，计租式碩正，清楚無滯，恐口無憑，立收字爲照。

咸豐十一年四月日立收字蘇學錫（押）

親筆

咸豐十一年鍾大悅立收字

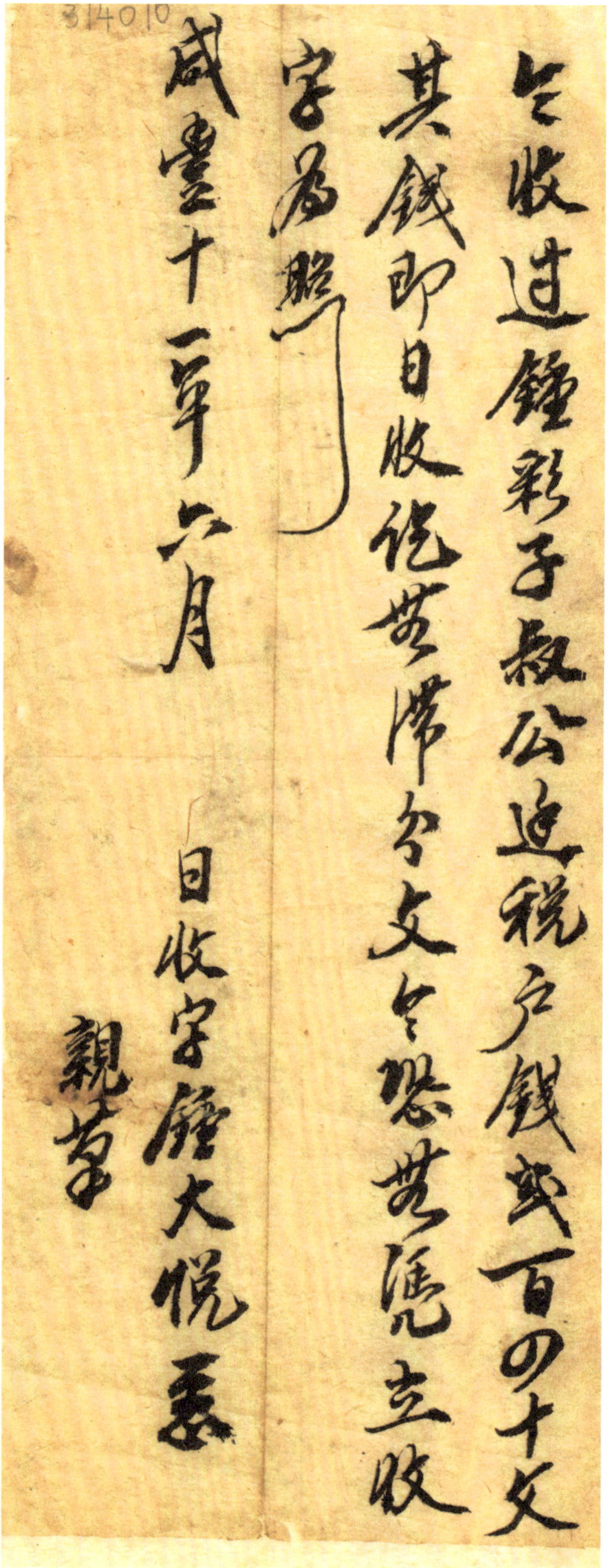

今收过鍾彩子叔公邊税户錢弍百四十文，其錢即日收訖，無滞分文，今恐無憑，立收字爲照。

咸豐十一年六月　日收字鍾大悅（押）

親筆

咸豐十一年鍾錫鈺立税户票

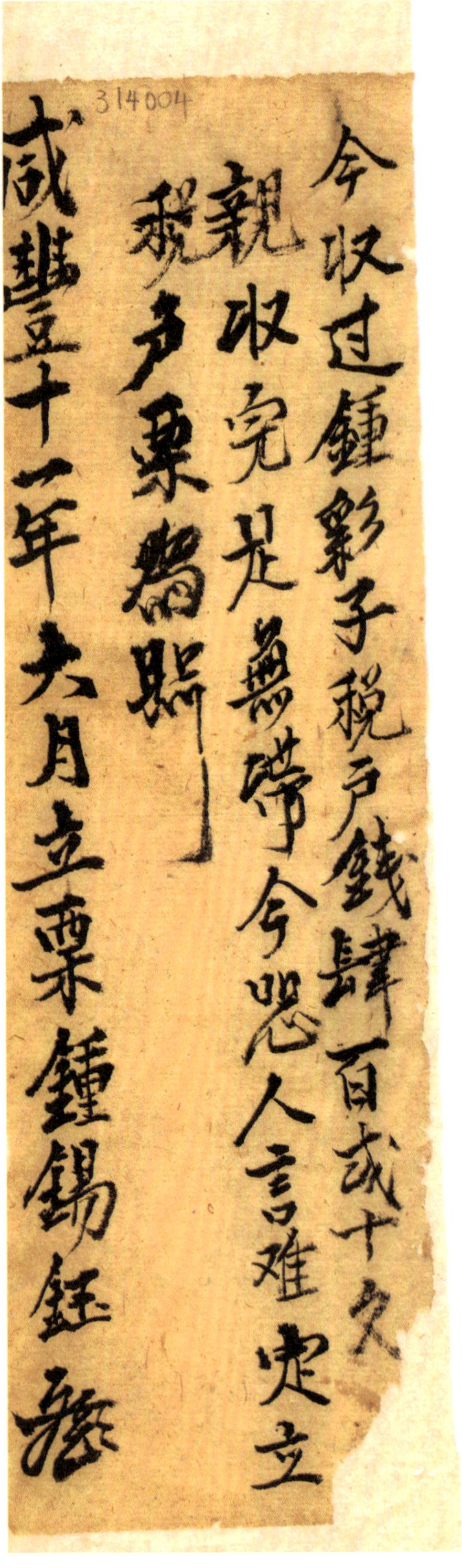

今收过鍾彩子税户錢肆百式十文，□□
親收完足無滞，今恐人言难定，立
税户票爲照。

咸豐十一年六月立粟［票］ 鍾錫鈺（押）

咸豐十一年鍾鴻業立收字

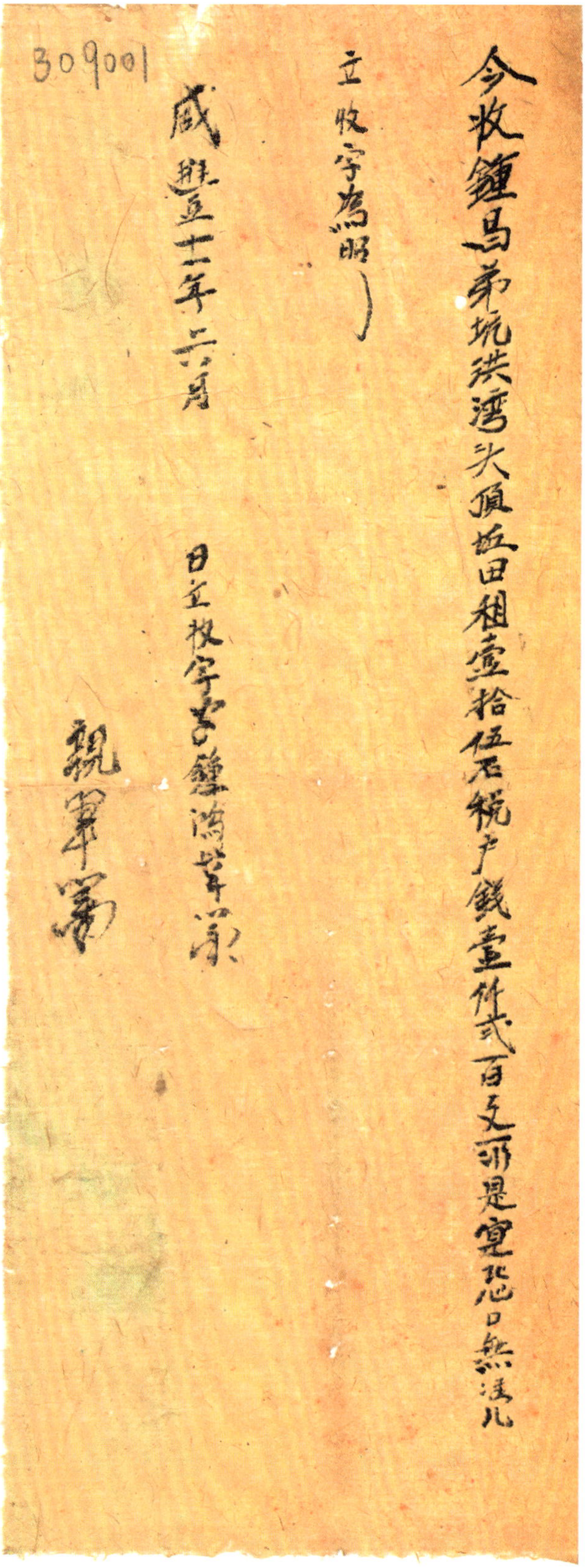

今收鍾昌弟坑洪湾、头頂坵田租壹拾伍石，税户錢壹仟弍百文，所（收）是寔，恐口無憑，立收字爲照。

咸豐十一年六月　日立收字□鍾鴻業（押）

親筆（押）

咸豐十一年鍾鴻業立收字

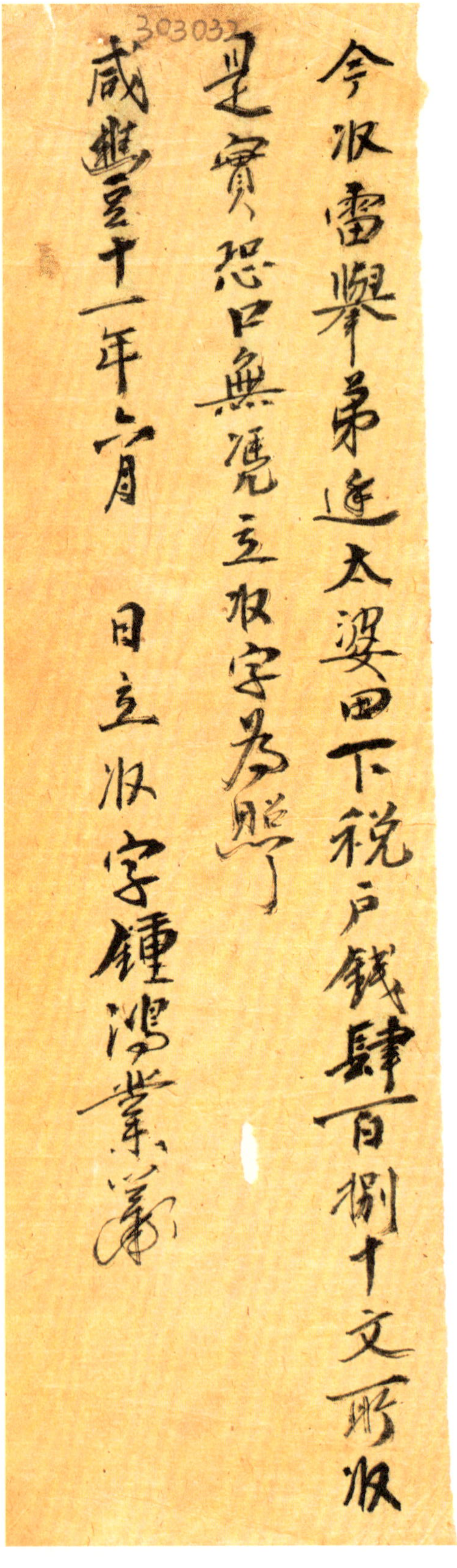

今收雷舉弟邊太婆田下税户錢肆百捌十文，所收是實，恐口無憑，立收字爲照。

咸豐十一年六月　日立收字鍾鴻業（押）

咸豐十一年鍾鴻業立收字

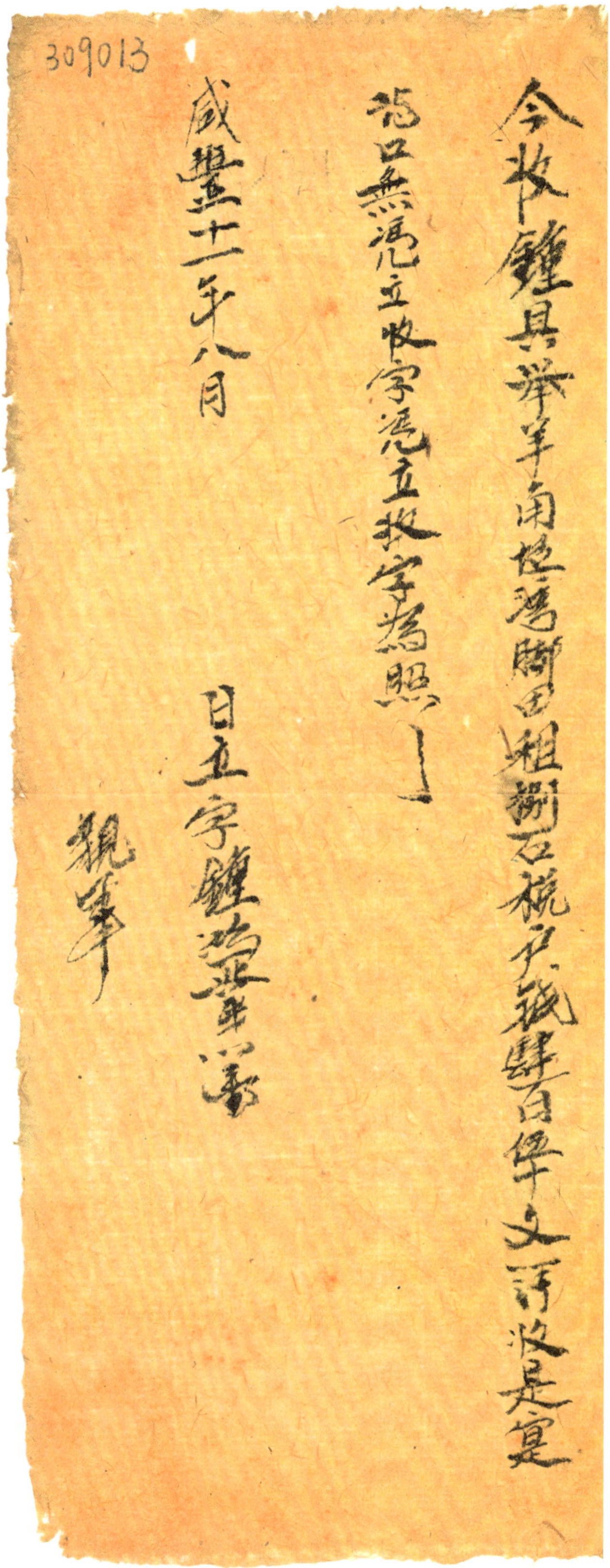

今收鍾具举羊角坵湾脚田租捌石，税户钱肆百伍十文，所收是寔，恐口無憑，立收字憑，立收字爲照。

咸豐十一年八月　　日立字鍾鴻業（押）

親筆

咸豐十一年鍾傳聰立收字

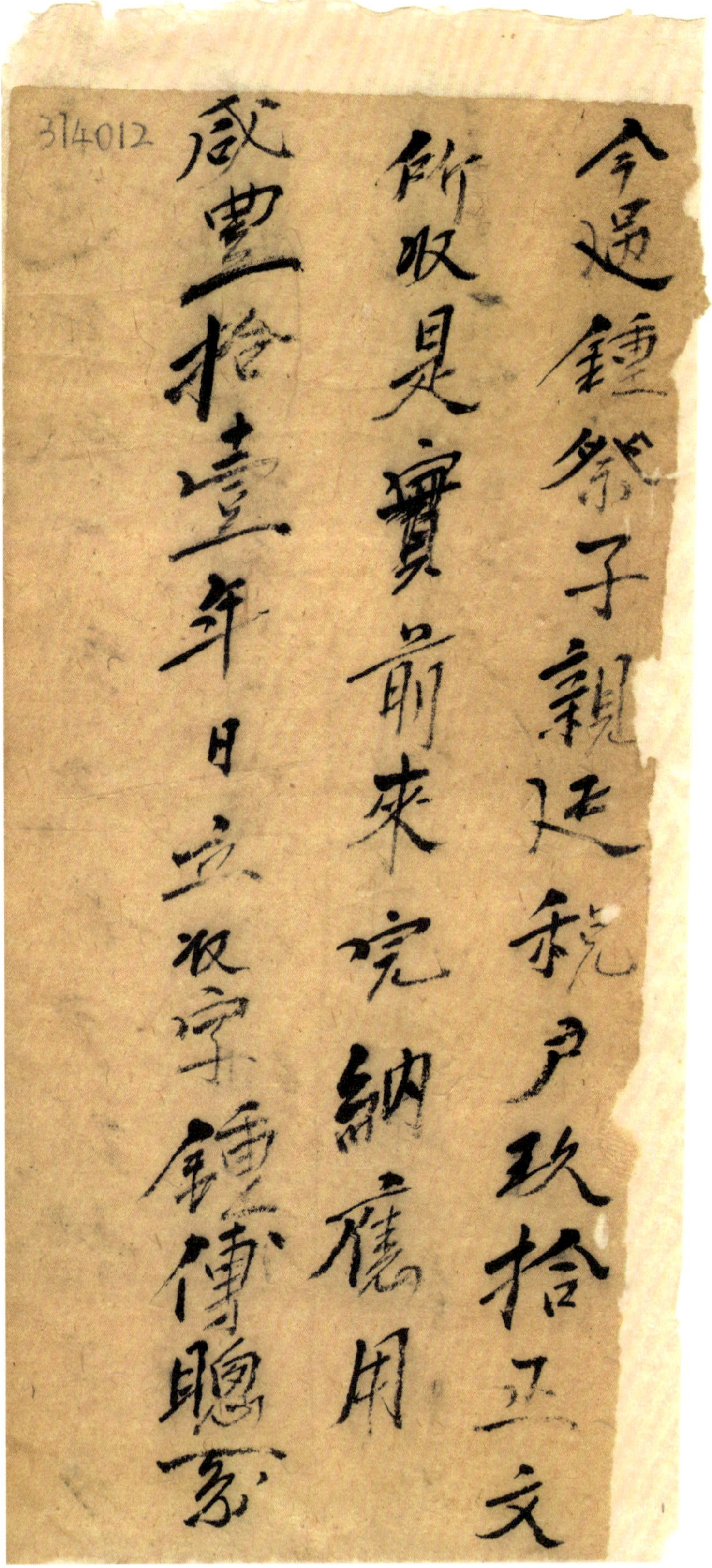

今(收)過鍾祭子親邊稅户玖拾正文，
所收是實，前來完納應用。

咸豐拾壹年日立收字鍾傳聰(押)

咸豐十一年鍾裕侯立當契

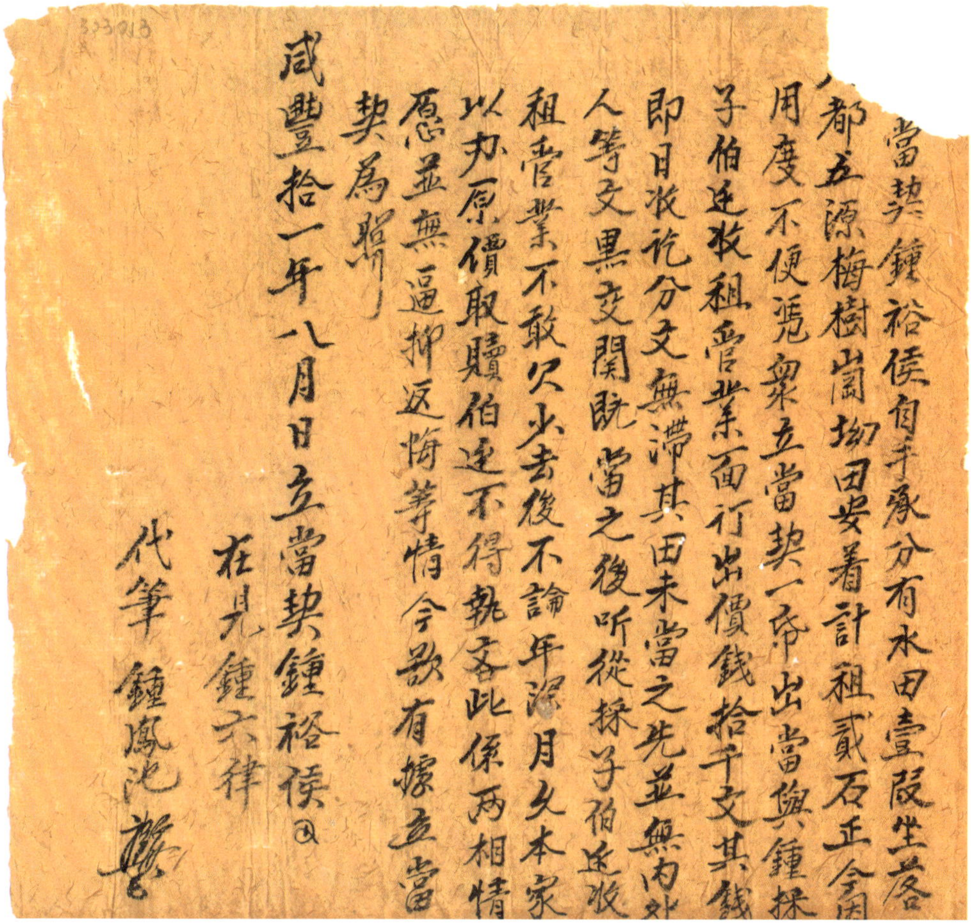

□(立)當契鍾裕侯，自手承分有水田壹段，坐落八都五源梅树崗坳田安着，計租貳石正，今因用度不便，憑衆立當契一紙，出當與鍾採子伯邊收租管業，面订出價錢拾千文，其錢即日收訖，分文無滞，其田未當之先，並無内外人等文黑[墨]交關，既當之後，听從採子伯邊收租管業，不敢欠少，去後不論年深月久，本家以办原價取贖，伯邊不得執吝，此係兩相情愿，並無逼抑返悔等情，今欲有據，立當契爲照。

咸豐拾一年八月日立當契鍾裕侯(押)

在見鍾六律

代筆　鍾鳳池(押)

咸豐十一年鍾鳳岐立復契

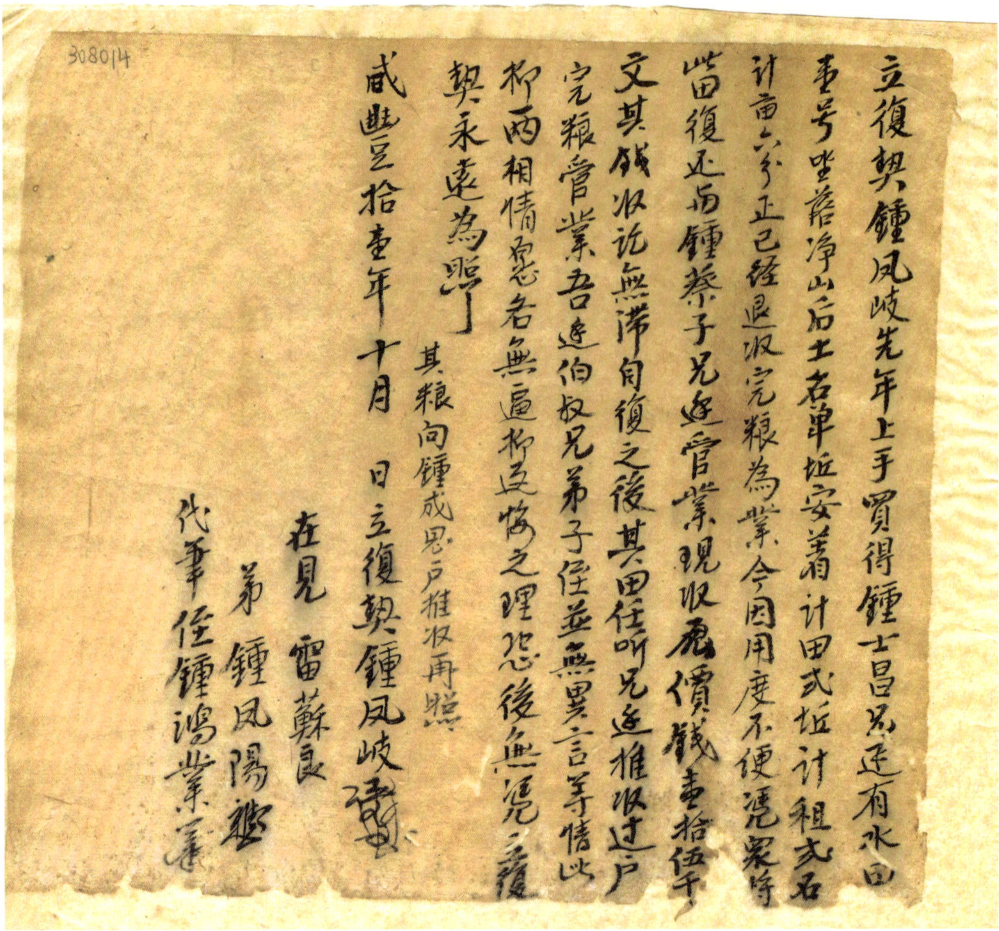

立復契鍾凤岐，先年上手買得鍾士昌兄邊有水田壹号，坐落净山后，土名单坵安着，计田弍坵，计租弍石，计亩六分正，已经退收完粮爲業，今因用度不便，憑衆將此田復还與鍾蔡子兄邊管業，現收原價錢壹拾伍千文，其錢收訖無滯，自復之後，其田任听兄邊推收过户，完粮管業，吾邊伯叔兄弟子侄並無異言等情，此抑[亦]兩相情愿，各無逼抑返悔之理，恐後無憑，立復契永遠爲照。

其粮向鍾成思户推收，再照。

咸豐拾壹年　十月　日立復契鍾凤岐（押）

在見　雷蘇良

弟　鍾凤陽（押）

代筆　侄鍾鴻業（押）

同治元年至四年收租单

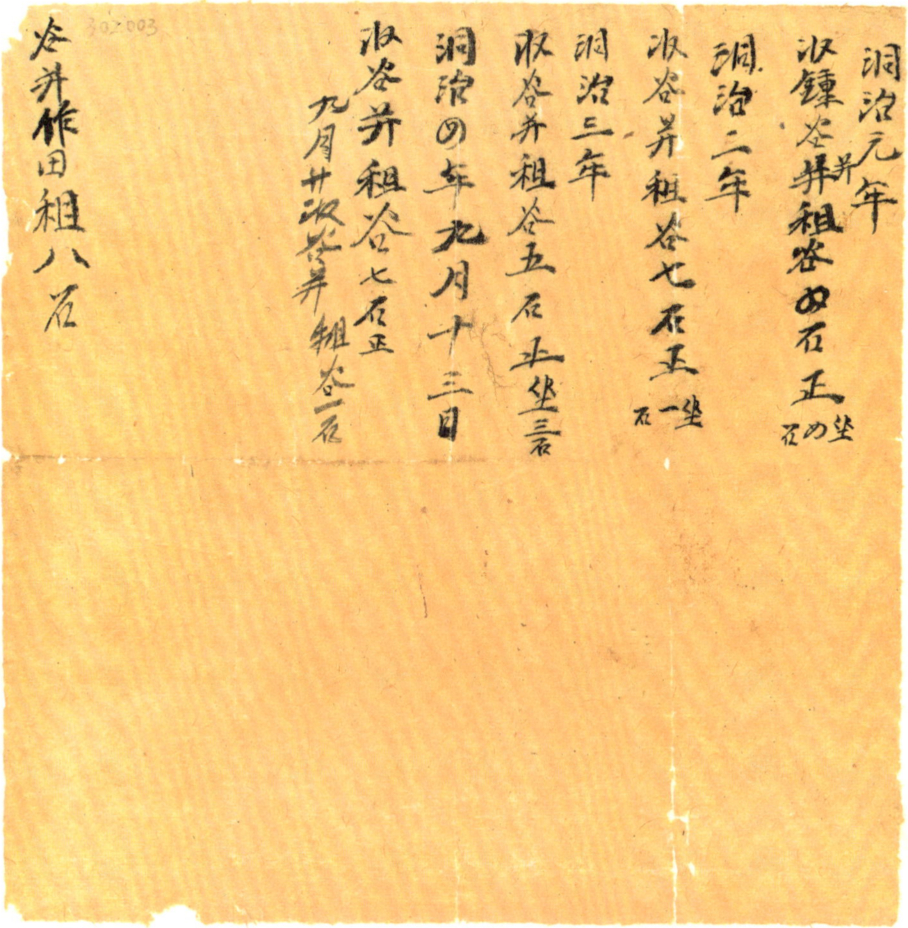

洞[同]治元年
收鍾谷並租谷四石正墊四石
洞[同]治二年
收谷並租谷七石正墊一石
洞[同]治三年
收谷並租谷五石正墊三石
洞[同]治四年九月十三日
收谷並租谷七石正
九月廿收谷並租谷一石
谷並作田租八石

同治二年鍾鴻業立收字

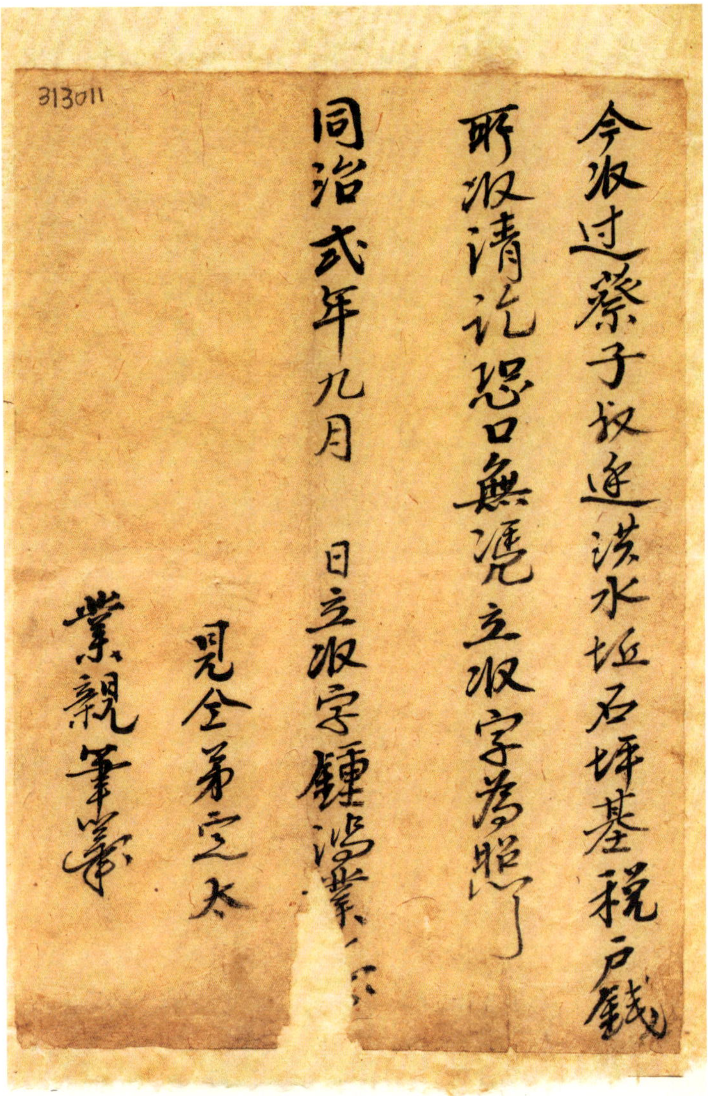

今收过蔡子叔邊洪水坵、石坪基税户錢，
所收清訖，恐口無憑，立收字爲照。
同治弍年九月　日立收字鍾鴻業（押）
見仝弟定太（押）
業親筆（押）

同治三年葉世明立收字

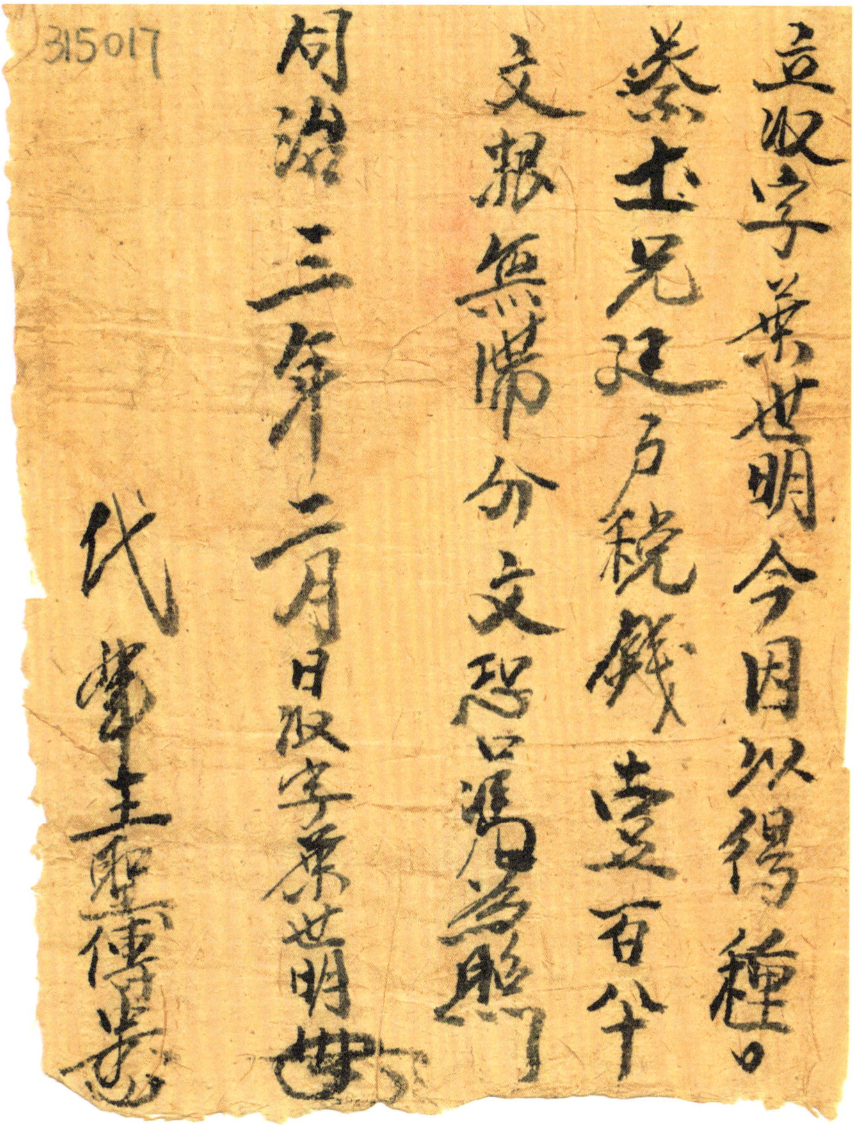

立收字葉世明，今因以[收]得種，
蔡土兄邊户税錢壹百八十
文粮，無滯分文，恐口（無）憑，爲照。
同治三年二月日收字葉世明（押）
代筆王聖傳（押）

同治三年蘇學錫立收字

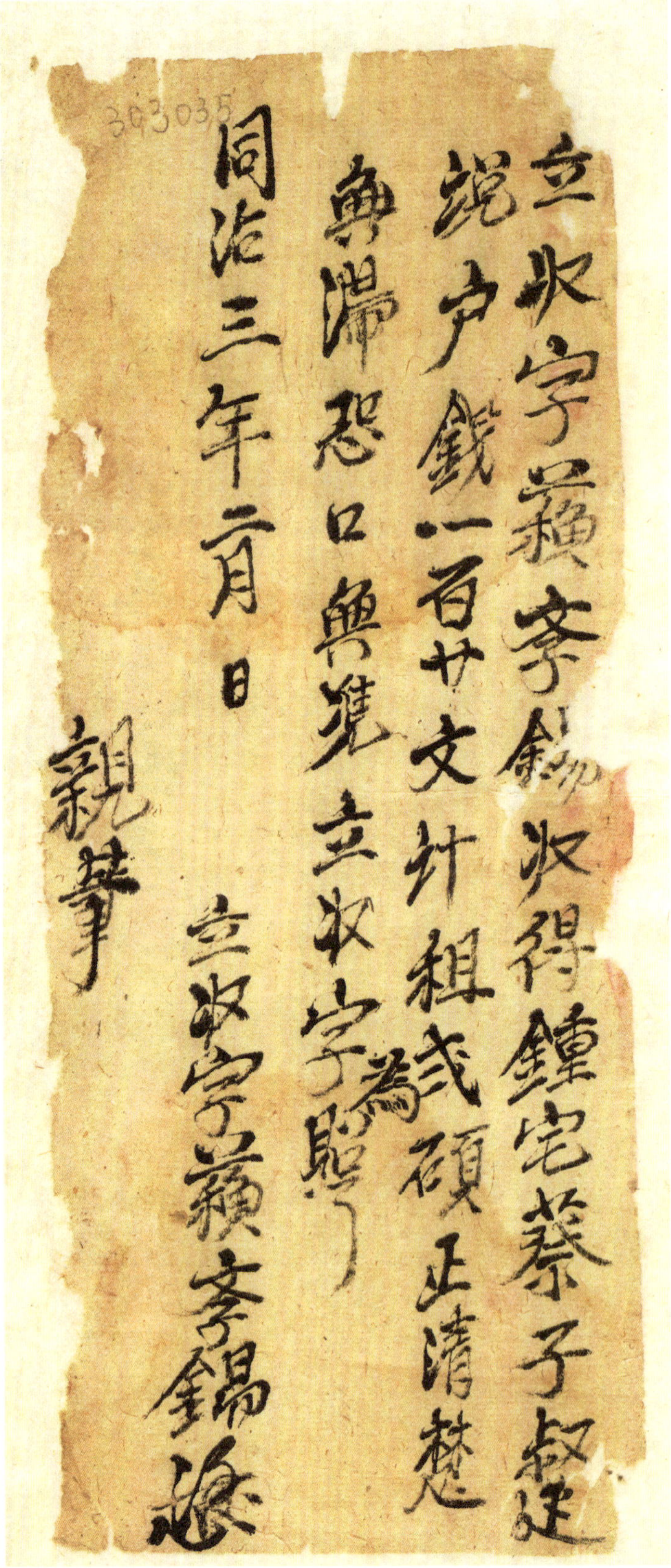

立收字蘇學錫，收得鍾宅蔡子叔邊
税户錢一百廿文，计租式碩正，清楚
無滯，恐口無憑，立收字爲照。

同治三年二月　日　立收字蘇學錫（押）

親筆

同治三年鍾日巠立生票

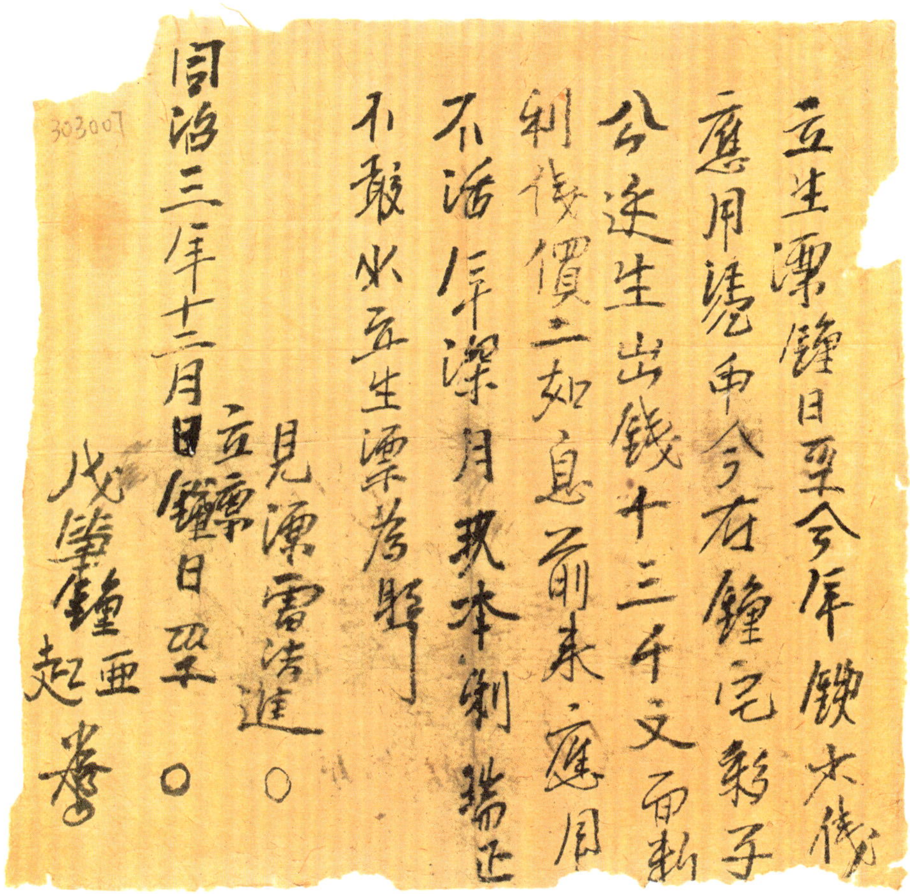

立生漂［票］鍾日巠，今年缺少錢
應用，憑衆今在鍾宅彩子
公邊生出錢十三千文，面断
利錢價二如息，前來應用，
不论年深月玖［久］，本利瑞正
不敢少，立生漂［票］爲照。

見漂［票］雷法進（押）

同治三年十二月日立漂［票］鍾日巠（押）

伐［代］筆鍾亞起（押）

同治四年鍾鳳書立收字

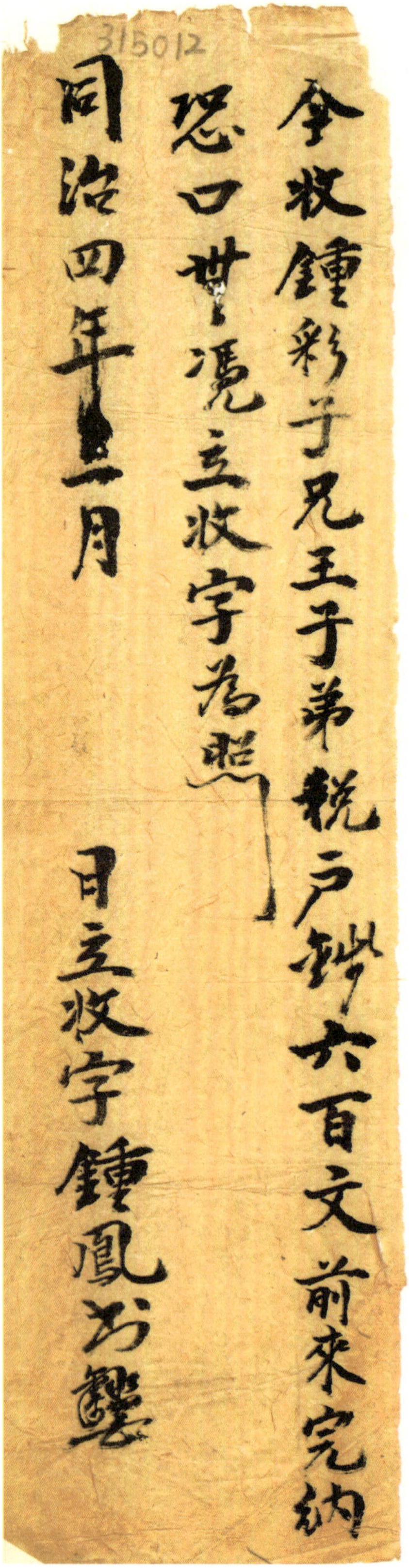

今收鍾彩子兄、王子弟税户錢六百文，前來完纳，恐口無憑，立收字爲照。

同治四年三月　日立收字鍾鳳书（押）

同治四年鍾艮鼎立重找借字

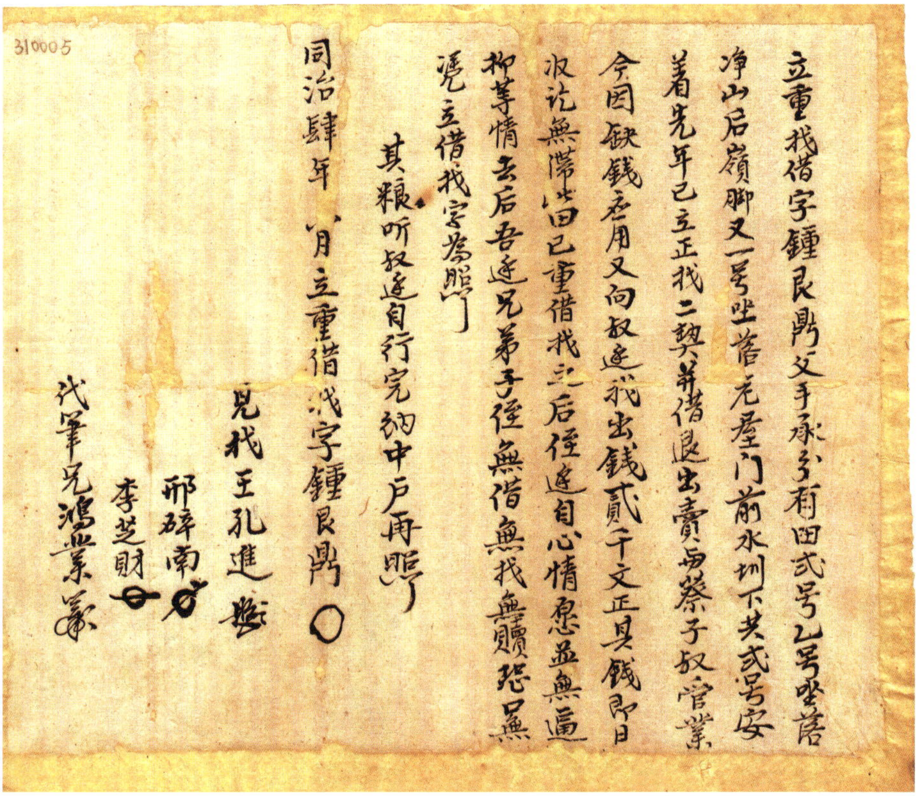

立重找借字鍾艮鼎，父手承分有田式号，一号坐落净山后嶺脚，又一号坐落老屋门前水圳下，共式号安着，先年已立正、找二契並借退，出賣與蔡子叔管業，今因缺錢应用，又向叔邊找出錢貳千文正，其錢即日收訖無滞，此田已重借找之后，侄邊自心情愿，並無逼抑等情，去后吾邊兄弟子侄無借無找無贖，恐口無憑，立借找字爲照。

其粮听叔邊自行完纳中户，再照。

同治肆年　八月立重借找字鍾艮鼎（押）

見找王孔進（押）

邢碎南（押）

李芝財（押）

代筆兄鴻業（押）

同治四年葉世明立重借字

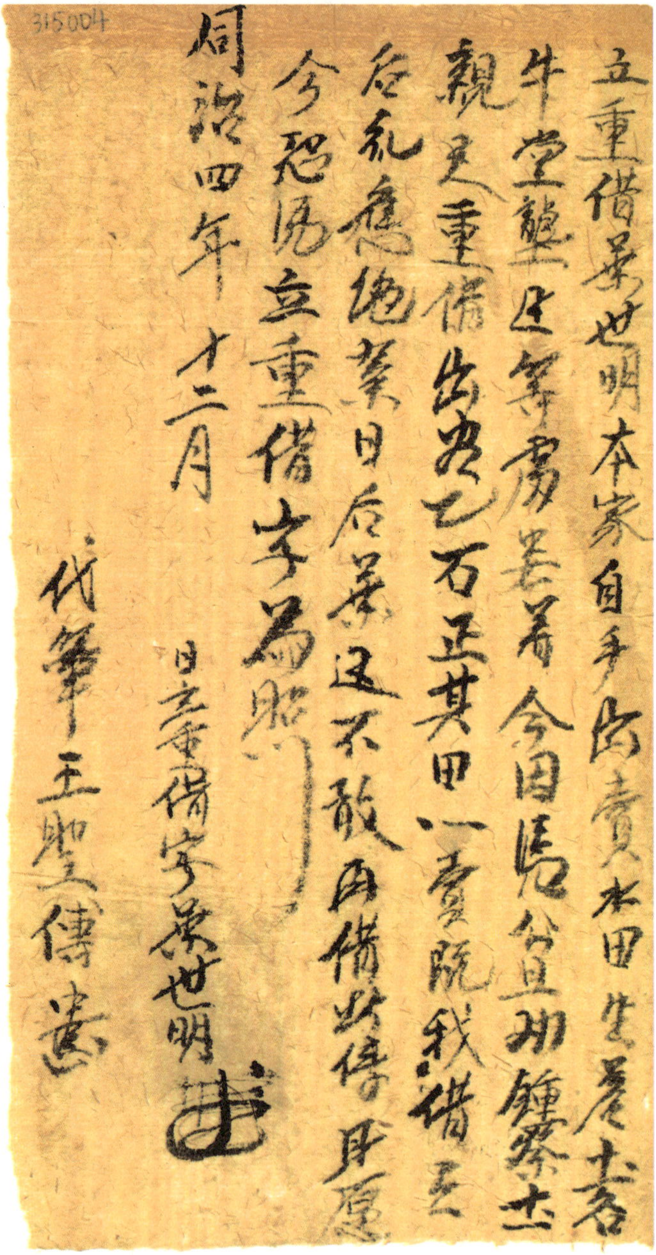

立重借葉世明，本家自手出賣水田，坐落土名
牛堂壟邊等處安着，今因憑公且劝鍾蔡土
親邊重借出谷一石正，其田一賣既找借之
后，礼應絶業，日后葉邊不敢再借，此係甘愿，
今恐（無）憑，立重借字爲照。

同治四年十二月　日立重借字葉世明（押）
代筆王聖傳（押）

同治五年鍾大悦立收字

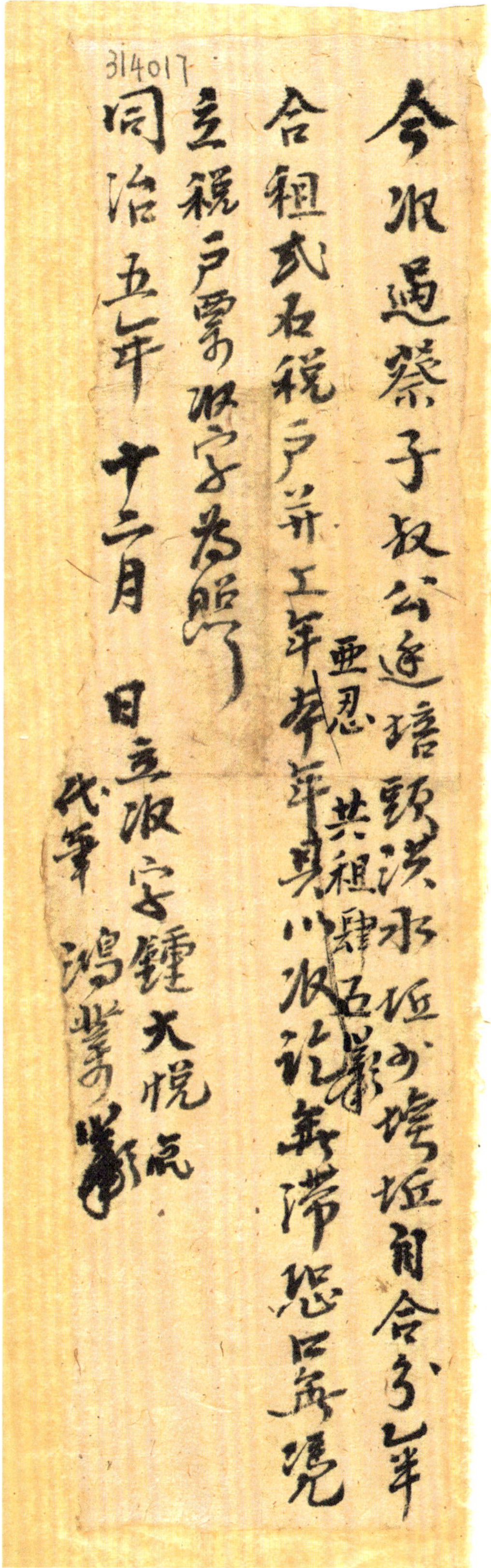

今收過蔡子叔公邊培頭洪水坵、少塆坵自合分一半
合租弍石税户，並上年本年亞忍共租肆石（押），具以收訖無滯，恐口無憑，
立税户票收字爲照。

同治五年　十二月　日立收字鍾大悦（押）

代筆　鴻業（押）

同治六年鍾亞發立賣契

立賣契鍾亞發自手承分有屋基壹[illegible]
落八都五源淨山后土名老屋基安著自己合分
壹半并水塘在內今因缺錢應用將此屋基
出賣與雷舉兄邊賣出時價錢壹千伍百文
其錢即收完足無滯此地基自賣之後任听
豎邊作用掌管永為兄邊己業吾邊兄[illegible]
子侄不得言稱有分之理如有此色自[illegible]
解不涉兄邊之事去后不得找借取贖
此出自心情愿並無逼抑等情恐口無[illegible]
賣契為照

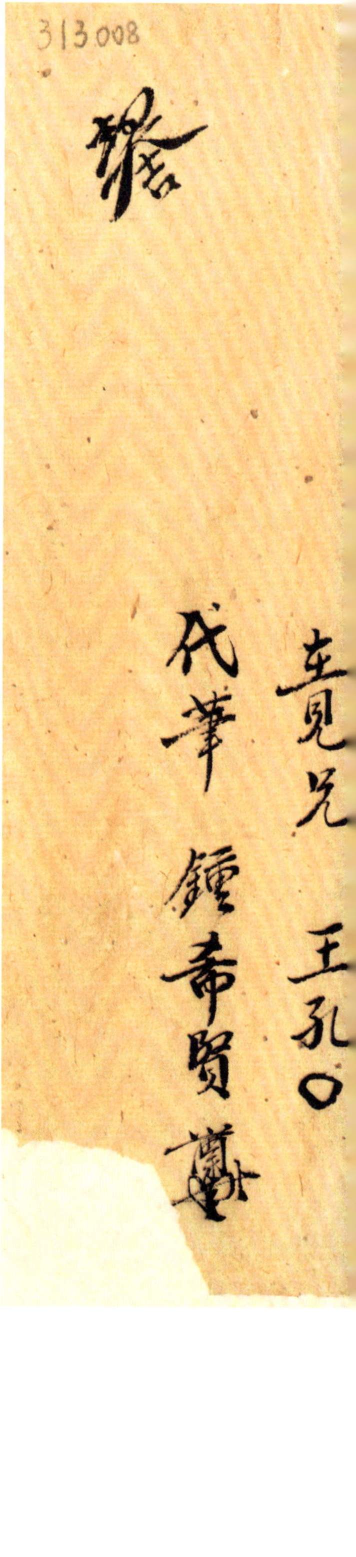

（前頁）>>>>

立賣契鍾亞發，自手承分有屋基壹□□落八都五源浄山后，土名老屋基安着，自己合□壹半並水塘在内，今因缺錢应用，將此屋基出賣與雷舉兄邊，賣出時價錢壹千伍百文，其錢即收完足無滯，此地基自賣之後，任听監造作用掌管，永爲兄邊己業，吾邊兄弟子侄不得言称有分之理，如有此色，自□□解，不涉兄邊之事，去后不得找借取贖□□此出自心情愿，並無逼抑等情，恐口無□□賣契爲照。

同治陸年六月　日立賣契鍾亞發（押）

在見兄　王孔（押）

代筆　鍾希賢（押）

同治六年鍾上典等立賣契

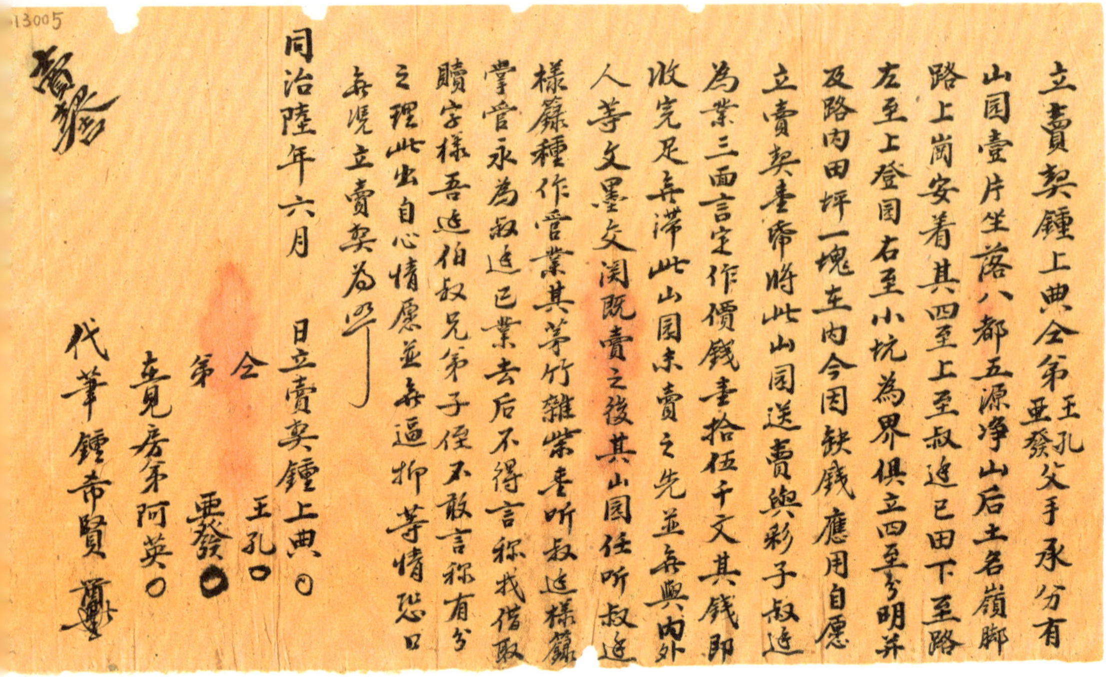

立賣契鍾上典仝弟王孔、亞發，父手承分有山园壹片，坐落八都五源净山后，土名嶺脚路上崗安着，其四至上至叔邊己田，下至路，左至上登园，右至小坑爲界，俱立四至分明，並及路内田坪一塊在内，今因缺錢應用，自愿立賣契壹紙，將此山园送賣與彩子叔邊爲業，三面言定作價錢壹拾伍千文，其錢即收完足無滞，此山园未賣之先，並無與内外人等文墨交關，既賣之後，其山园任听叔邊様籙種作管業，其茅竹雜柴壹听叔邊様籙掌管，永爲叔邊己業，去后不得言称找借取贖字様，吾邊伯叔兄弟子侄不敢言称有分之理，此出自心情愿，並無逼抑等情，恐口無憑，立賣契爲照。

同治陸年六月　日立賣契鍾上典（押）

仝　王孔（押）

弟　亞發（押）

在見房弟阿英（押）

代筆鍾希賢（押）

同治六年六月鍾英弟立賣契

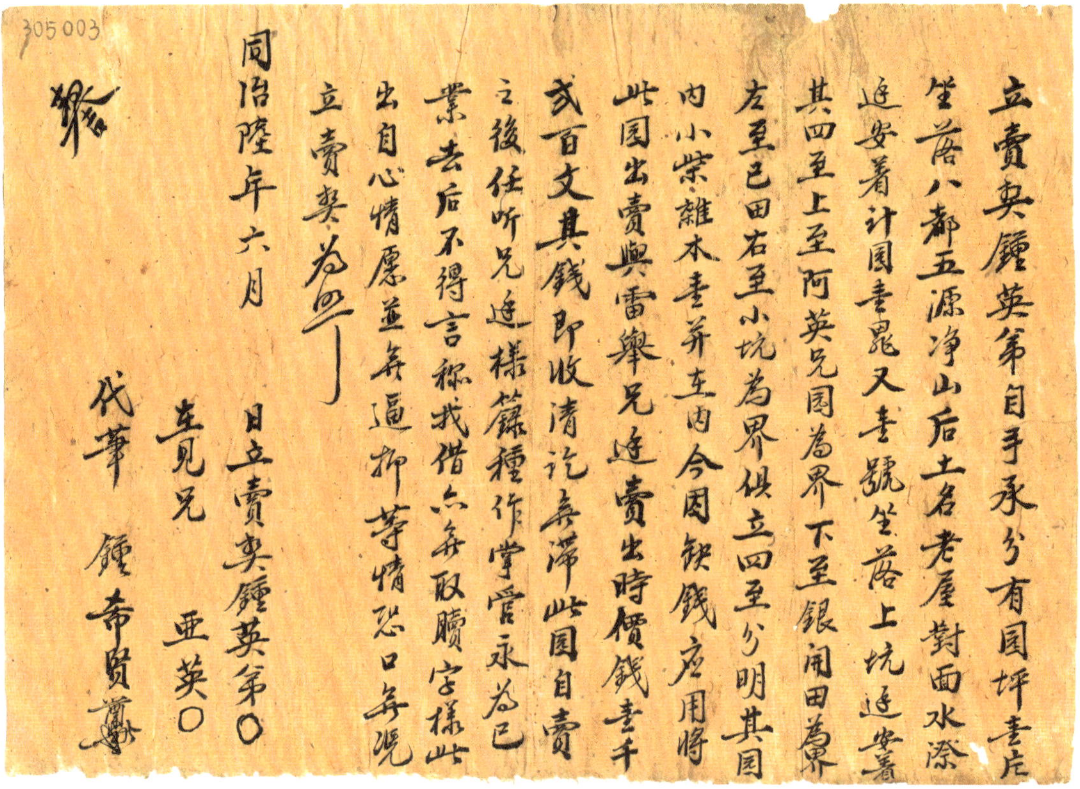

立賣契鍾英弟，自手承分有园坪壹片，坐落八都五源浄山后，土名老屋對面水漈邊安着，計園壹毘，又壹號坐落上坑邊安着，其四至上至阿英兄园爲界，下至銀開田爲界，左至己田，右至小坑爲界，俱立四至分明，其园内小柴雜木壹併在内，今因缺錢应用，将此园出賣與雷舉兄邊，賣出時價錢壹千弍百文，其錢即收清訖無滯，此園自賣之後，任听兄邊樣簶種作掌管，永爲己業，去后不得言称找借，亦無取贖字樣，此出自心情愿，並無逼抑等情，恐口無憑，立賣契爲照。

同治陸年六月　日立賣契鍾英弟（押）

在見兄　亞英（押）

代筆　鍾希賢（押）

同治九年吴良心立賣契

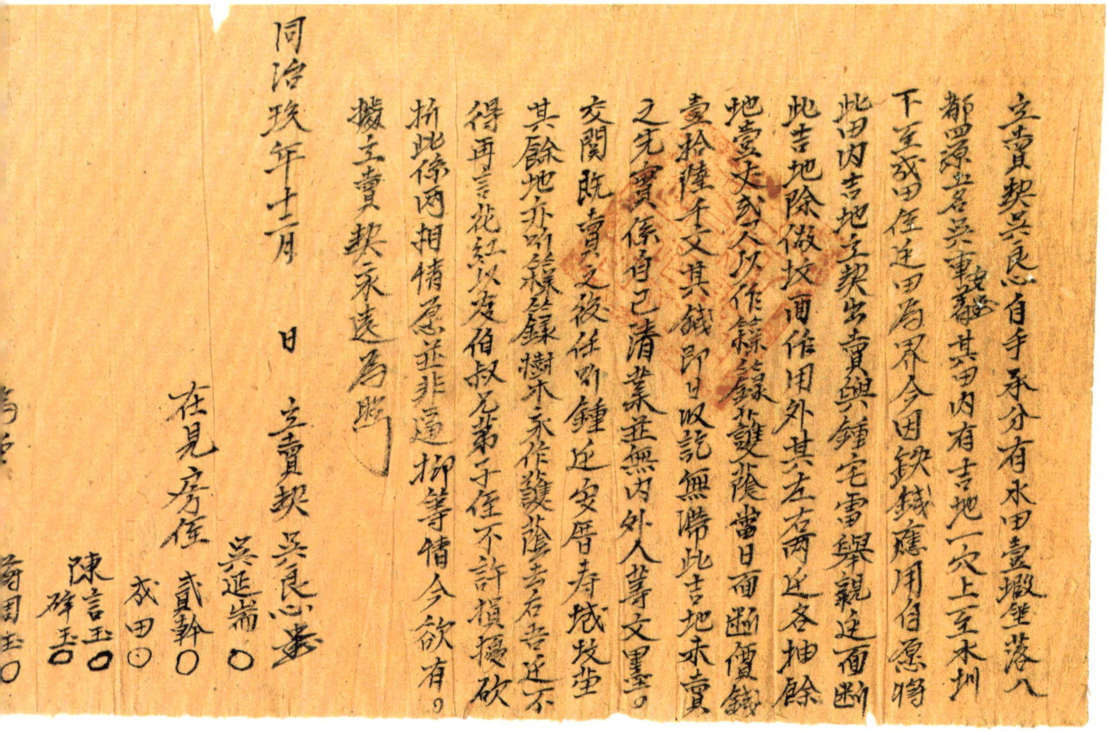

立賣契吴良心，自手承分有水田壹坵，坐落八都四源，土名吴車（押）安着，其田内有吉地一穴，上至水圳，下至成田侄邊田爲界，今因缺錢應用，自愿将此田内吉地立契出賣與鍾宅雷舉親邊，面断此吉地除做坟岗作用外，其左右兩邊各抽餘地壹丈弍尺，以作篠簶護蔭，當日面断價錢壹拾陸千文（印），其錢即日收訖無滞，此吉地未賣之先，實係自己清業，並無内外人等文墨交關，既賣之後，任听鍾邊安厝寿域坟茔，其餘地亦听篠簶樹木，永作護蔭，去后吾邊不得再言花紅，以及伯叔兄弟子侄不許損擾砍折，此係兩相情愿，並非逼抑等情，今欲有據，立賣契永遠爲照。

同治玖年十二月　日　立賣契吴良心（押）

吴延崙（押）

在見房侄貳幹（押）

成田（押）

陳言玉（押）

碎玉（押）

爲衆　蒋周玉（押）

憑衆　鍾希賢（押）

親筆（押）

（印）

同治九年鍾賴金立找借字

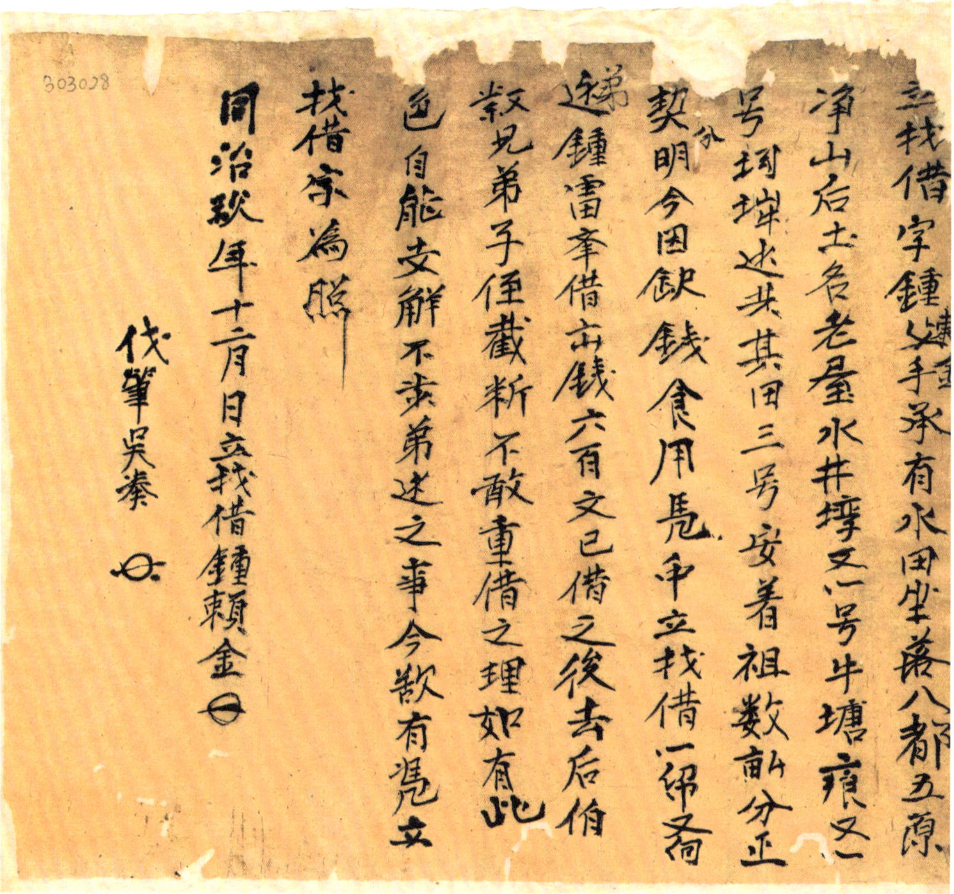

立找借字鍾賴金，父手承有水田，坐落八都五原［源］净山后，土名老屋水井塆，又一号牛塘痕，又一号坳岸邊，共其田三号安着，祖［租］数、畝分正契分明，今因缺錢食用，憑衆立找借一紙，又向弟邊鍾雷夆借出錢六百文，已借之後，去后伯叔兄弟子侄截断，不敢重借之理，如有此色，自能支解，不步［涉］弟邊之事，今欲有憑，立找借字爲照。

同治玖年十二月日立找借鍾賴金（押）

代筆吴凑（押）

同治十年立禁約

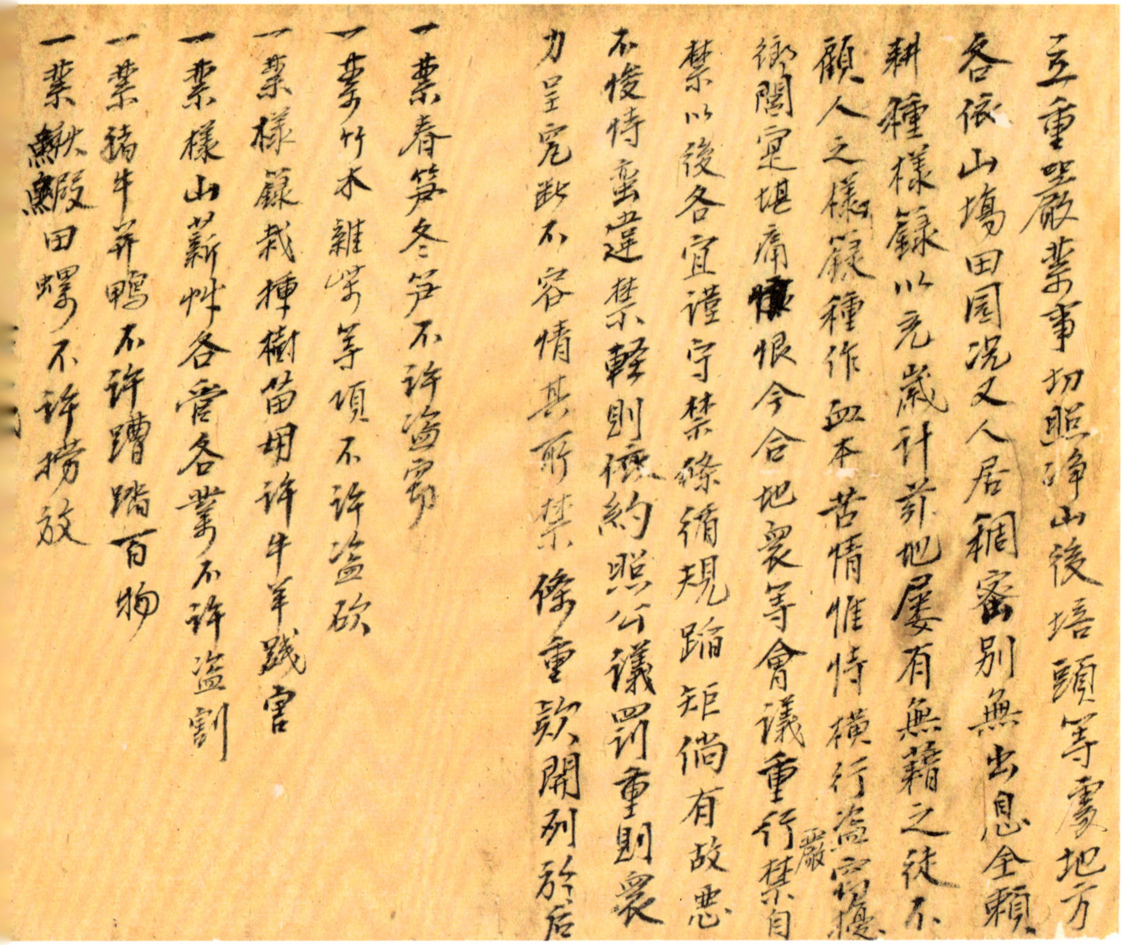

立重嚴禁事，切照净山後培頭等處地方各依山塲田园，况又人居稠密，別無出息，全賴耕種樣簶以充歲计，玆地屡有無藉之徒，不顧人之樣簶種作血本苦情，惟恃横行盗窃，擾鄉閭，寔堪痛恨，今合地衆等會議，重行嚴禁，自禁以後，各宜謹守禁條，循規蹈矩，倘有故［怙］惡不悛，恃蛮違禁，輕則依約照公議罰，重则衆力呈究，断不容情，其所禁條重款開列於后：

一禁春笋冬笋不许盗窃；

一禁竹木雜柴等項不许盗砍；

一禁樣簶栽種樹苗毋许牛羊践害；

一禁樣山薪艸各管各業，不许盗割；

一禁猪牛並鴨不许蹧踏百物；

一禁鰍鰕田螺不许捞放；

一禁竹頂不许斬截；

一禁茅藤稻稈不许盗窃；

一禁菜菓及六種不许盗窃。

以上数條，各宜謹戒，如有犯者，罚酒三棹，罚錢弍千四百文，如有獲贓，報信者償錢弍百四十文，如獲私放者，首出與犯者仝罚。

禁首鍾英財

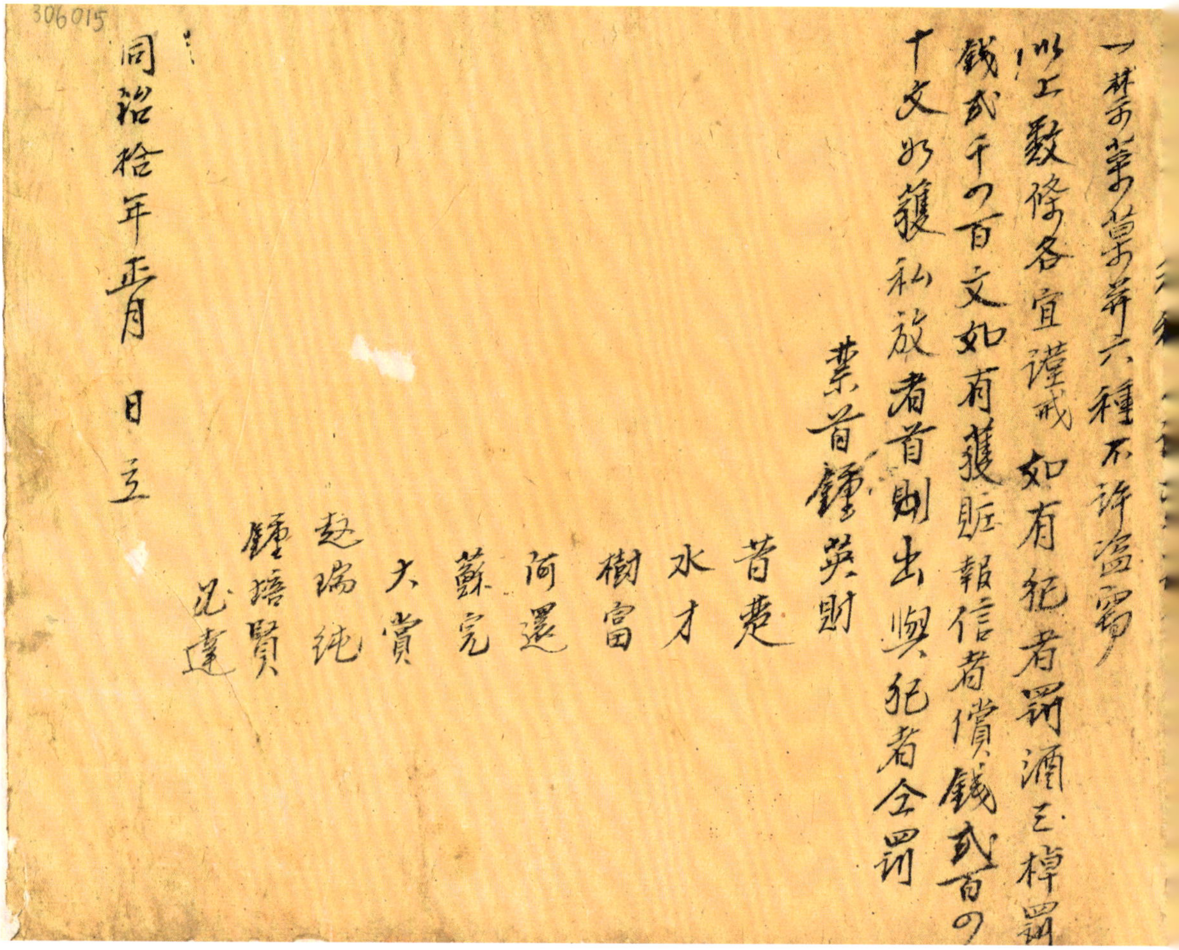
306015
一禁茅草等六種不許盜竊
以上數條各宜謹戒　如有犯者罰酒三桌罰
錢弍千四百文如有獲賍報信者償錢弍百四
十文如獲私放者首則出與犯者全罰
業首鍾英財
昔楚
水才
樹富
阿還
蘇完
大賞
趙瑞纯
鍾培賢
必達
同治拾年正月　日立

昔楚
水才
樹富
阿還
蘇完
大賞
趙瑞纯
鍾培賢
必達
同治拾年正月日立

同治十一年鍾勳弟仝弟英財立賣契

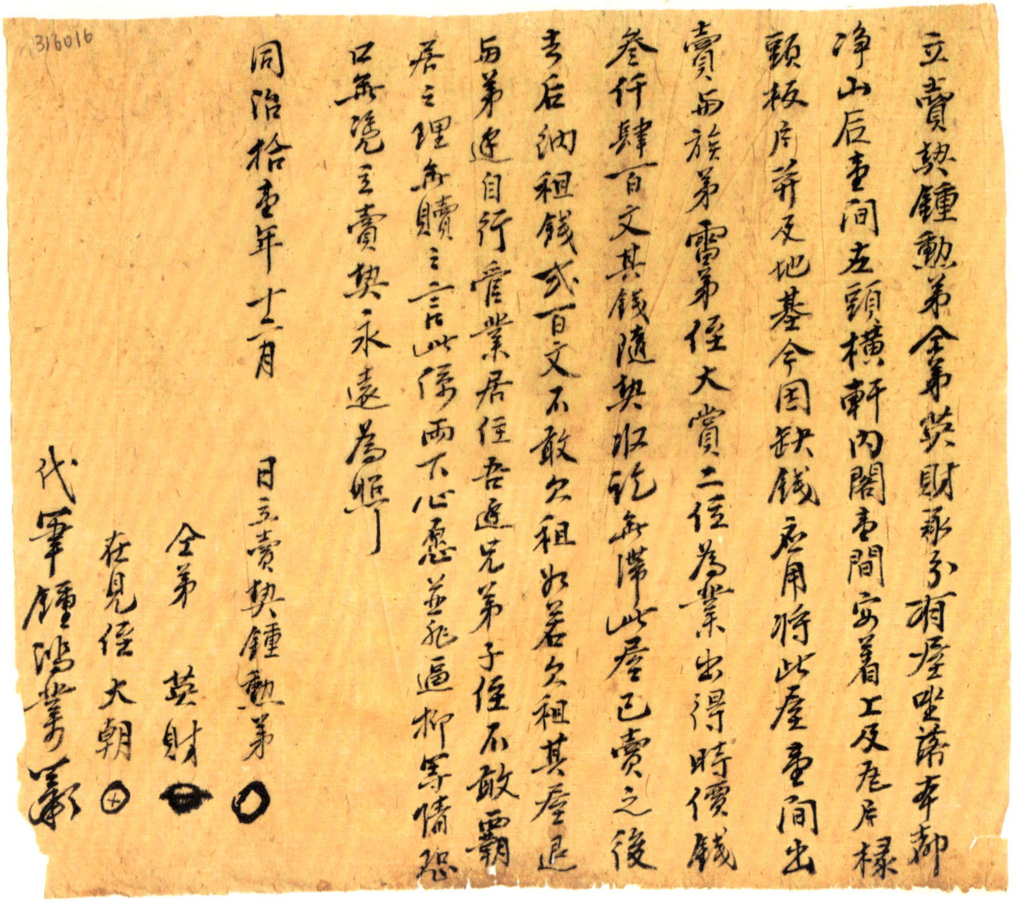

立賣契鍾勳弟仝弟英財，承分有屋，坐落本都净山后壹间，左頭横軒内閣壹問安着，上及瓦片椂頭板片，並及地基，今因缺錢应用，将此屋壹间出賣與族弟雷弟、侄大賞二位爲業，出得時價錢叁仟肆百文，其錢随契收訖無滞，此屋已賣之後，去后纳租錢弍百文，不敢欠租，如若欠租，其屋退與弟邊自行管業居住，吾邊兄弟子侄不敢霸居之理，無贖之言，此係兩下心愿，並非逼抑等情，恐口無憑，立賣契永遠爲照。

同治拾壹年十二月　日立賣契鍾勳弟（押）

仝弟　英財（押）

在見侄　大朝（押）

代筆　鍾鴻業（押）

同治十二年鍾俊谷立收字

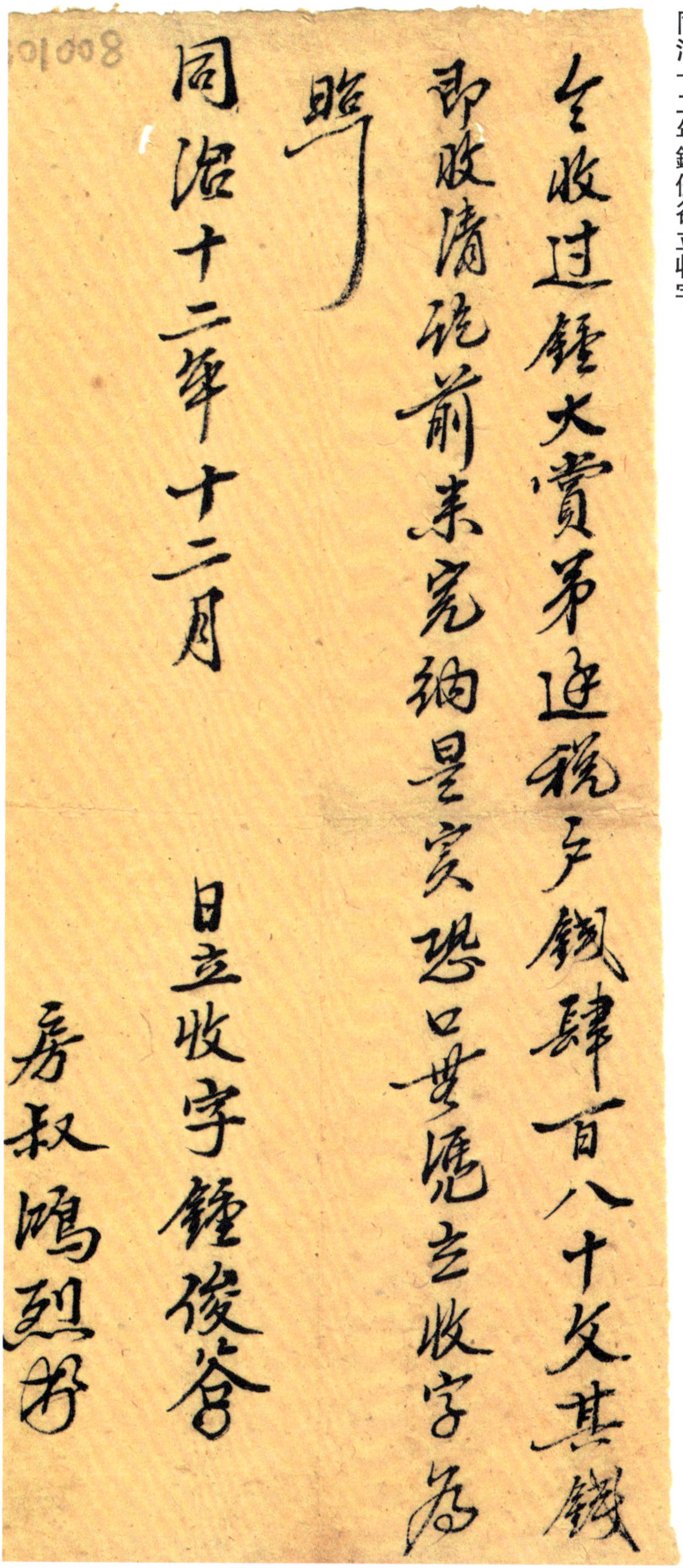

今收过鍾大賞弟邊税户錢肆百八十文，其錢即收清訖，前來完纳是实，恐口無憑，立收字爲照。

同治十二年十二月　日立收字鍾俊谷（押）

房叔鴻烈（押）

同治十三年鍾鴻業立收字

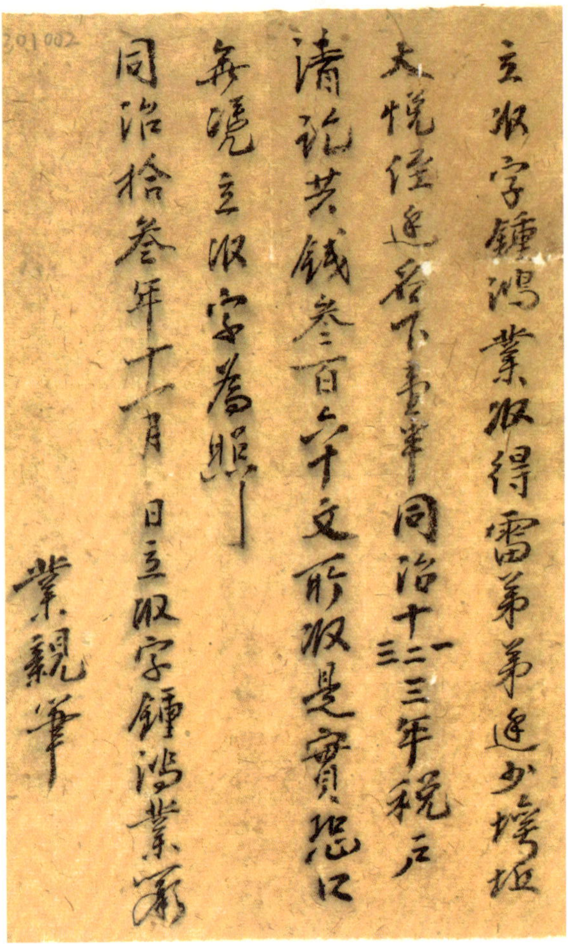

立收字鍾鴻業，收得雷弟弟邊少塆坵、
大悦侄邊名下壹半同治十一、（十）二、（十）三三年税户
清訖，共錢叁百六十文，所收是實，恐口
無憑，立收字爲照。

同治拾叁年十一月　日立收字鍾鴻業（押）

業親筆

同治十三年鍾阿谷立收字

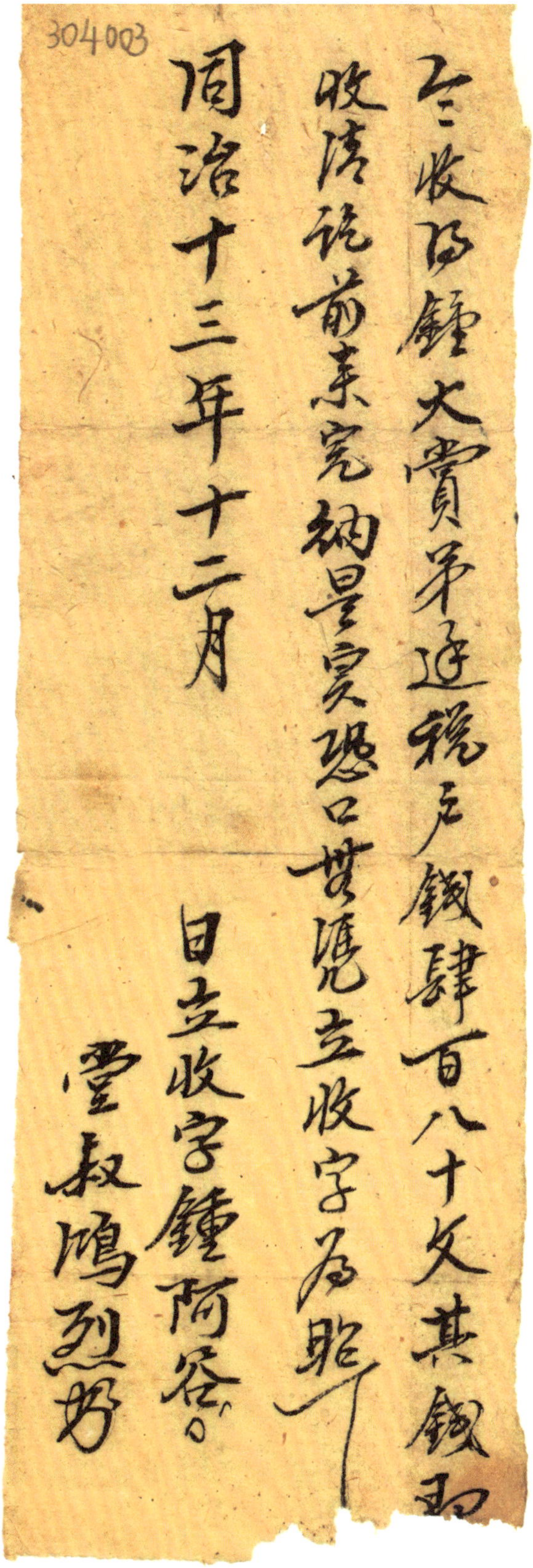

今收得鍾大賞弟邊稅户錢肆百八十文，其錢即收清訖，前來完纳是实，恐口無憑，立收字爲照。

同治十三年十二月　日立收字鍾阿谷（押）

堂叔鴻烈（押）

同治十三年鍾鴻業立加找契

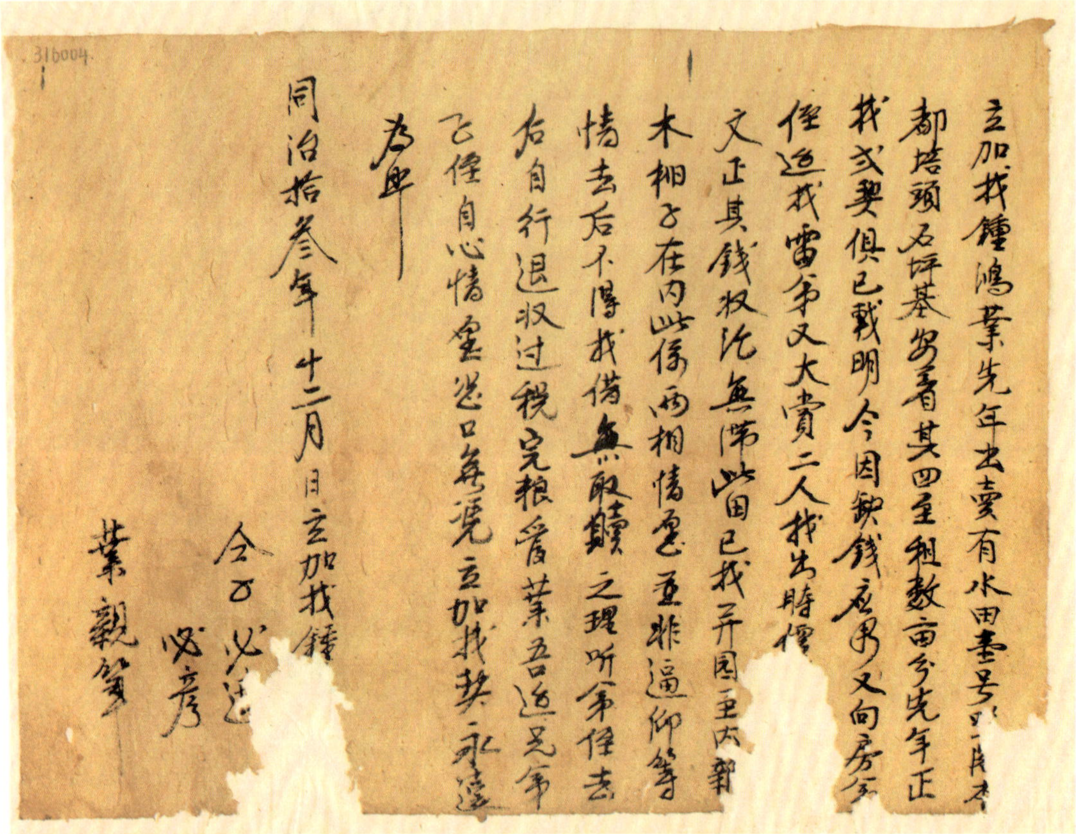

立加找鍾鴻業，先年出賣有水田壹号，□（坐）□（落）本都培頭石坪基安着，其四至、租数、亩分先年正、找式契俱已載明，今因缺錢应用，又向房弟侄邊找雷弟又大賞二人，找出時價□□□文正，其錢收訖無滞，此田已找並园至内，□（雜）木柏子在内，此係兩相情愿，並非逼仰［抑］等情，去后不得找借，無取贖之理，听弟侄去后自行退收过税完粮管業，吾邊兄弟子侄自心情愿，恐口無憑，立加找契永遠爲照。

同治拾叁年十二月　日立加找鍾□□

仝子必□

必彦

業親筆

光緒元年鍾勲弟等立加找字

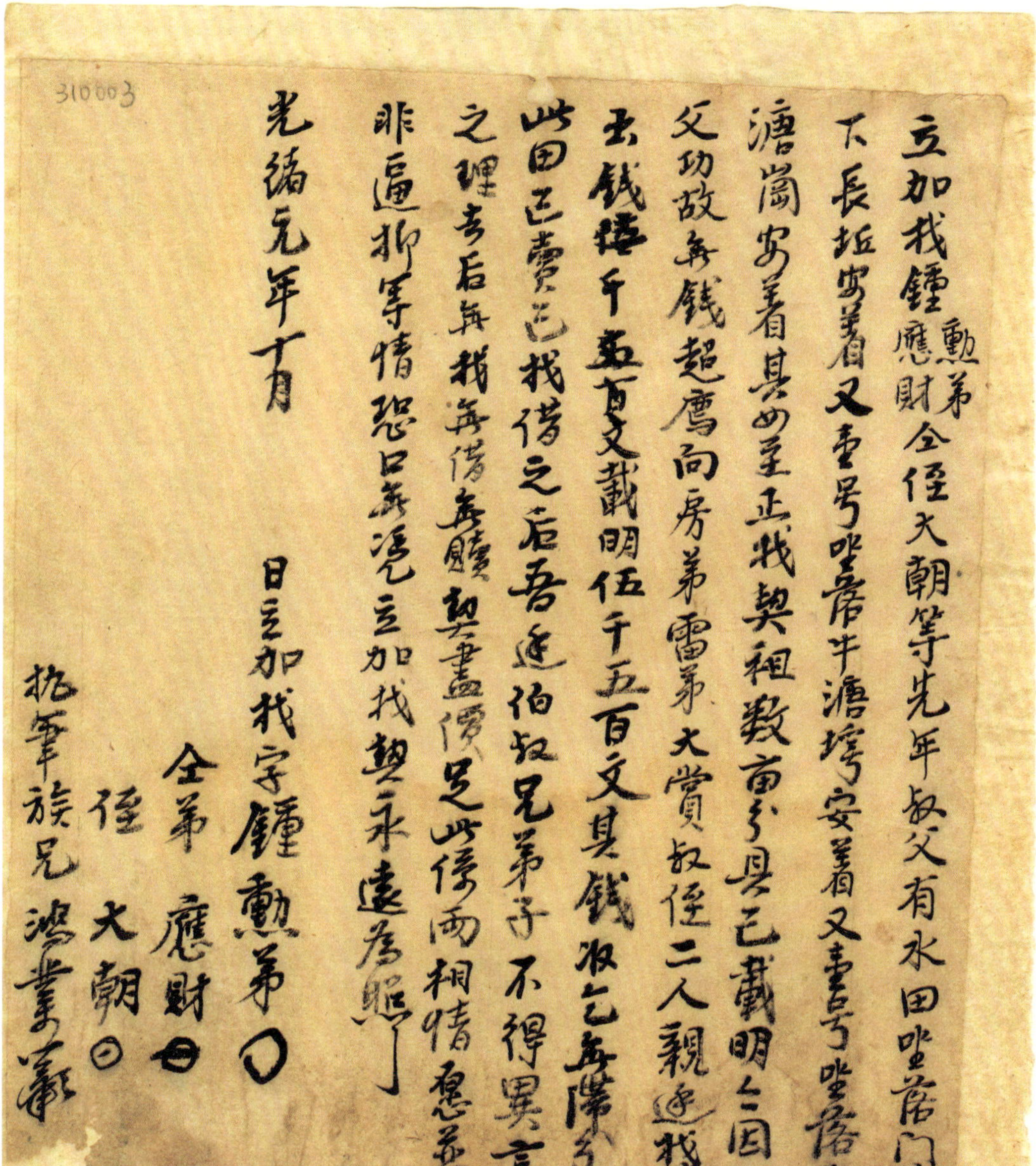
310003

立加找鍾勲弟應財仝侄大朝等，先年叔父有水田坐落门前
下長坵安着，又壹号坐落牛塘塆安着，又壹号坐落牛
塘崗安着，其田並正找契租數亩分，具已載明，今因叔
父物故，無錢超薦，向房弟雷弟、大賞叔侄二人親邊找借
出錢捌千五百文，載明伍千五百文，其錢收乞無滯分文。
此田已賣已找，借之后吾邊伯叔兄弟子侄不得異言
之理，吾后無找無借無贖，契盡價足，此係兩相情愿，並
非逼抑等情，恐口無憑，立加找契永遠爲照。

光緒元年十月　日立加找字鍾勲弟（押）
仝弟　應財（押）
侄　大朝（押）
執筆族兄　鴻業（押）

(前頁)>>>>

立加找鍾勳弟、應財仝侄大朝等，先年叔父有水田坐落门前下長坵安着，又壹号坐落牛溏塆安着，又壹号坐落牛溏崗安着，其四至正、找契租数、亩分具已載明，今因叔父功故，無錢超薦，向房弟雷弟、大賞叔侄二人親邊找借出錢陸千五百文，載明伍千五百文，其錢收乞[訖]，無滞分文，此田已賣已找借之后，吾邊伯叔兄弟子不得異言之理，去后無找無借無贖，契盡價足，此係兩相情愿，並非逼抑等情，恐口無憑，立加找契永遠爲照。

光绪元年十月　日立加找字鍾勳弟(押)

仝弟　應財(押)

侄　大朝(押)

執筆族兄鴻業(押)

光緒元年鍾淳谷立收字

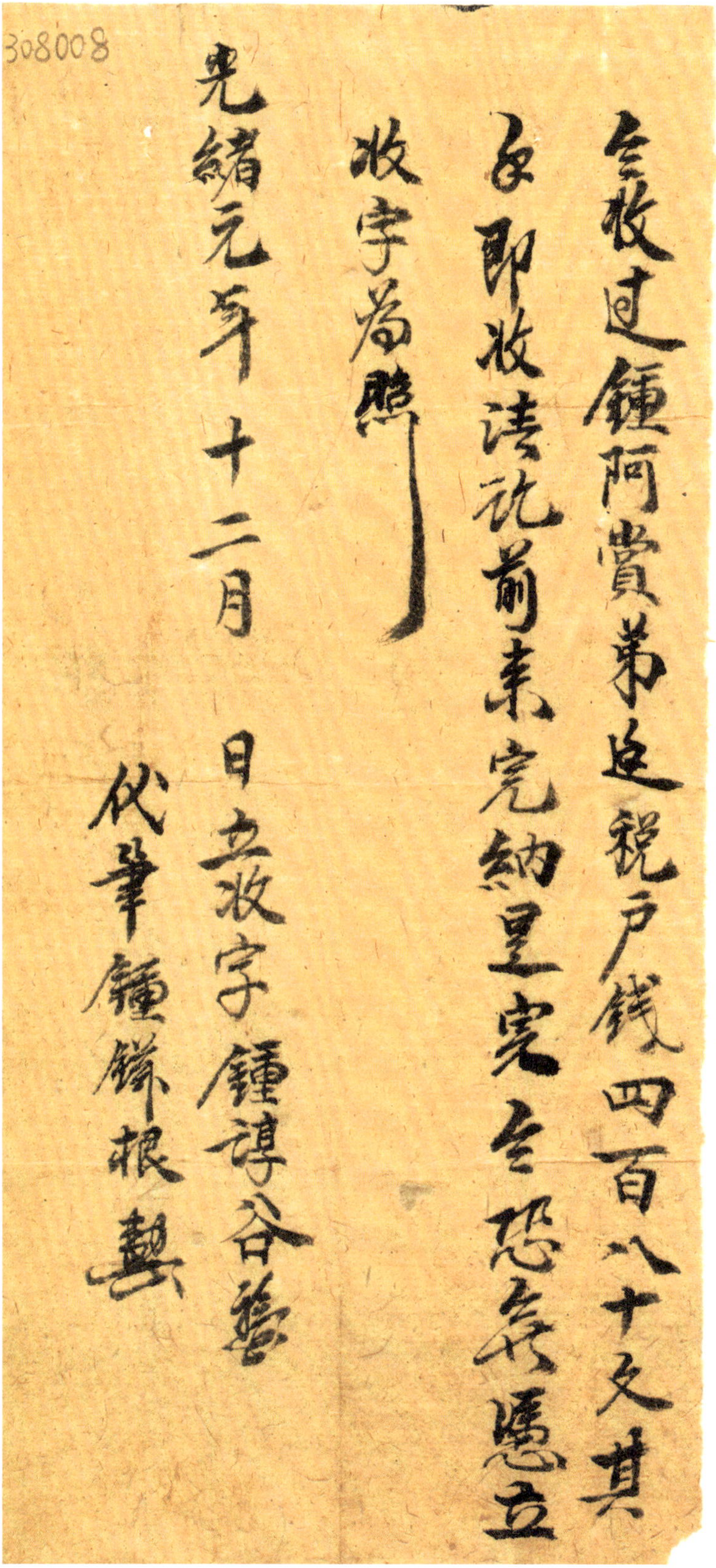

今收过鍾阿賞弟邊税户錢四百八十文，其錢即收清訖，前來完納是实，今恐無憑，立收字爲照。

光緒元年十二月　日立收字鍾淳谷（押）

代筆鍾鎌根（押）

光緒二年鍾必彥立收字

304002

今收過鍾大賞兄邊弟自合租七
石捌方一斗收光緒貳年稅戶錢
四百八十四文所收是實恐口無憑
立取字為照

光緒貳年三月日立取字鍾必彥

代筆弟必允畫

今收過鍾大賞兄邊弟自合租七
石捌方一斗，收光緒貳年稅戶錢
四百八十四文，所收是實，恐口無憑，
立收字爲照。

光緒弍年三月日立收字鍾必彥（押）

代筆弟必允（押）

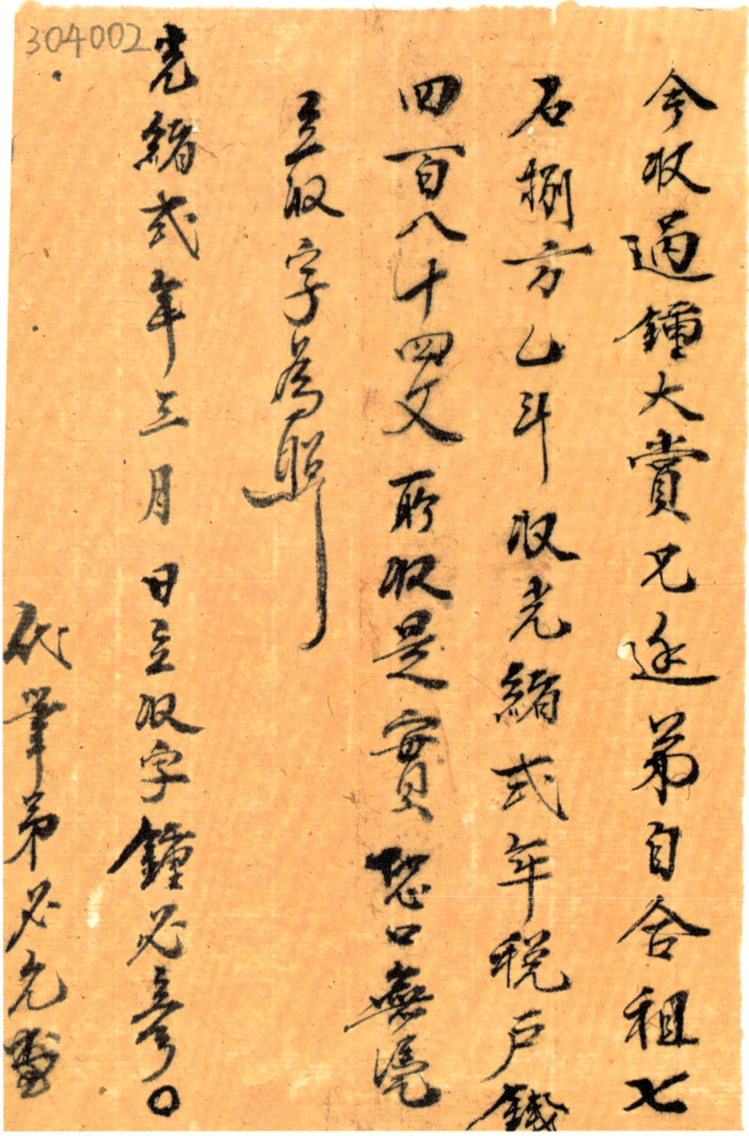

光緒二年鍾鴻業立收字

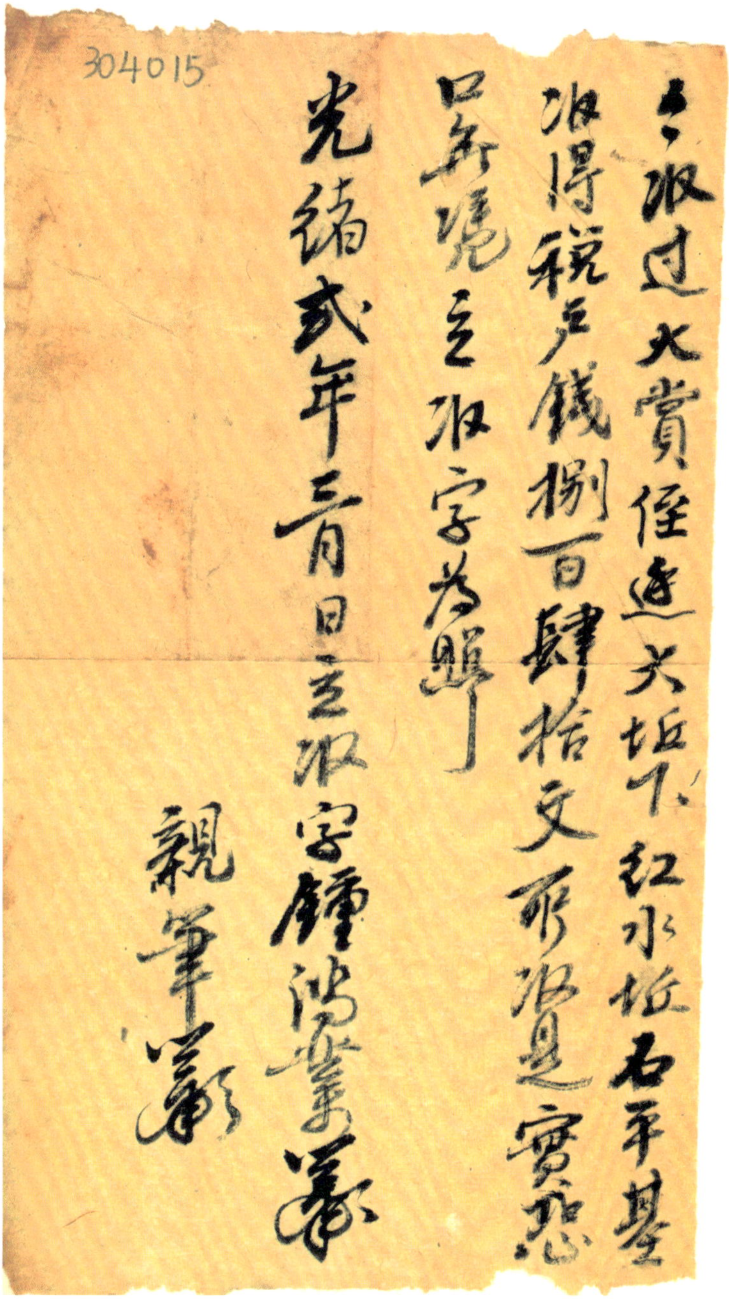

今收过大賞侄邊大垢下、紅水垢、石平基，收得稅户錢捌百肆拾文，所收是實，恐口無憑，立收字爲照。

光緒弍年三月日立收字鍾鴻業（押）

親筆（押）

光緒二年蘇學錫立收字

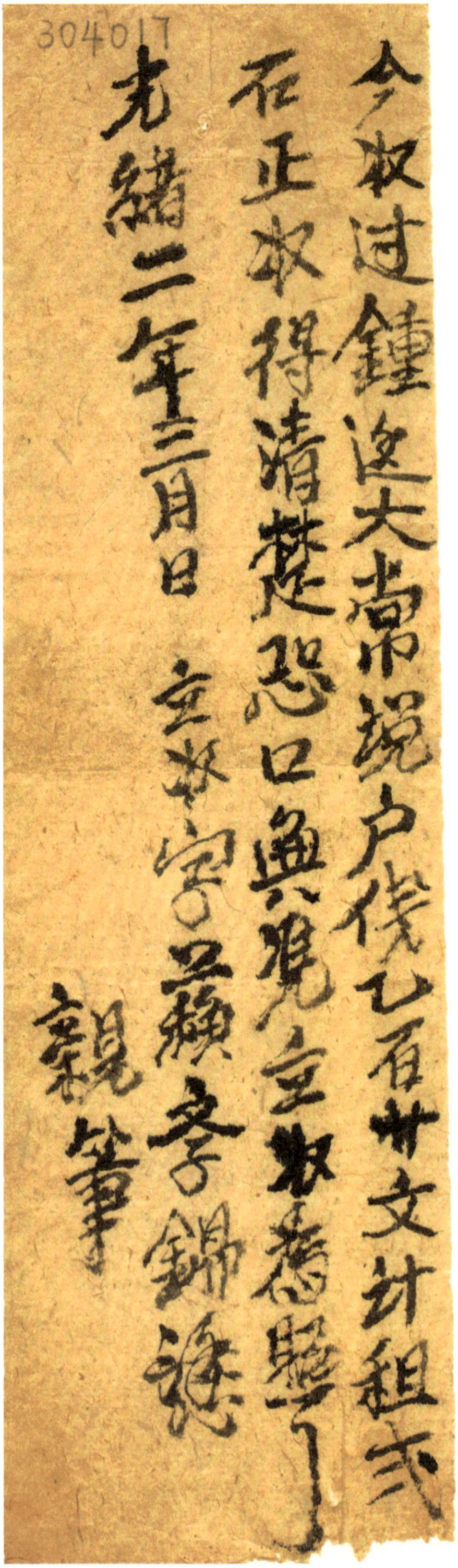
304017
今收过鍾边大常说户钱乙百廿文计租式
石正收得清楚恐口無憑立收為照
光緒二年三月日　立收字蘇學錫
親筆

今收过鍾邊大常说[税]户錢一百廿文，计租式
石正，收得清楚，恐口無憑，立收爲照。

光緒二年三月日　立收字蘇學錫(押)

親筆

光緒二年鍾瑞墨立收字

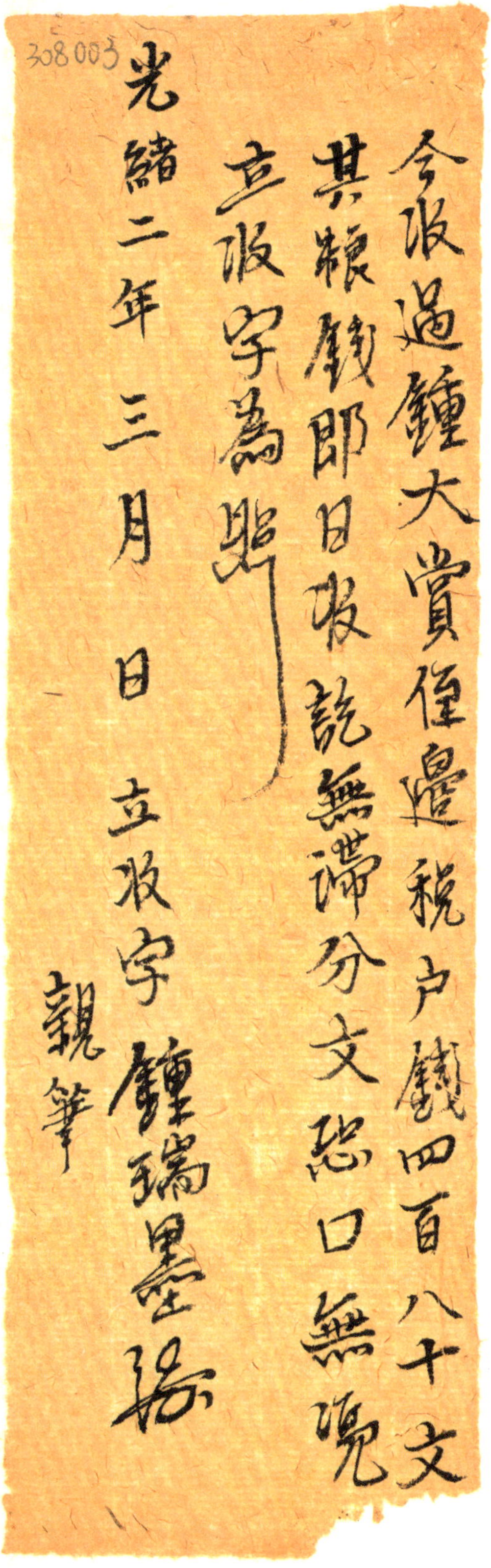

今收過鍾大賞侄邊稅户錢四百八十文，
其粮錢即日收訖，無滯分文，恐口無憑，
立收字爲照。
光緒二年三月　日　立收字鍾瑞墨（押）
親筆

光緒二年鍾廷墨立收字

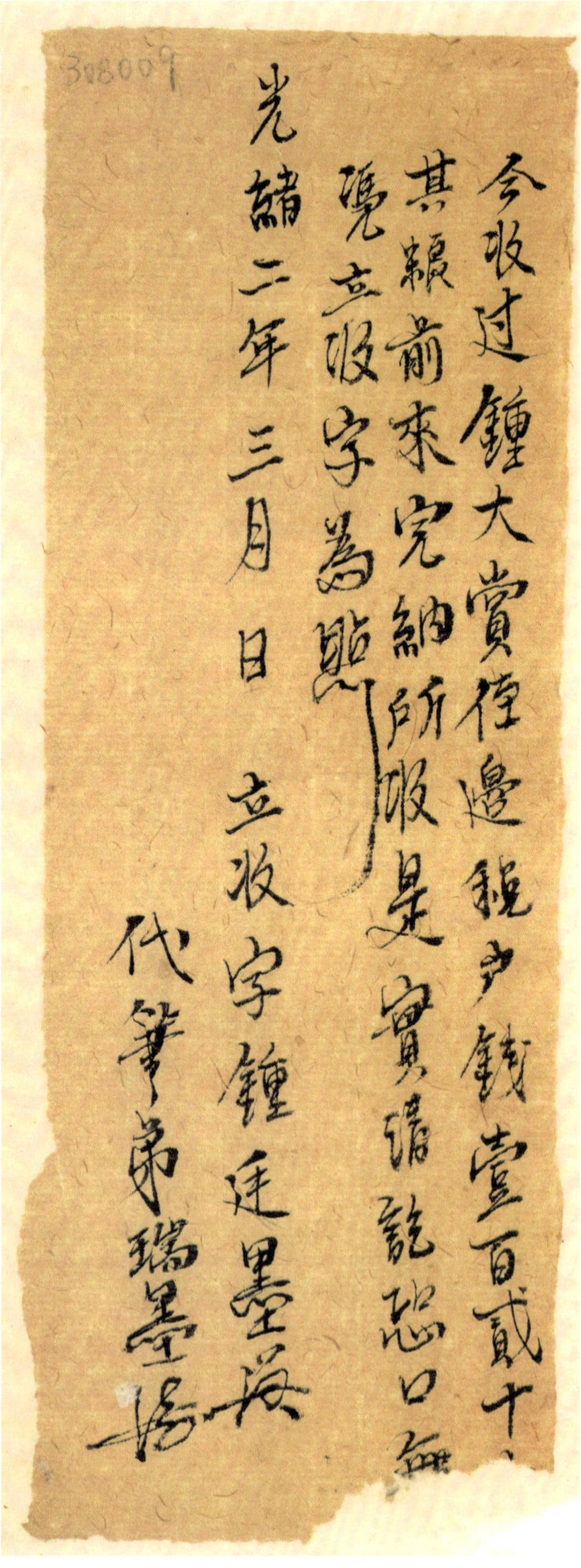

今收过鍾大賞侄邊税户錢壹百貳十□，其粮前來完納，所收是實，清訖，恐口無憑，立收字爲照。

光緒二年三月　日　立收字鍾廷墨（押）

代筆弟瑞墨（押）

光緒二年鍾純谷立收字

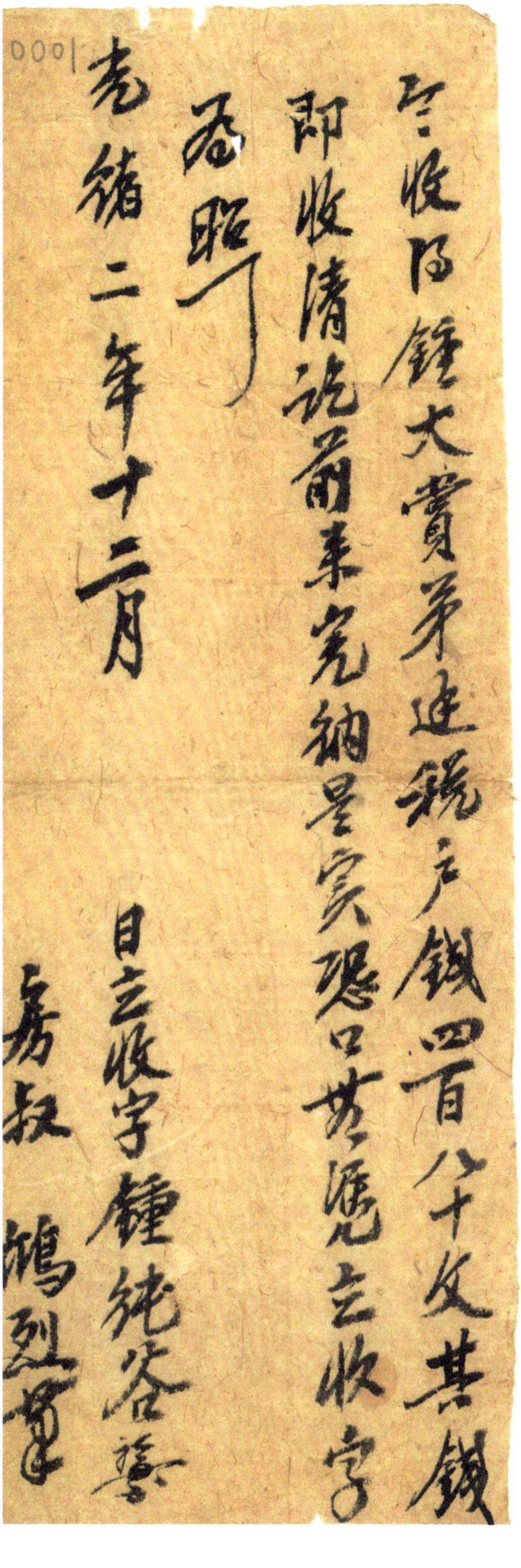

今收得鍾大賞弟邊稅户錢四百八十文，其錢即收清訖，前來完納是实，恐口無憑，立收字爲照。

光緒二年十二月　日立收字鍾纯谷（押）

房叔　鴻烈（押）

光緒三年蘇学錫立收字

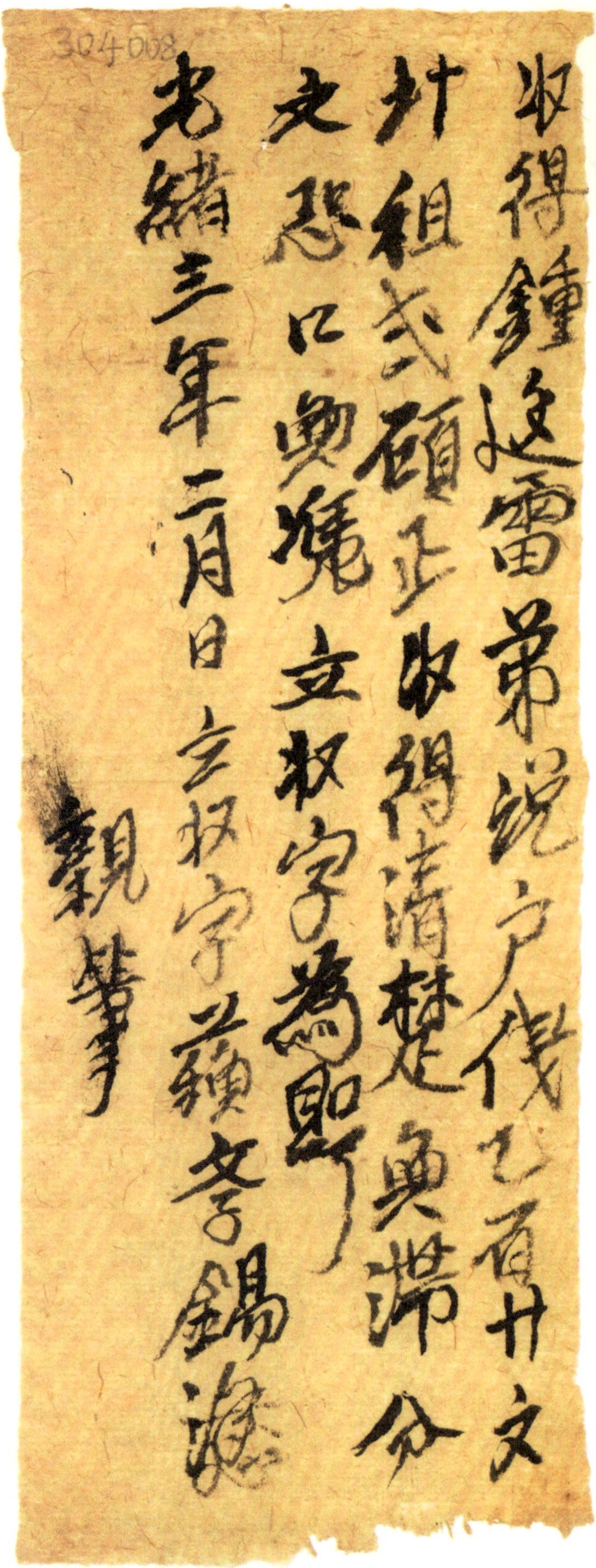

收得鍾邊雷弟说［税］户錢一百廿文，計租式碩正，收得清楚，無滯分文，恐口無憑，立收字爲照。

光緒三年二月日　　立收字蘇學錫（押）

親筆

光緒三年邢大德立收字

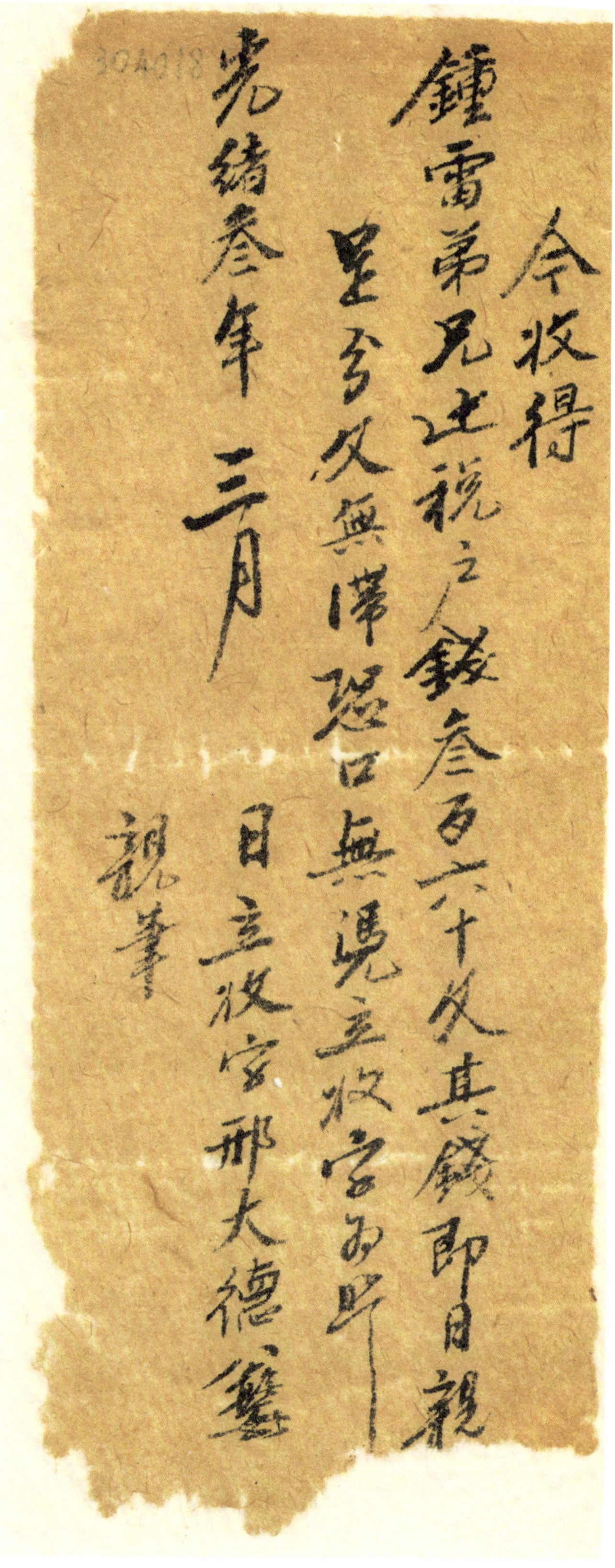

今收得

鍾雷弟兄邊稅户錢叁百六十文，其錢即日親□□

足，分文無滯，恐口無憑，立收字爲照。

光緒叁年三月　日立收字邢大德（押）

親筆

光绪三年鍾英弟立找退

立找退鍾英弟先年文手有水田坐落土名老屋
對面彎
水碓上安着又壹号坐落朔楝土名安着英田弍
号自合壹半出退向侄邊找出錢捌百文其錢
即日收訖無滯已找退之後一听侄邊自行收租
大賞侄邊永遠管業此係兩相情愿無逼
逼抑等情恐口無憑立找退永遠為照
光緒叁年五月　日立找退鍾英弟（押）
在見兄亜英（押）

（前頁）>>>>

立找退鍾英弟，先年父手有水田，坐落土名老屋對面（押）水潦上安着，又壹号坐落期棟土名安着，共田式号，自合壹半，出退向侄邊找出錢捌百文，其錢即日收訖無滯，已找退之後，一听侄邊自行收租，大賞侄邊永遠管業，此係兩相情愿，並非逼抑等情，恐口無憑，立找退永遠爲照。

光緒叁年五月　日立找退鍾英弟（押）

在見兄亞英（押）

爲中兄亞環

代筆族兄鴻業（押）

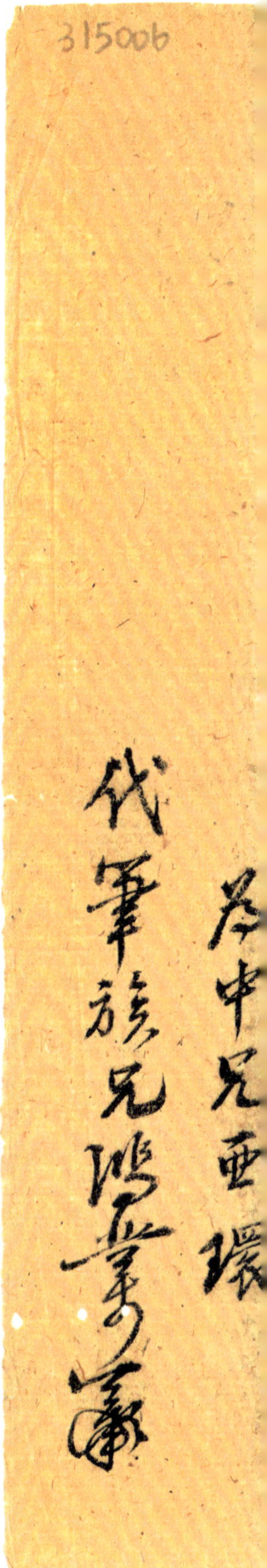

光緒三年鍾淳谷立收字

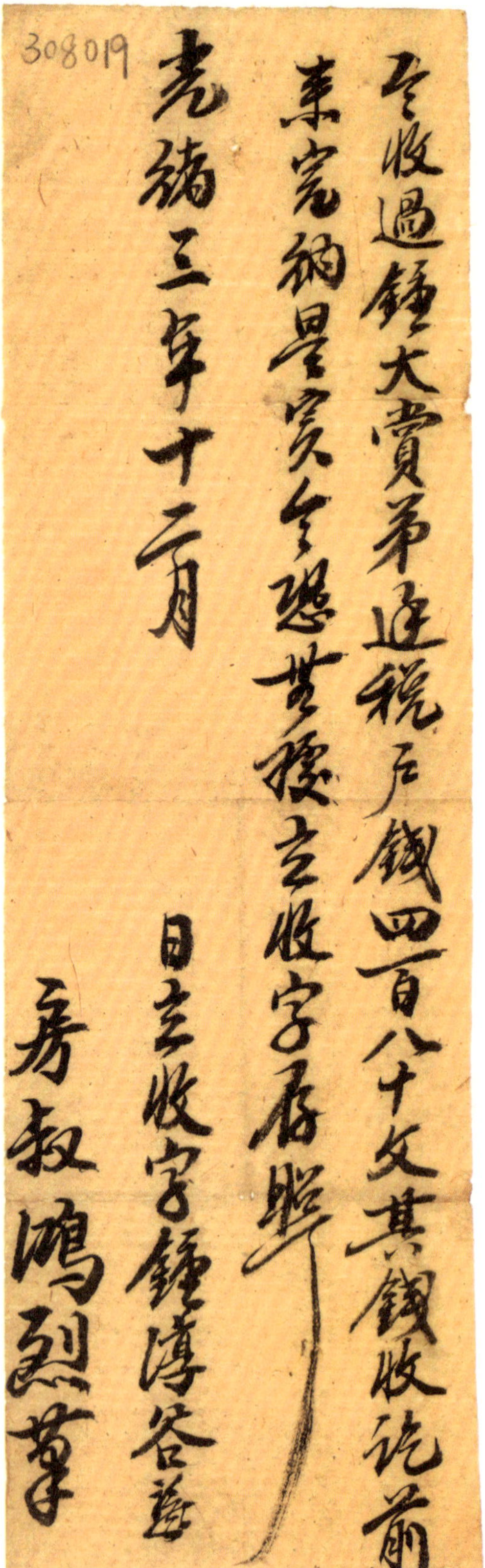

今收過鍾大賞弟邊税户錢四百八十文，其錢收訖，前來完纳是实，今恐無據，立收字存照。

光緒三年十二月　日立收字鍾淳谷（押）

房叔鴻烈（押）

光緒四年蘇學錫立收字

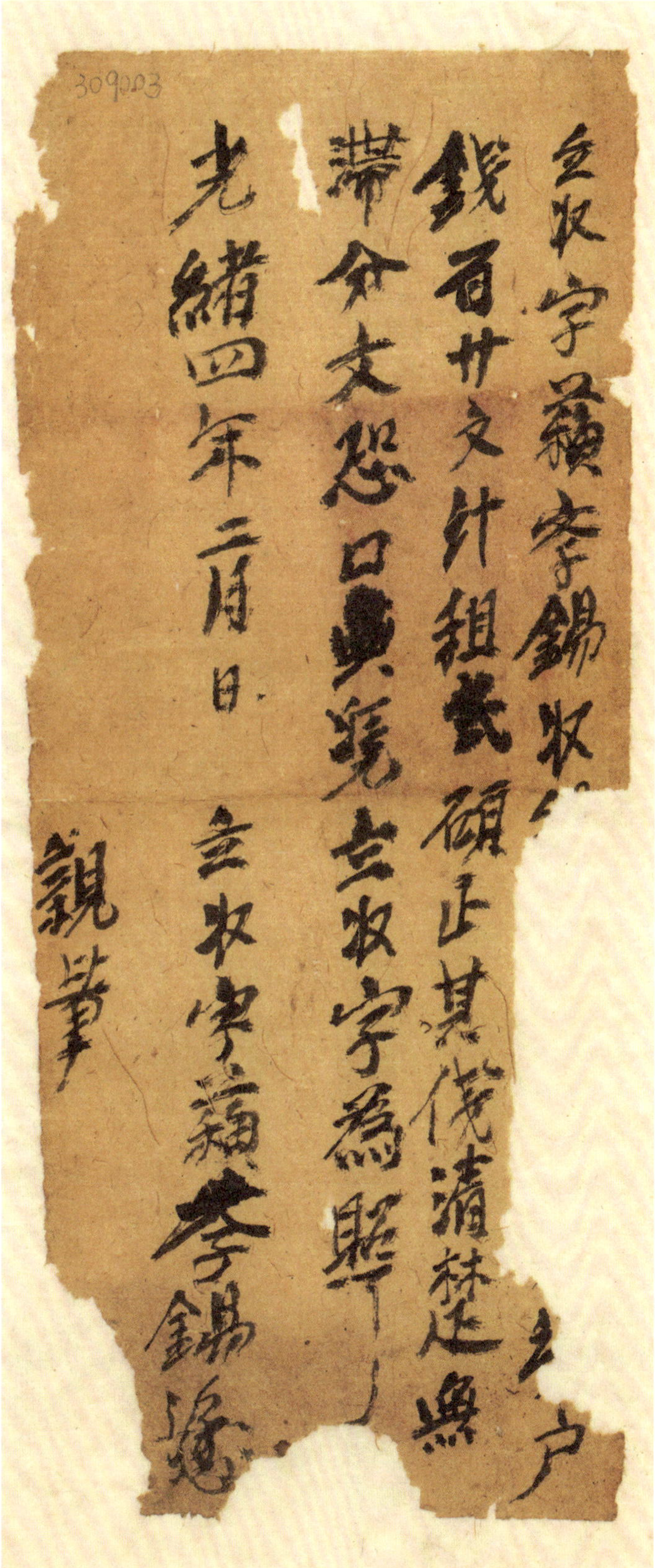

立收字蘇學錫收□□□□□□户
錢百廿文，計租式碩正，其錢清楚，無
滯分文，恐口無憑，立收字爲照。
光緒四年二月　日　立收字蘇學錫（押）
親筆

光緒四年鍾亞金等立賣契

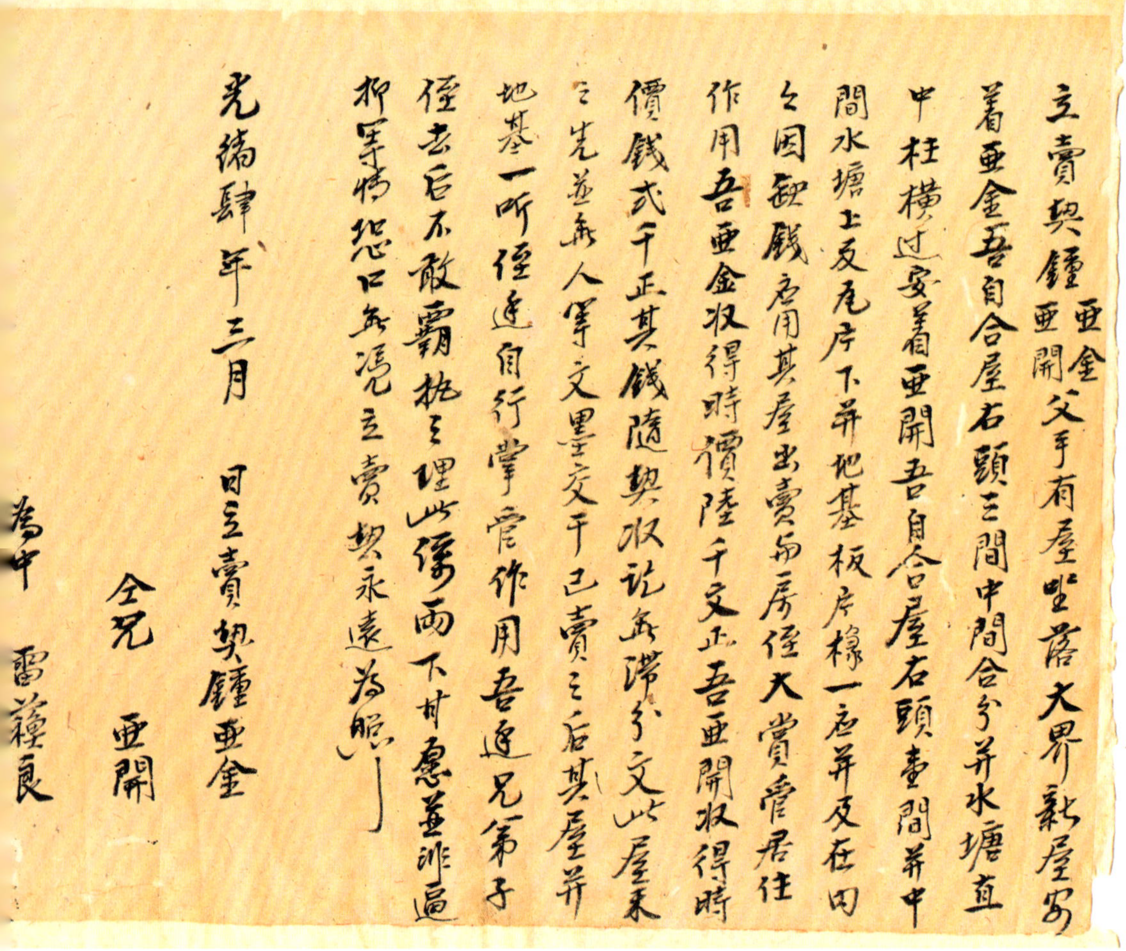

立賣契鍾亞金、亞開，父手有屋坐落大界新屋安着，亞金吾自合屋右頭三間，中間合分，並水塘直中柱横过安着，亞開吾自合屋右頭壹間，並中間水塘，上及瓦片，下並地基、板片、椽一应並及在內，今因缺錢应用，其屋出與房侄大賞管（業）居住作用，吾亞金收得時價陸千文正，吾亞開收得時價錢弍千正，其錢隨契收訖，無滯分文，此屋未（賣）之先，並無人等文墨交干，已賣之后，其屋並地基一听侄邊自行掌管作用，吾邊兄弟子侄去后不敢霸执之理，此係兩下甘愿，並非逼抑等情，恐口無憑，立賣契永遠爲照。

光绪肆年三月　日立賣契鍾亞金

仝兄　亞開

爲中　雷蘇良

依口代筆族兄鴻業（押）

光緒四年鍾廷墨立收字

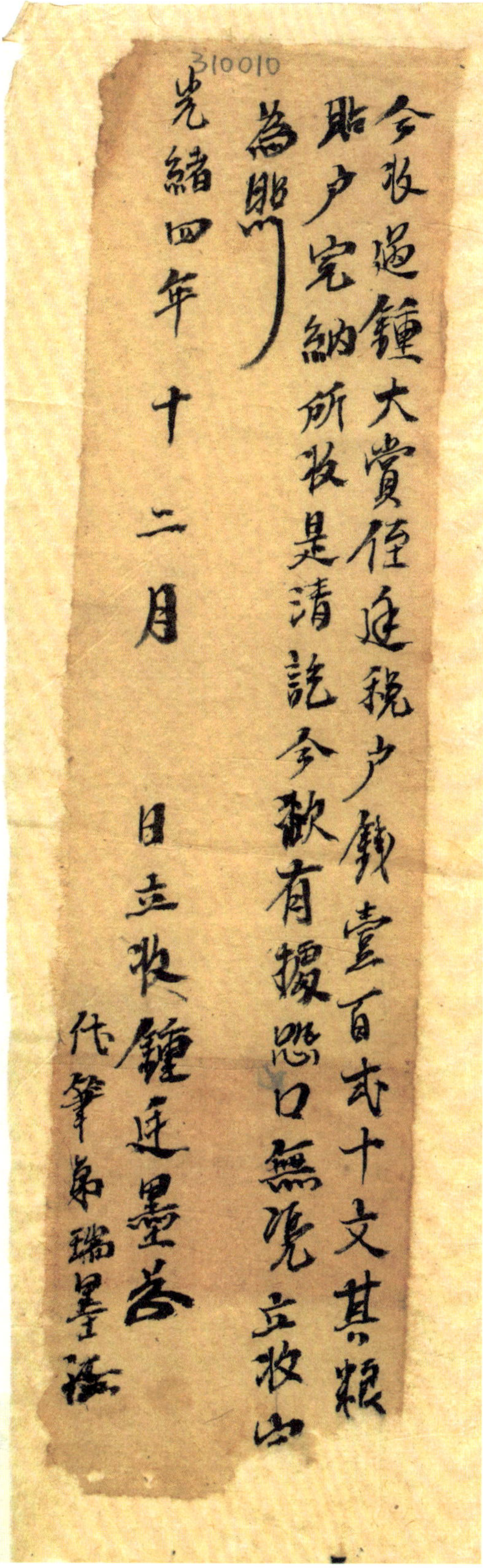

今收過鍾大賞侄邊稅户錢壹百弍十文，其粮□貼户完納，所收是清訖，今欲有據，恐口無憑，立收字爲照。

光緒四年十二月　日立收鍾廷墨（押）

代筆弟瑞墨（押）

光緒四年鍾亞娄立收字

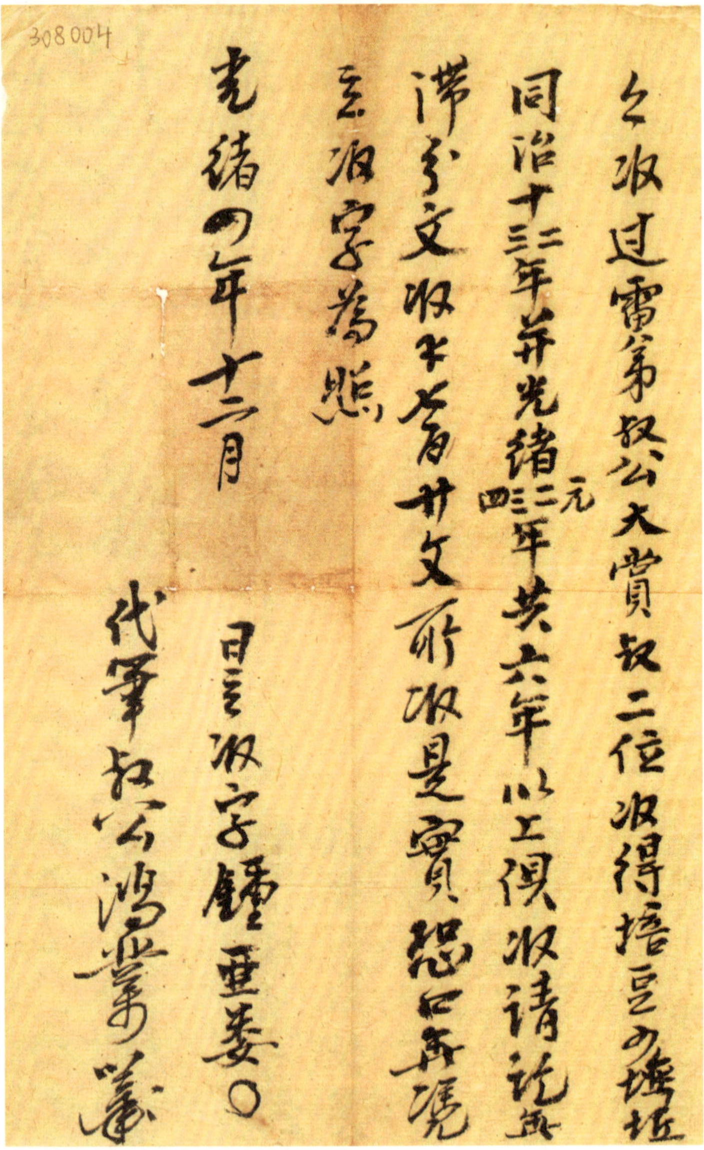

今收过雷弟叔公、大賞叔二位，收得培豆少塆垅

同治十二、(十)三年並光緒元、二、三、四年共六年，以上俱收清訖，無

滞分文，收錢七百廿文，所收是實，恐口無憑，

立收字爲照。

光緒四年十二月　日立收字鍾亞娄(押)

代筆叔公鴻業(押)

光緒四年鍾鴻業立收字

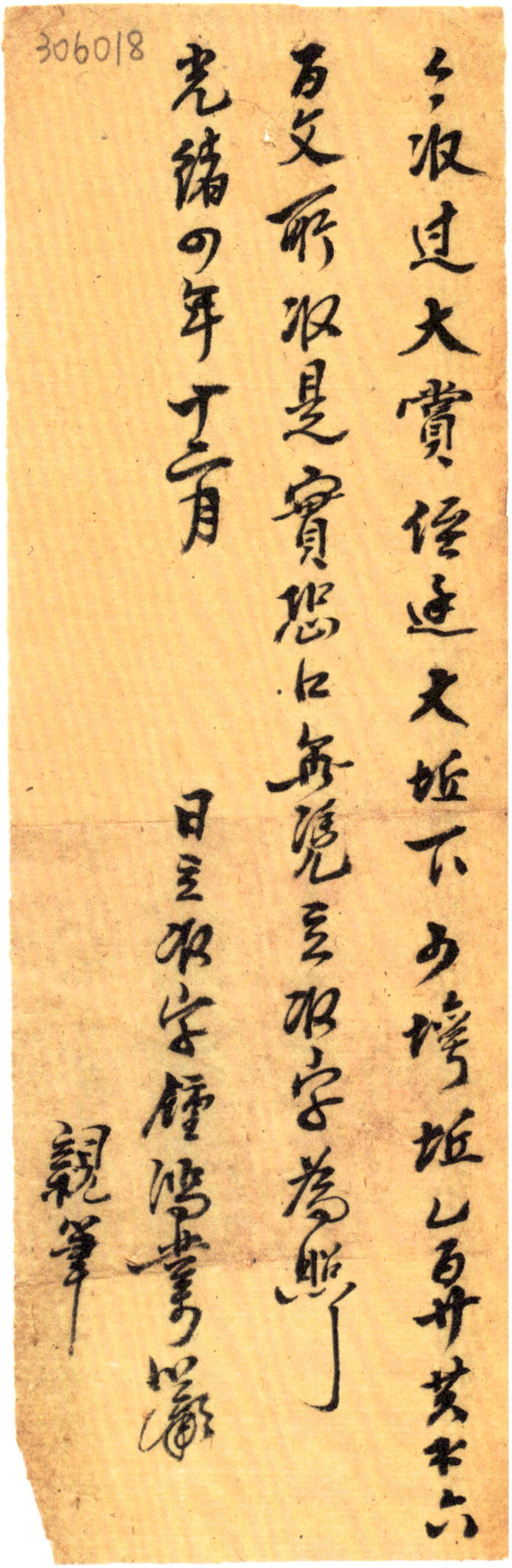

今收过大賞侄邊大坵下、少塆坵一百廿，共錢六百文，所收是實，恐口無憑，立收字爲照。

光緒四年十二月　日立收字鍾鴻業（押）

親筆

光緒五年鍾卓財立加找借字

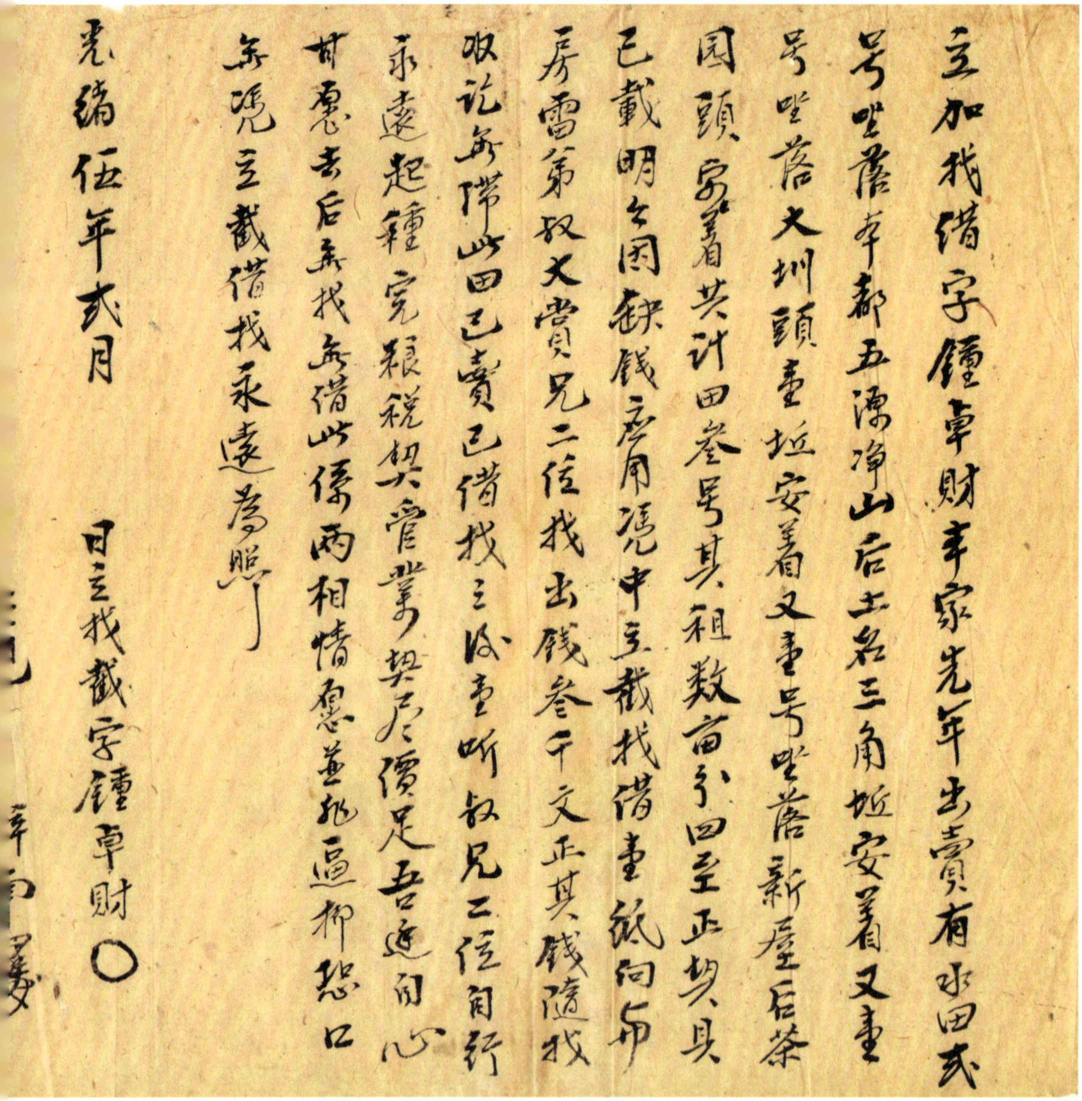

立加找借字鍾卓財，本家先年出賣有水田弍号，坐落本都五源净山后，土名三角垅，安着又壹号，坐落大圳頭壹垅，安着又壹号，坐落新屋后茶园頭，安着共計田叁号，其租數亩分、四至，正契具已載明白。今因缺錢应用，凴中立載找借壹紙，向本房雷弟叔文賞兄二位找出錢叁千文正，其錢随找收訖無滯。此田已賣已借找之後，壹听叔兄二位自行永遠起種，完粮税契管業。契尽價足，吾進自心甘愿，去后無找無借。此係兩相情愿，並无逼抑。恐口無凴，立載借找永遠為照。

光緒伍年弍月　日立找載字鍾卓財（押）

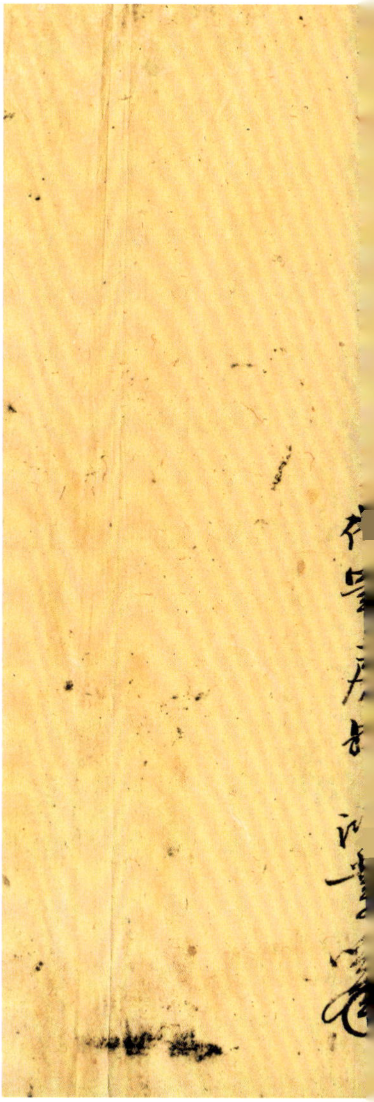

（前頁）>>>>

立加找借字鍾卓財，本家先年出賣有水田弍号，坐落本都五源净山后，土名三角坵安着，又壹号坐落大圳頭壹坵安着，又壹号坐落新屋后茶园頭安着，共计田叁号，其租数、亩分、四至正契具已載明，今因缺錢应用，憑中立截找借壹纸，向與房雷弟叔、大賞兄二位找出錢叁千文正，其錢随找收訖無滯，此田已賣已借找之後，壹听叔兄二位自行永遠起種完粮税契管業，契尽價足，吾邊自心甘愿，去后無找無借，此係兩相情愿，並非逼抑，恐口無憑，立截借找永遠爲照。

光绪伍年弍月　日立找截字鍾卓財（押）

在見　碎南（押）

代筆房叔　鴻業（押）

光緒五年鍾廷墨立收字

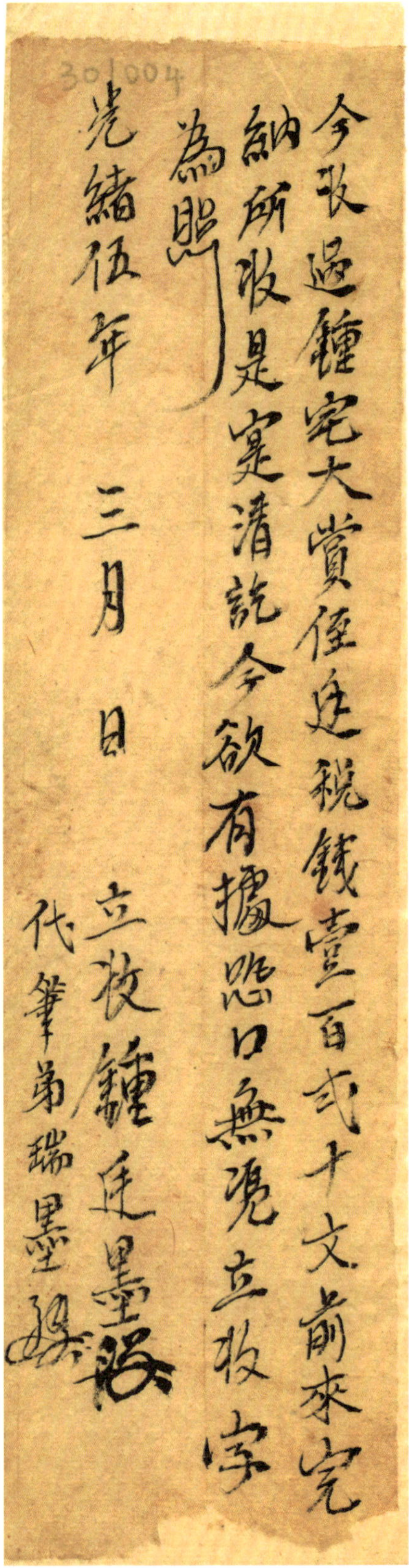
30/004

今收過鍾宅大賞侄廷稅錢壹百弍十文，前來完納，所收是寔清訖，今欲有據，恐口無憑，立收字為照。

光緒伍年　三月　日　立收鍾廷墨（押）

代筆弟瑞墨（押）

今收過鍾宅大賞侄邊稅錢壹百弍十文，前來完納，所收是寔，清訖，今欲有據，恐口無憑，立收字爲照。

光緒伍年　三月　日　立收鍾廷墨（押）

代筆弟瑞墨（押）

光緒五年鍾卓財立重找字

304009

數不具今因缺錢應用又向靈弟叔天賞兄二位找出錢

壹千文其錢即日收訖此田已賣已找又重找已經盡听

叔兄二人永遠為業吾邊兄弟子侄去后無找無贖契

盡價足此係两下甘心情愿並無逼抑等情亦無有擾

立重找字永遠為照

光緒五年十月　日立重找鍾卓財〇

在見兄水財〇

為中兄碎南羅

代筆房叔鴻業筆

（前頁）>>>>

立重找字鍾卓財，本家屋后新田安着，其四至、租数不具，今因缺錢应用，又向雷弟叔、大賞兄二位找出錢壹千文，其錢即日收訖，此田已賣已找，又重找之後，盡听叔兄二人永遠爲業，吾邊兄弟子侄去后無找無贖，契盡價足，此係兩下自心甘愿，並非逼抑等情，今欲有據，立重找字永遠爲照。

光緒五年十月　日立重找鍾卓財（押）

在見兄水財（押）

爲中兄碎南（押）

代筆房叔鴻業（押）

光緒己卯年鍾必允立借字

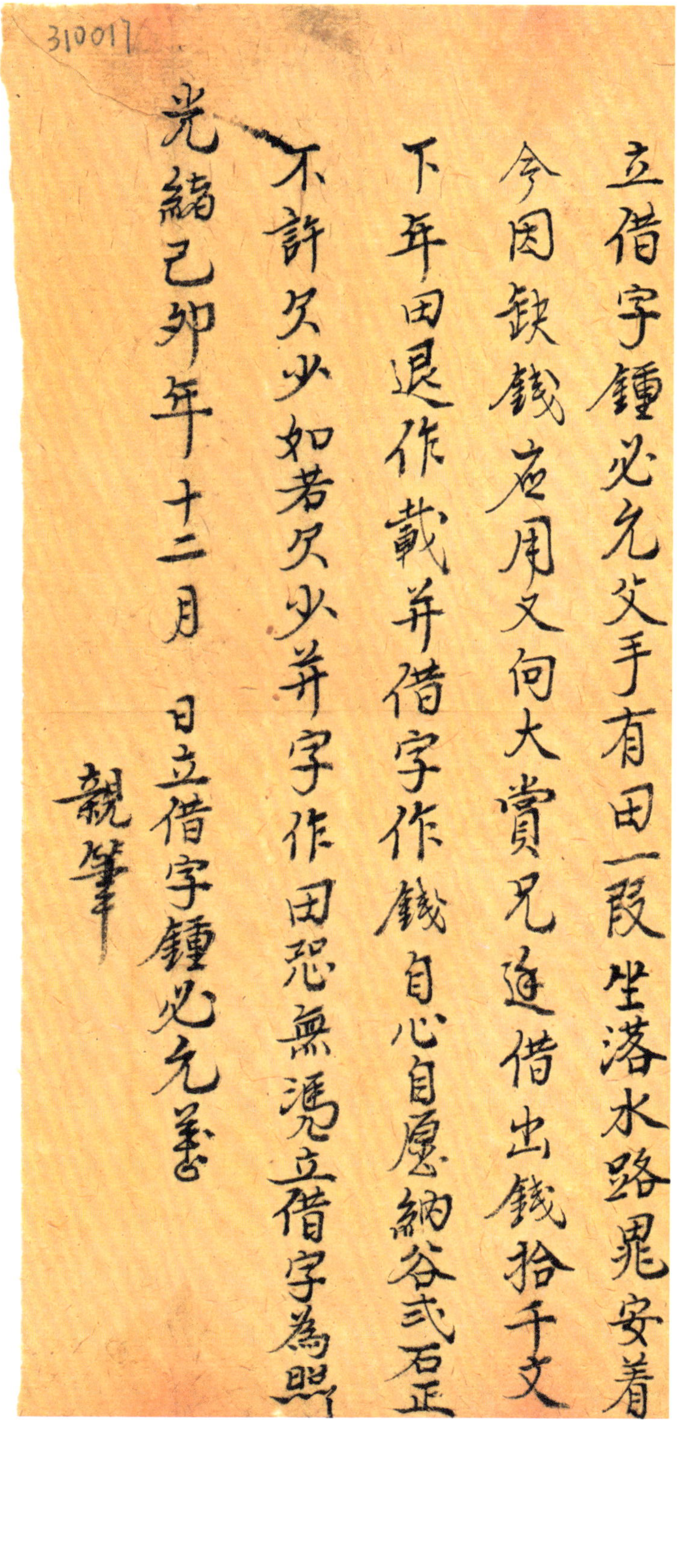
310017
立借字鍾必允父手有田一段坐落水路晃安着
今因缺錢应用又向大賞兄邊借出錢拾千文
下年田退作載并借字作錢自心自愿納谷弍石正
不許欠少如若欠少并字作田恐無憑立借字為照
光緒己卯年十二月　日立借字鍾必允（押）
親筆

立借字鍾必允，父手有田一段，坐落水路晁安着，
今因缺錢应用，又向大賞兄邊借出錢拾千文，
下年田退作載並借字作錢，自心自愿，納谷弍石正，
不許欠少，如若欠少，並字作田，恐無憑，立借字爲照。

光緒己卯年十二月　日立借字鍾必允（押）

親筆

光緒五年鍾鴻業立收字

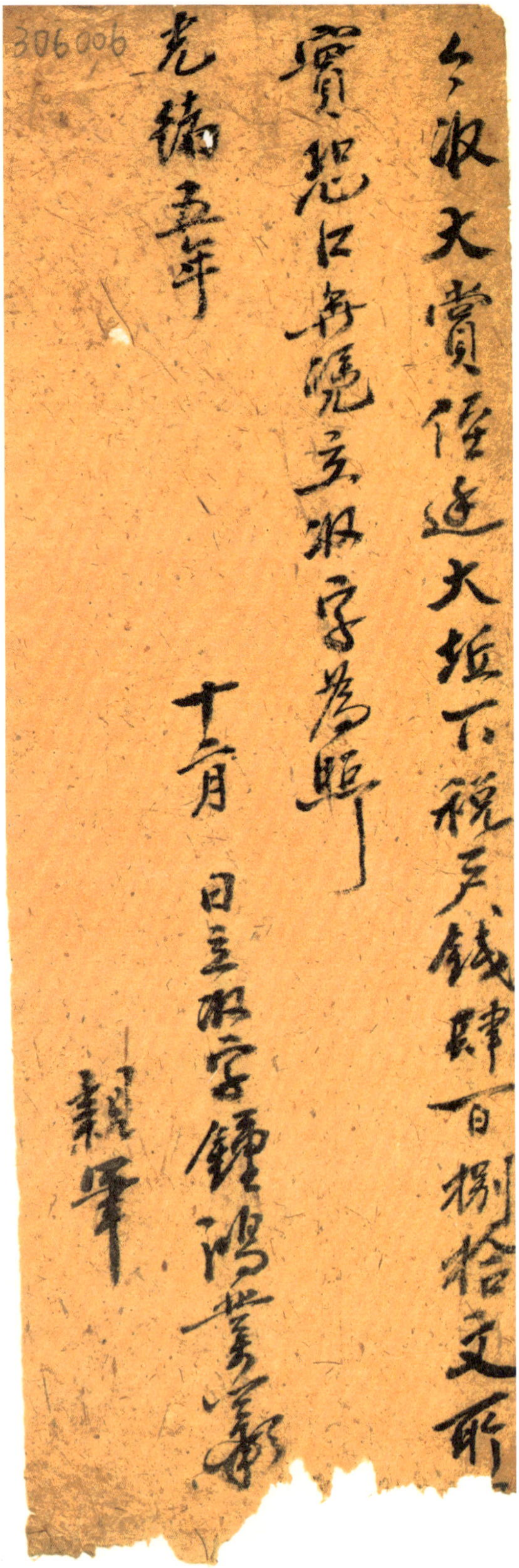

今收大賞侄邊大坵下税户錢肆百捌拾文，所□□

實，恐口無憑，立收字爲照。

光緒五年　十二月　日立收字鍾鴻業（押）

親筆

光緒五年鍾鴻業立收字

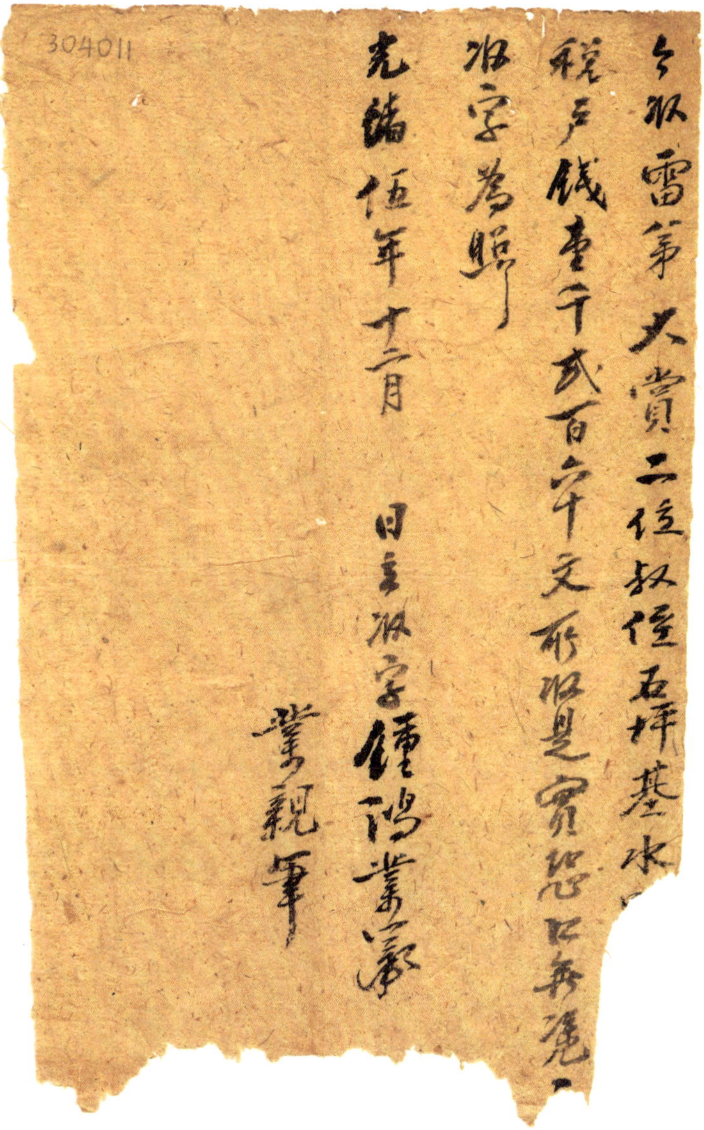

今收雷弟、大賞二位叔侄石坪基、水□□□□

稅户錢壹千弍百六十文，所收是實，恐口無憑，□

收字爲照。

光緒伍年十二月　日立收字鍾鴻業（押）

業親筆

光緒六年邢大德立收字

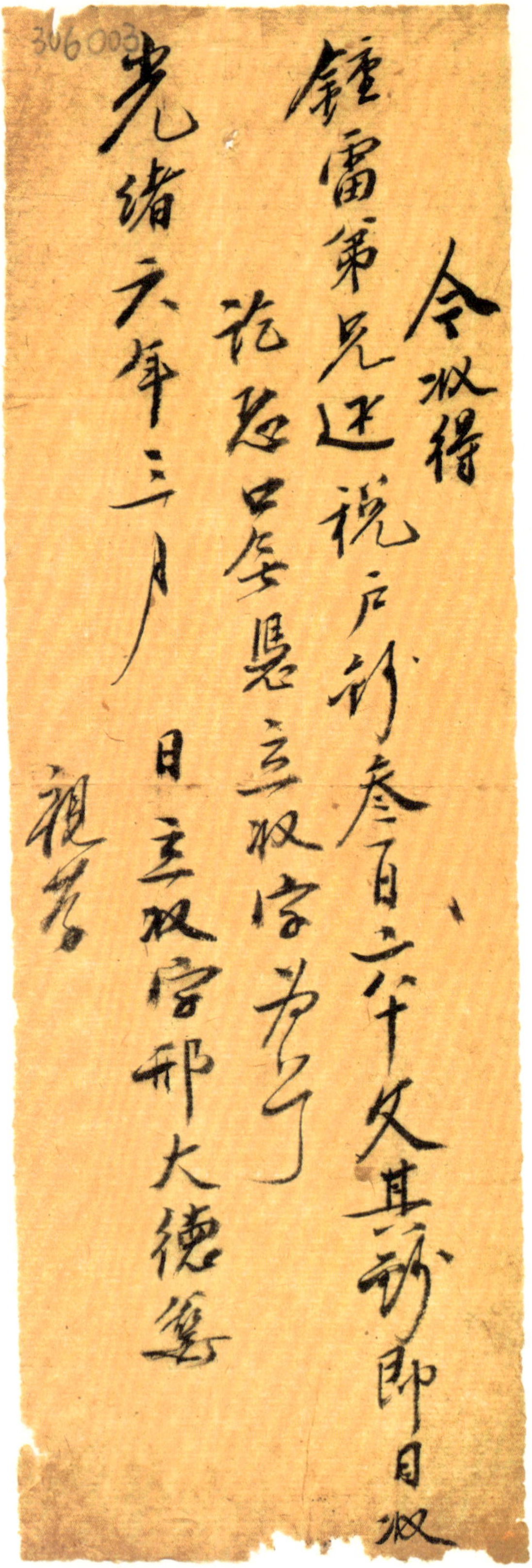

今收得

鍾雷弟兄邊稅户錢叁百六十文，其錢即日收訖，恐口無憑，立收字爲照。

光緒六年三月　日立收字邢大德（押）

親筆

光緒六年鍾瑞墨立收字

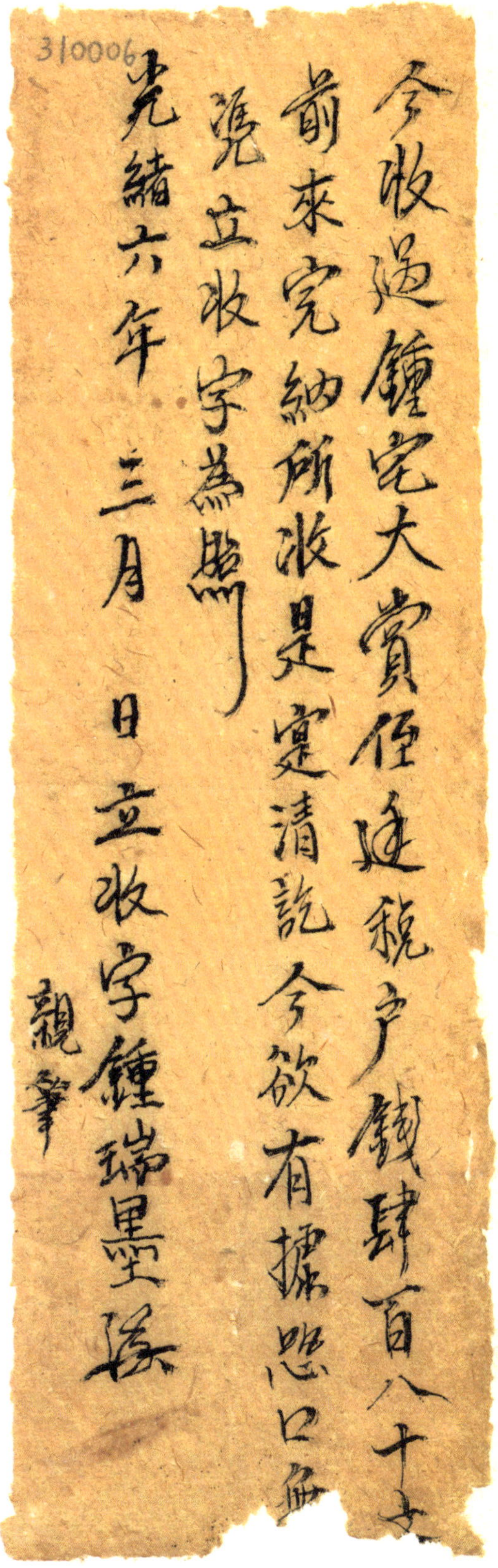
310006
今收過鍾宅大賞侄邊稅户錢肆百八十文
前來完納所收是寔清訖今欲有據恐口無
憑立收字爲照
光緒六年　三月　日　立收字鍾瑞墨
親筆

今收過鍾宅大賞侄邊稅户錢肆百八十文，前來完納，所收是寔，清訖，今欲有據，恐口無憑，立收字爲照。

光緒六年　三月日立收字鍾瑞墨（押）

親筆

光緒六年鍾廷墨立收字

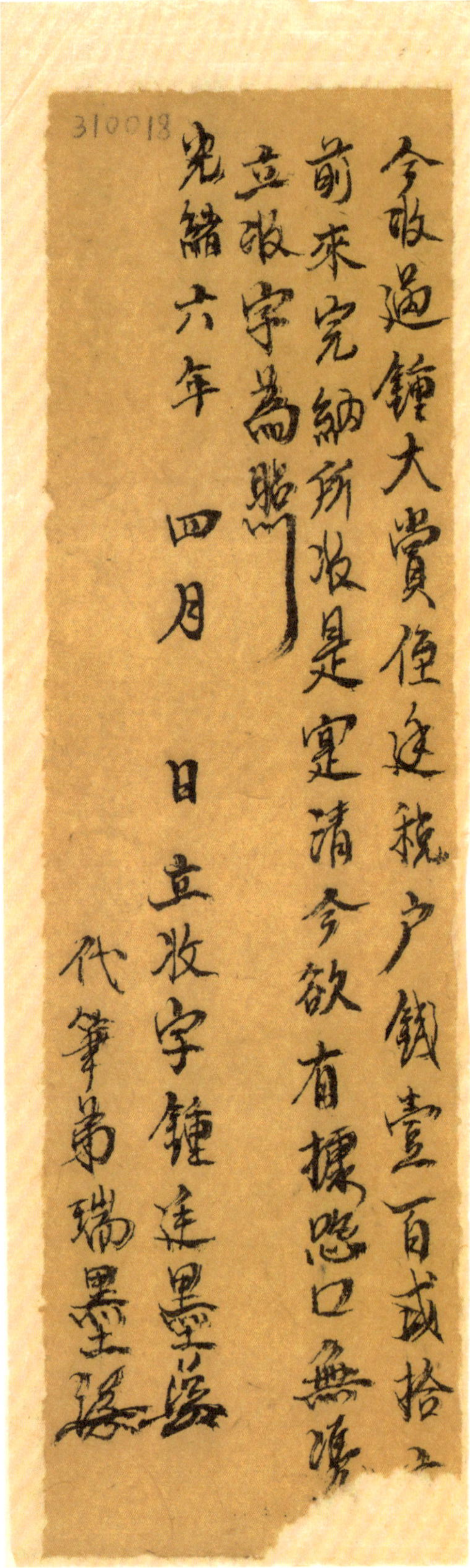

今收過鍾大賞侄邊稅户錢壹百弍拾□（文），前來完納，所收是寔清（訖），今欲有據，恐口無憑，立收字爲照。

光緒六年　四月　日　立收字鍾廷墨（押）

代筆弟瑞墨（押）

光緒六年鍾秉彝立收字

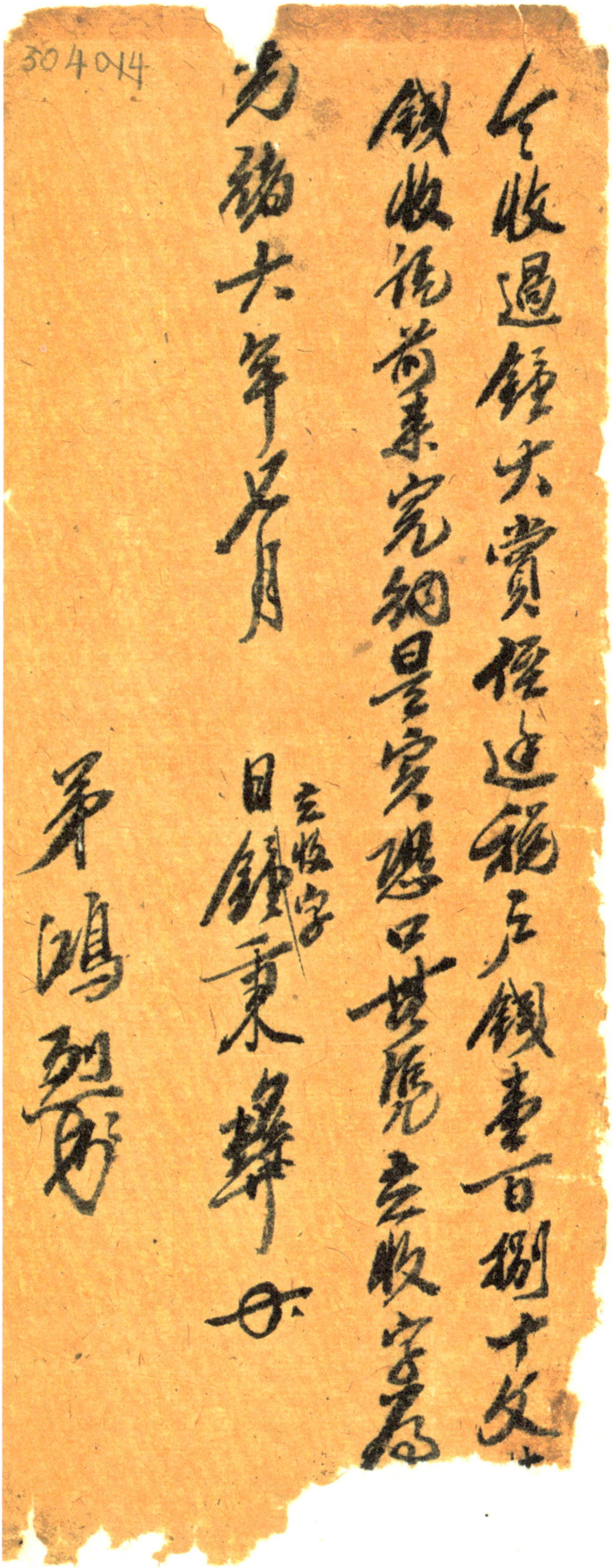

今收過鍾大賞侄邊税户錢壹百捌十文，□
錢收訖，前來完纳是实，恐口無憑，立收字爲□。

光緒六年七月　日立收字鍾秉彝（押）

弟鴻烈（押）

光緒六年鍾鴻業立收字

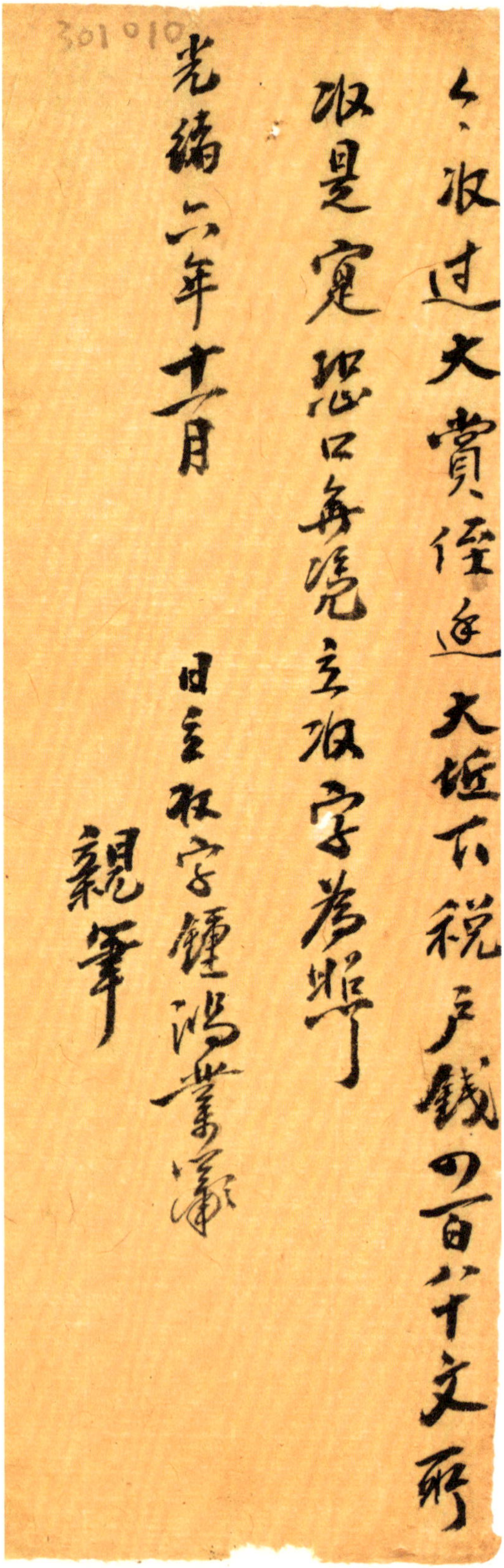

今收过大賞侄邊大坵下税户錢四百八十文，所收是寔，恐口無憑，立收字爲照。

光緒六年十一月　日立收字鍾鴻業（押）

親筆

光緒六年鍾鴻業立收字

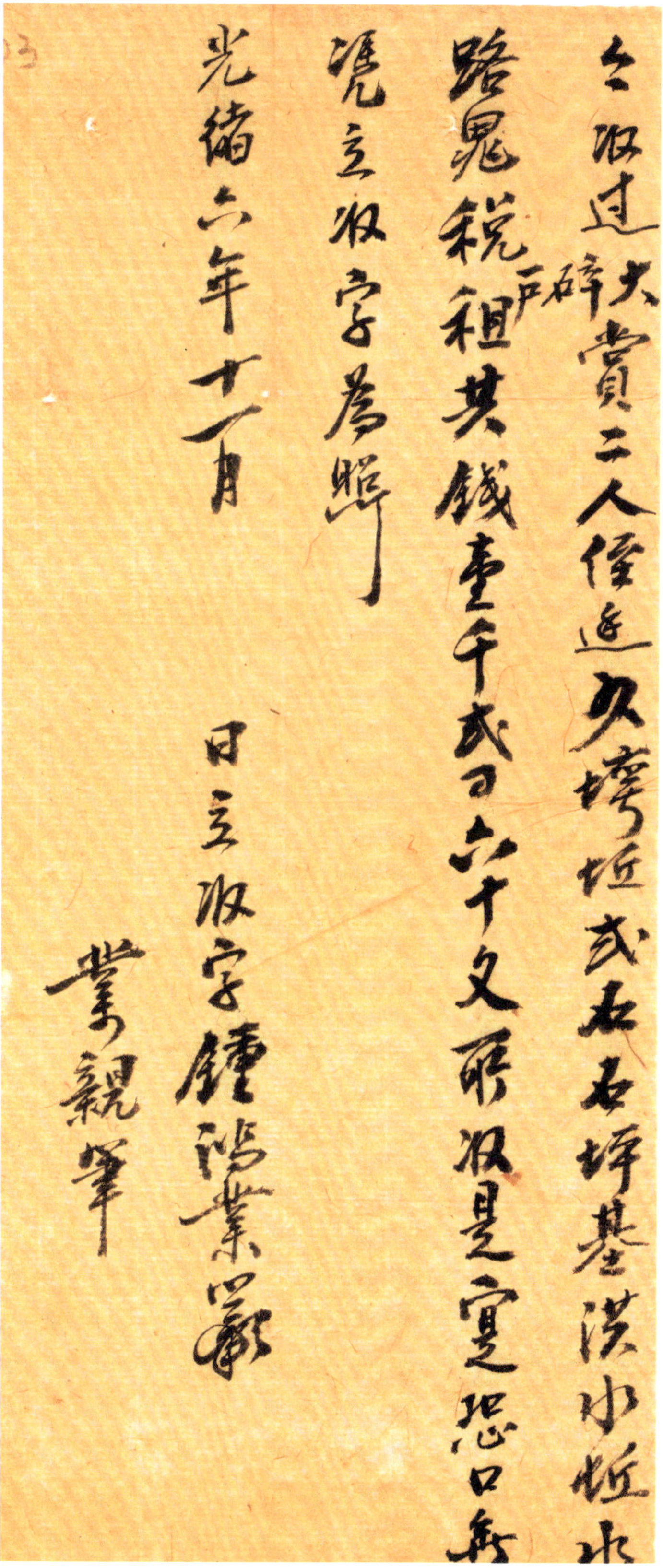

今收过大賞、碎（賞）二人侄邊少塆坵弍石，石坪基、洪水坵、水路晃税户租，共錢壹千弍百六十文，所收是寔，恐口無憑，立收字爲照。

光緒六年十一月　日立收字鍾鴻業（押）

業親筆

光緒七年鍾廷墨立收字

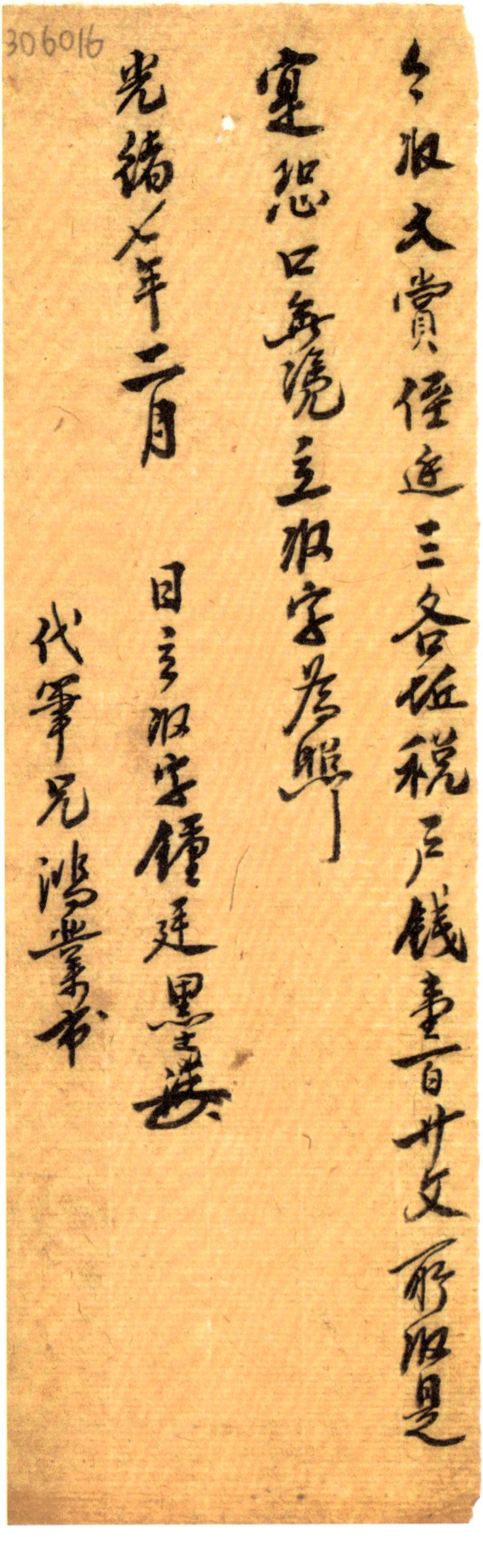

今收大賞侄邊三各坵税户錢壹百廿文，所收是寔，恐口無憑，立收字爲照。

光緒七年二月　日立收字鍾廷墨（押）

代筆　兄鴻業（押）

光緒七年鍾瑞墨立收字

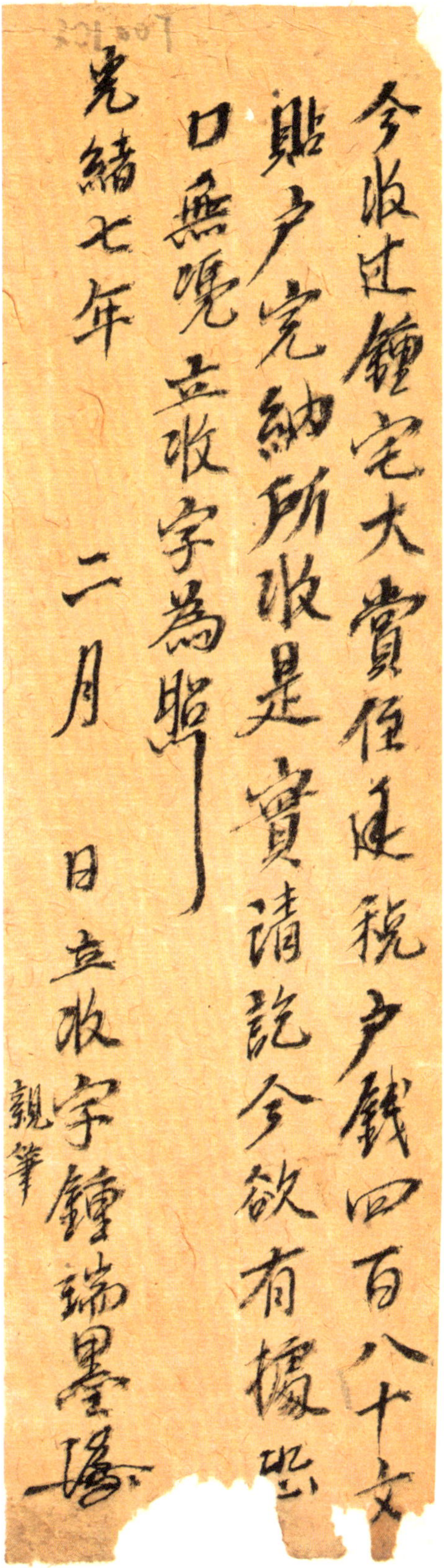

今收过鍾宅大賞佺邊稅户錢四百八十文，貼户完納，所收是實，清訖，今欲有據，恐口無憑，立收字爲照。

光緒七年　二月　日　立收字鍾瑞墨（押）

親筆

光緒七年邢大德立收字

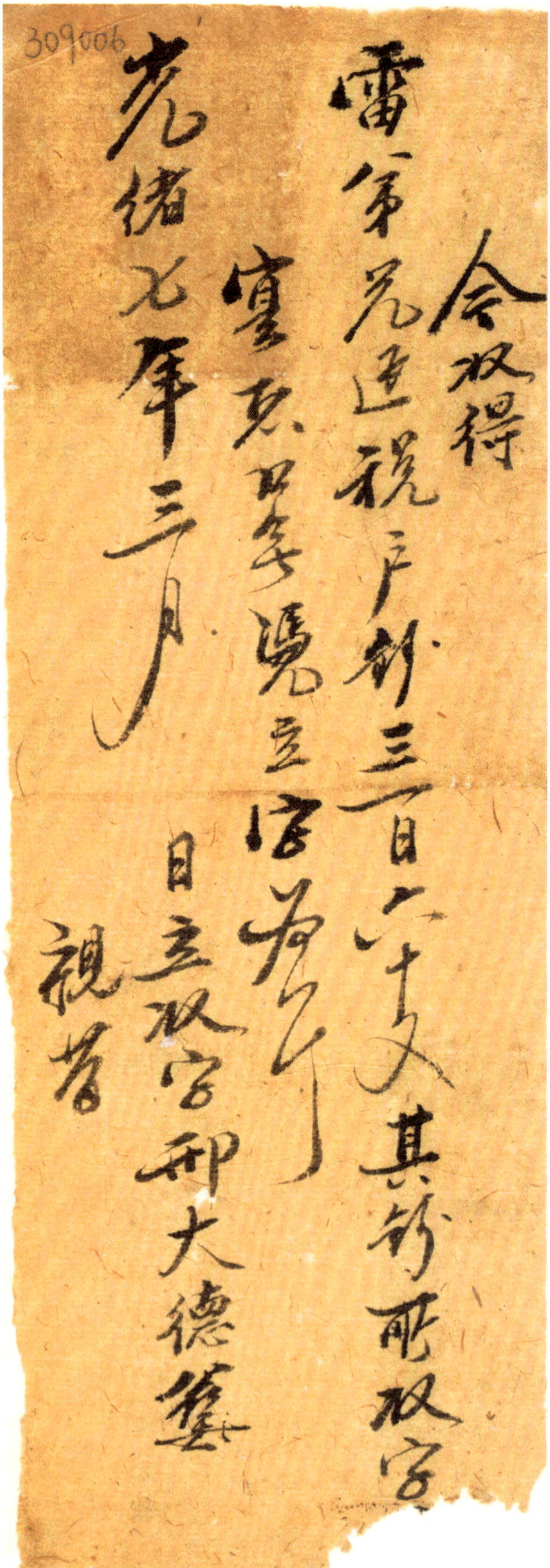

今收得

雷弟兄邊税户錢三百六十文，其錢所收字□

寔，恐口無憑，立字爲照。

光緒七年三月　日立收字邢大德（押）

親筆

光緒七年鍾鴻業立收字

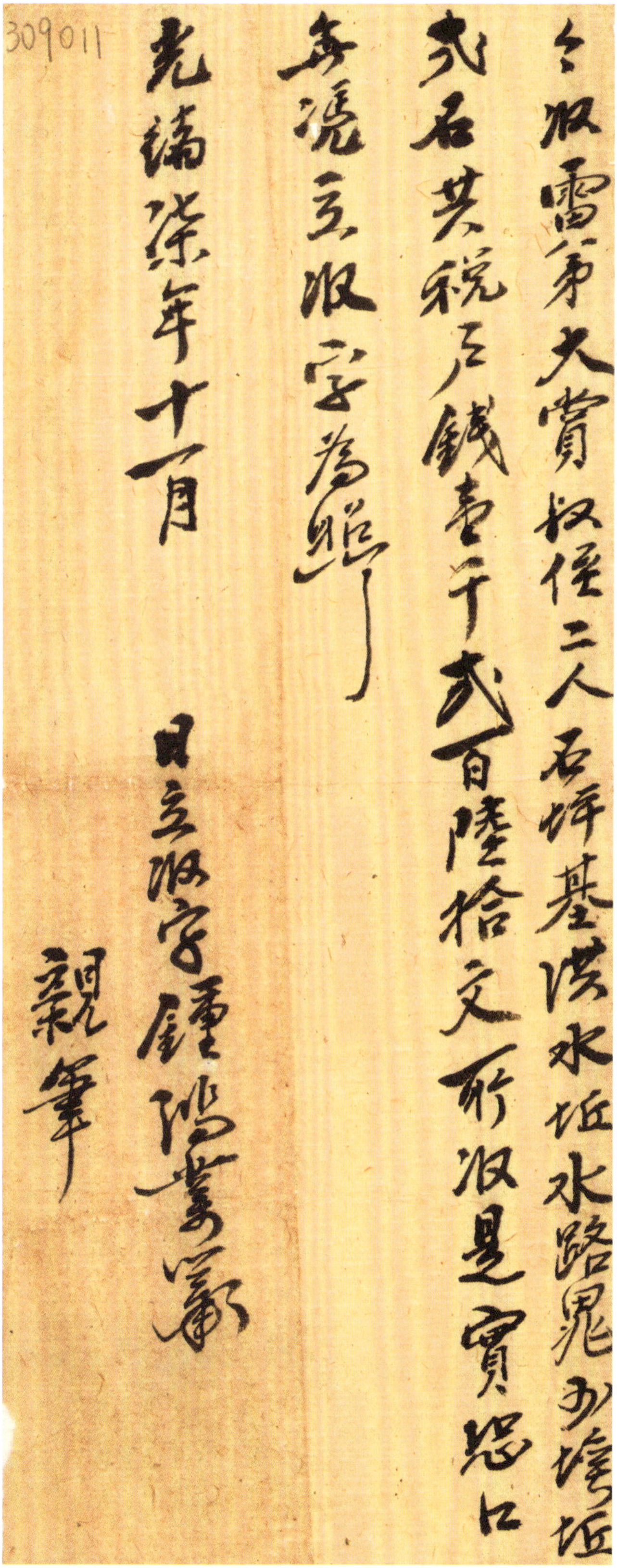

今收雷弟、大賞叔侄二人石坪基、洪水坵、水路毘、少塆坵弍石，共税户錢壹千弍百陸拾文，所收是實，恐口無憑，立收字爲照。

光緒柒年十一月　日立收字鍾鴻業（押）

親筆

光緒七年鍾亞谷立收字

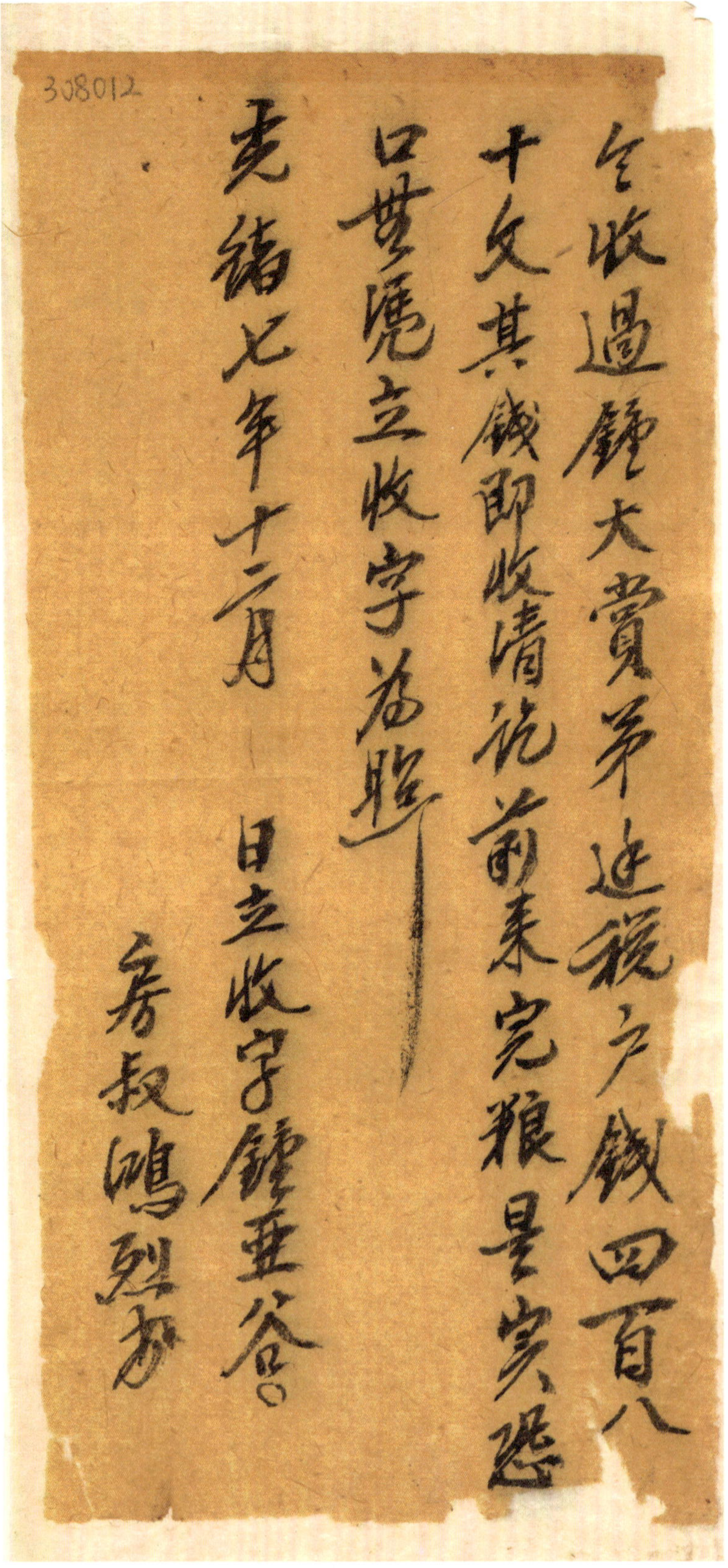

今收過鍾大賞弟邊稅户錢四百八十文，其錢即收清訖，前來完粮是实，恐口無憑，立收字爲照。

光緒七年十二月　日立收字鍾亞谷（押）

房叔鴻烈（押）

光緒七年鍾鴻業立收字

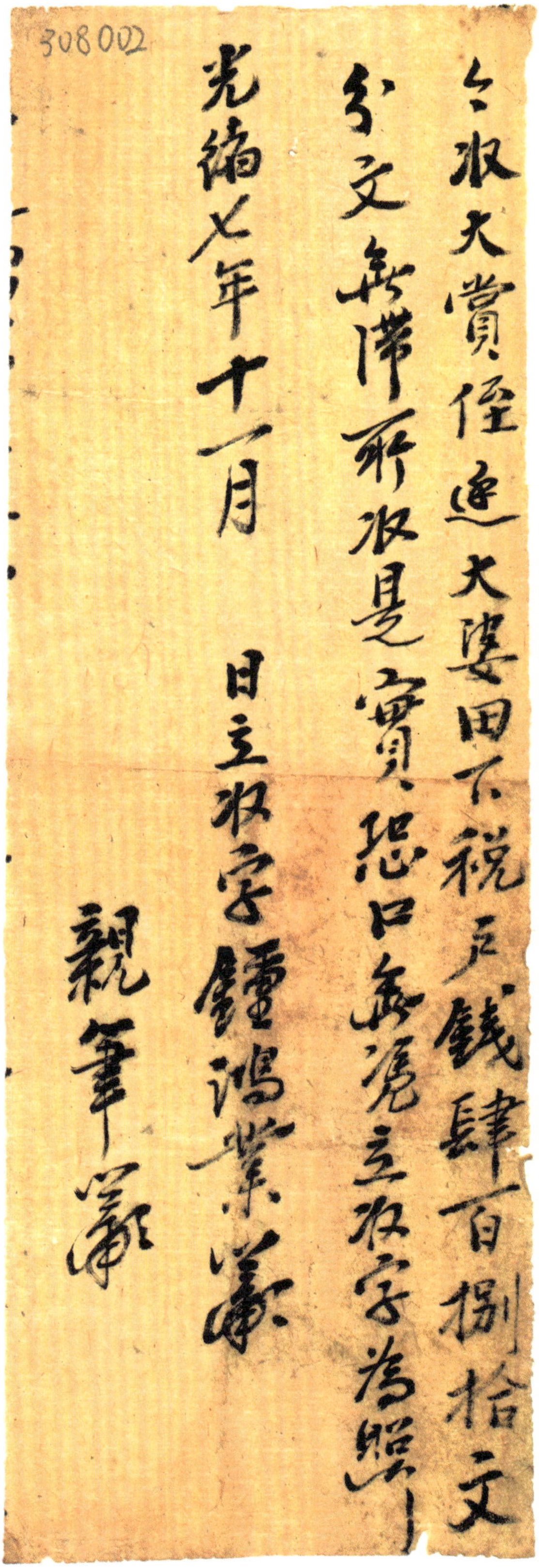

今收大賞侄邊大婆田下税户錢肆百捌拾文，分文無滯，所收是實，恐口無憑，立收字爲照。

光緒七年十一月　日立收字鍾鴻業（押）

親筆（押）

光緒八年鍾瑞墨立收字

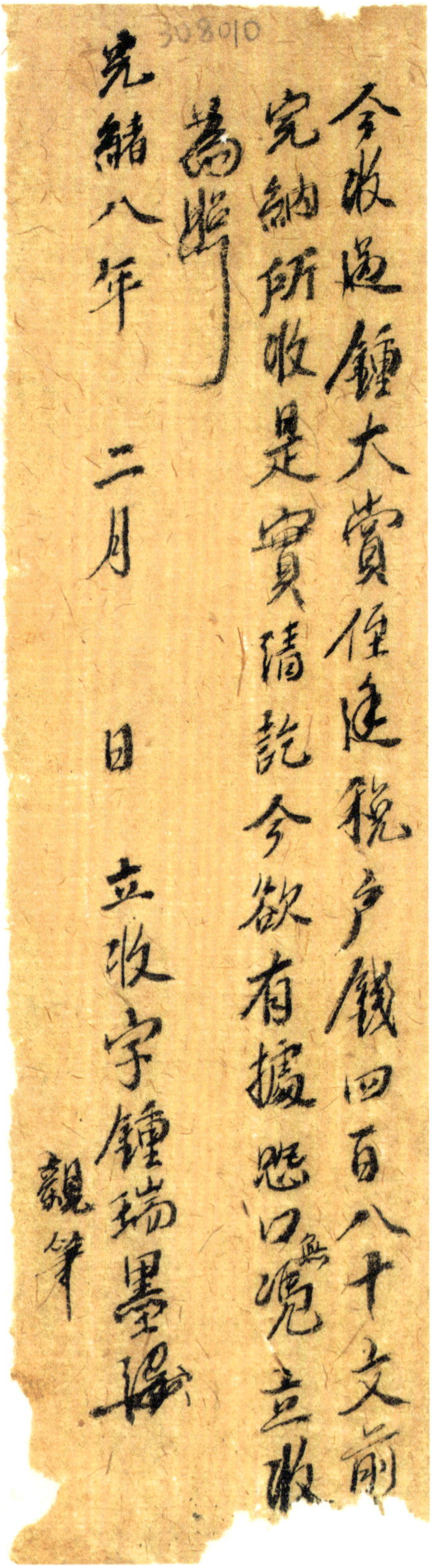

今收過鍾大賞侄邊税户錢四百八十文，前□
完納，所收是實，清訖，今欲有據，恐口無憑，立收（字）
爲照。

光緒八年　二月　日　立收字鍾瑞墨（押）
親筆

光緒八年鍾廷墨立收字

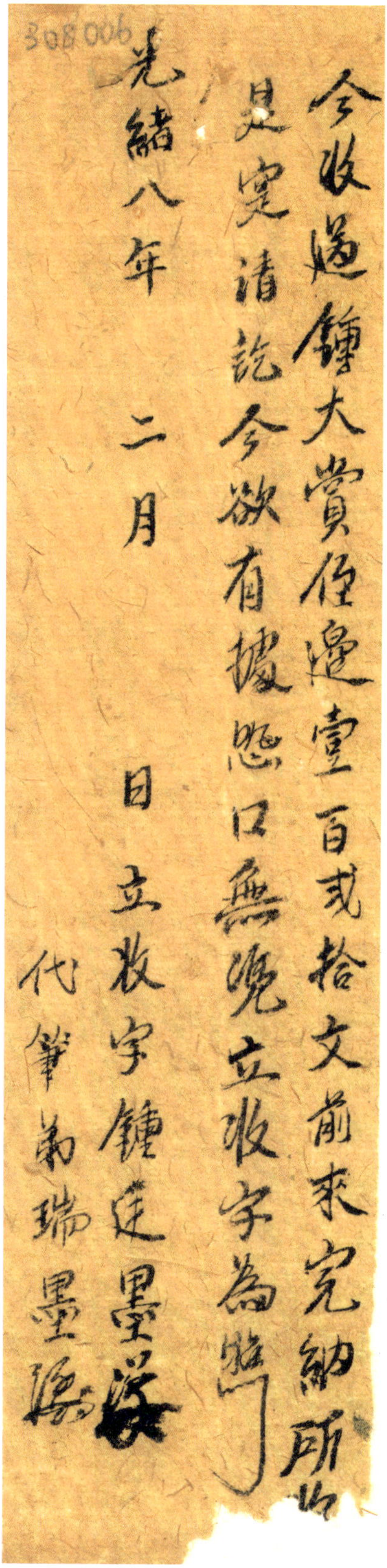

308006

今收過鍾大賞侄邊壹百弍拾文前來完納所收
是寔清訖今欲有據恐口無憑立收字為照
光緒八年　二月　日　立收字鍾廷墨（押）
代筆弟瑞墨（押）

今收過鍾大賞侄邊壹百弍拾文，前來完納，所收是寔，清訖，今欲有據，恐口無憑，立收字爲照。

光緒八年　二月　日　立收字鍾廷墨（押）

代筆弟瑞墨（押）

光緒八年鍾裕後立退佃

立退佃鍾裕後自手承分有水田壹号坐
落本都五源塘頭土名井頭龍安著其田
祖數畝分界至正契俱已載明不必重書今
因缺錢應用情愿立出退佃乙帋凭中又向
与趙宅叔边退出時價錢拾伍千文
其錢即收清訖無滯分文此田既退之後
壹听趙边自行起佃耕種賠稅完粮管業
本家兄弟子侄不得异言之理如有此色
自能支當不涉錢主之事去后不論年長
月久如亦原價取贖趙边不得執留此出兩
相甘愿並無逼抑等情恐口無凭立退佃為
照
外并柏樹一支出賣錢五百文并存

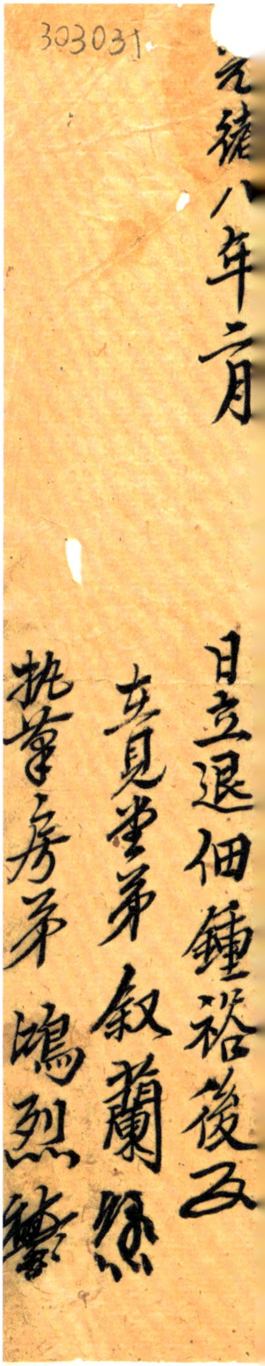

（前頁）>>>>>

立退佃鍾裕後，自手承分有水田壹号，坐落本都五源培頭，土名井頭壟安着，其田祖［租］数、亩分、界至正契俱已載明，不必重書，今因缺錢应用，情愿立出退佃一紙，憑中又向與趙宅□□叔邊退出時價錢拾伍千文，其錢即收清訖，無滯分文，此田既退之後，壹听趙邊自行起佃耕種，貼税完粮管業，本家兄弟子侄不得异言之理，如有此色，自能支當，不涉錢主之事，去后不論年長月久，如办原價取贖，趙邊不得执留，此出兩相甘愿，並無逼抑等情，恐口無憑，立退佃爲照。外並柏樹一支，出價錢五百文，再照。

光緒八年二月　日立退佃鍾裕後（押）

在見堂弟　叙蘭（押）

執筆房弟　鴻烈（押）

光緒八年鍾亞樓立收字

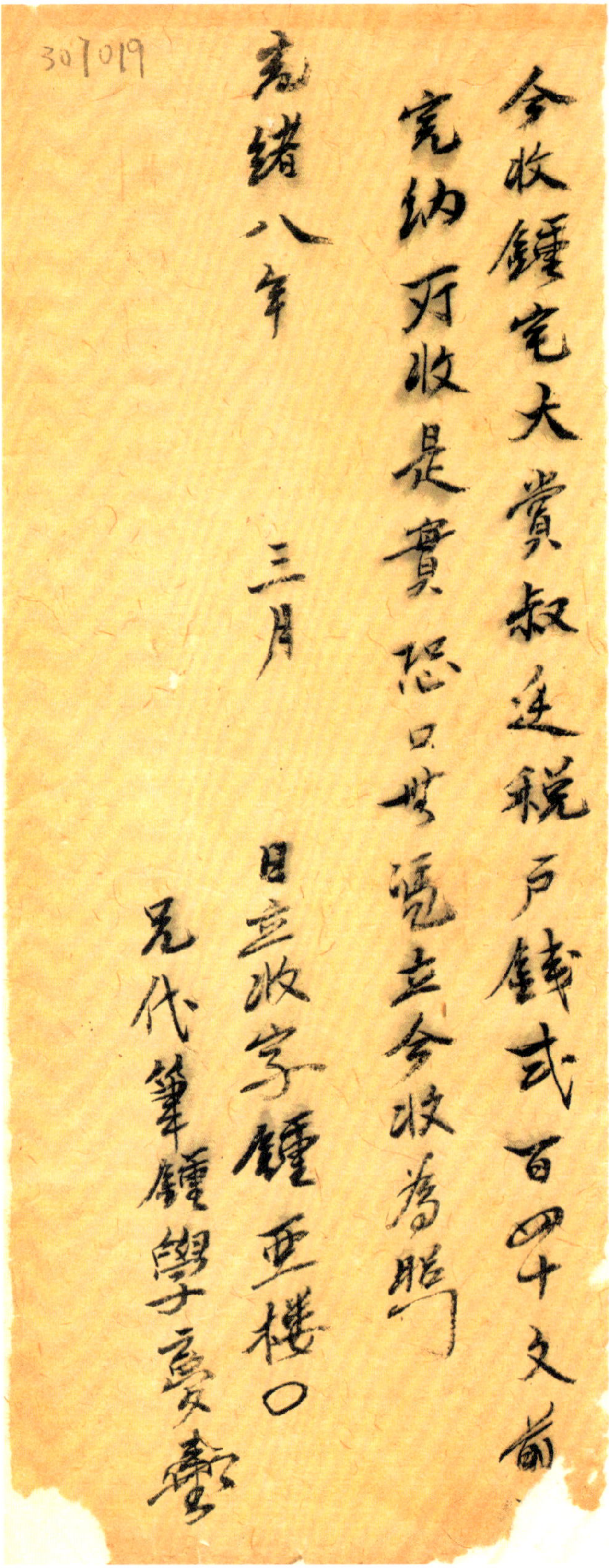

今收鍾宅大賞叔邊稅户錢弍百四十文，前□完纳，所收是實，恐口無憑，立今收爲照。

光緒八年　三月　日立收字鍾亞楼（押）

兄代筆鍾學□（押）

光緒八年鍾鴻業立收字

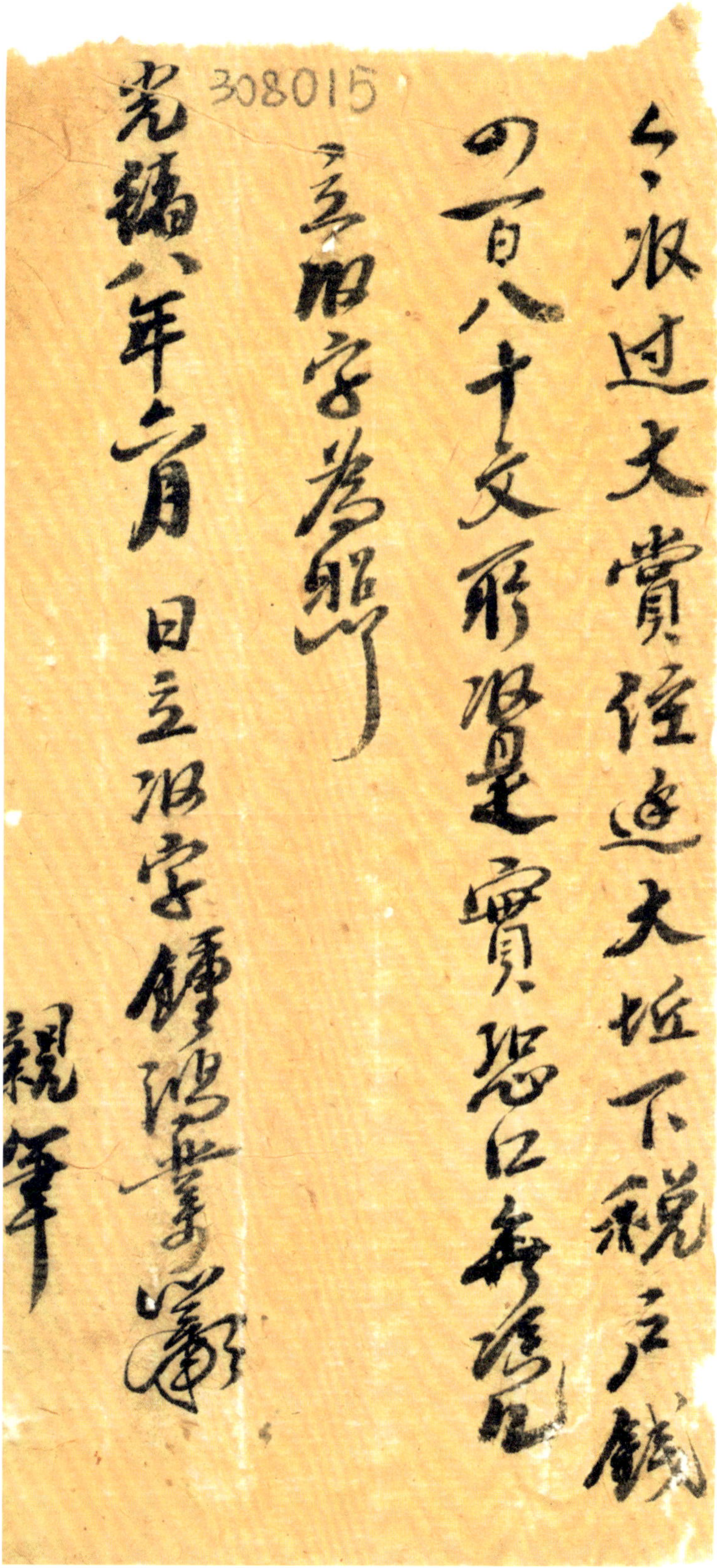

今收过大賞侄邊大垢下税户錢
四百八十文，所收是實，恐口無憑，
立收字爲照。

光緒八年六月　日立收字鍾鴻業（押）

親筆

光緒八年鍾淳谷立收字

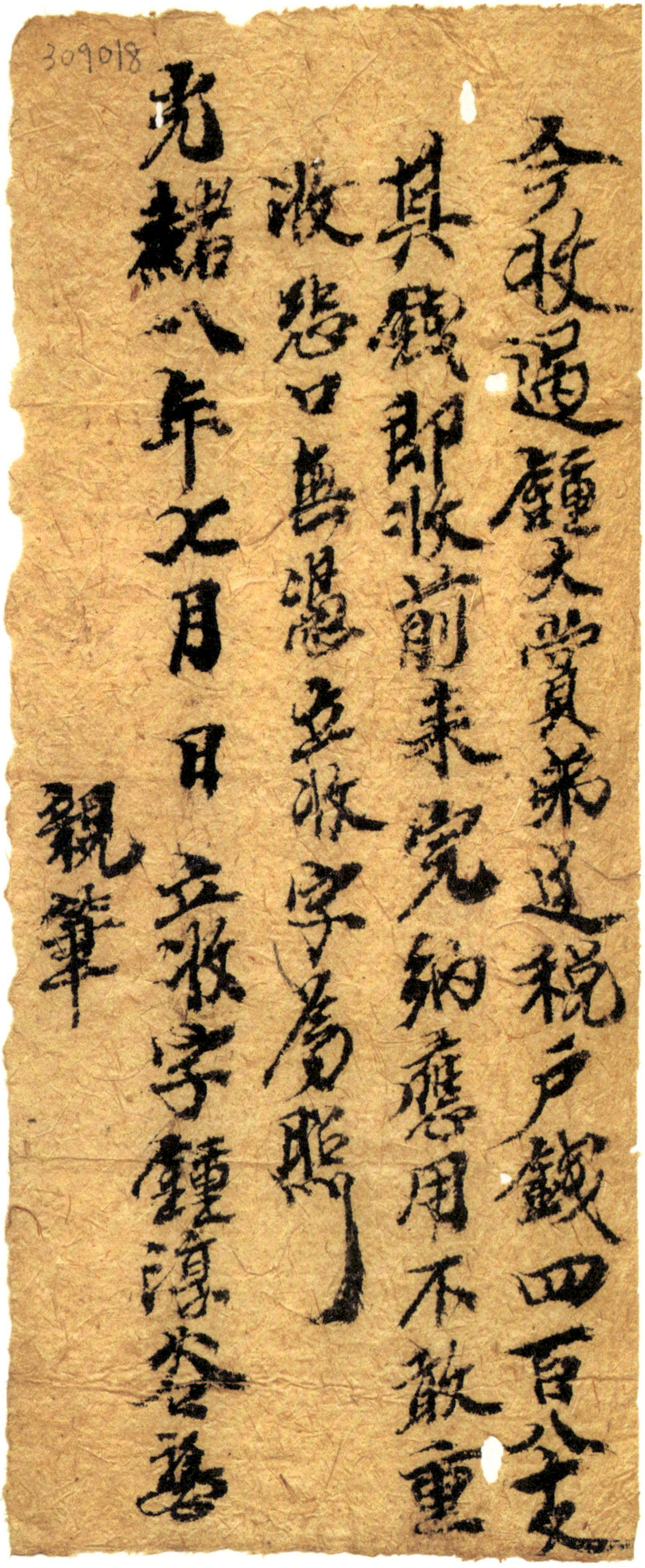

今收過鍾大賞弟邊税户錢四百八十文，其錢即收前來完纳應用，不敢重收，恐口無憑，立收字爲照。

光緒八年七月　日　立收字鍾淳谷（押）

親筆

光緒八年鍾裕後立找契

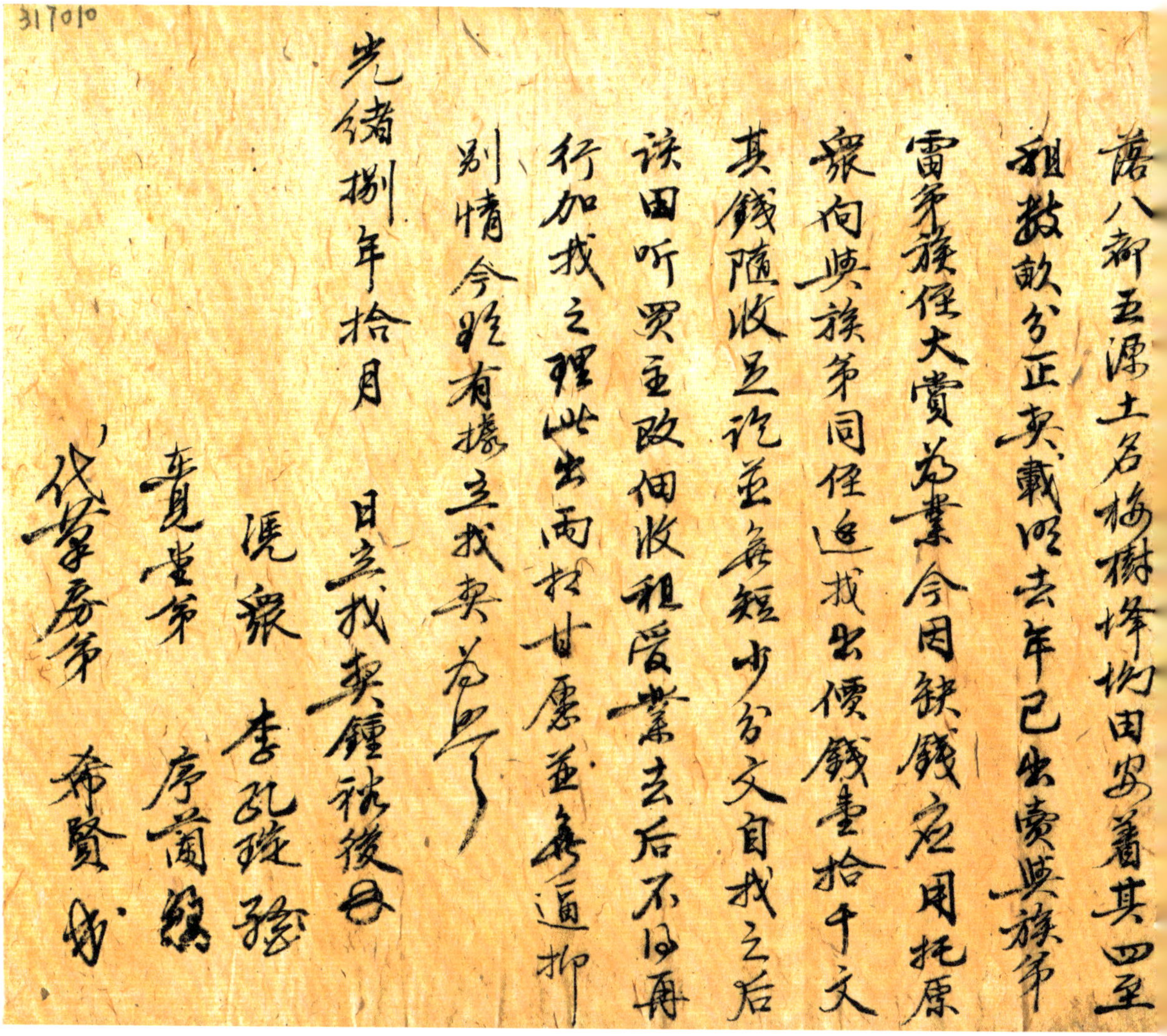

立找契鍾裕後，本家承分有水田壹號，坐落八都五源，土名梅樹埄坳田安着，其四至、租数、畝分正契載明，去年已出賣與族弟雷弟、族侄大賞爲業，今因缺錢应用，托原衆向與族弟同侄邊找出價錢壹拾千文，其錢隨收足訖，並無短少分文，自找之后，该田听買主改佃收租管業，去后不得再行加找之理，此出兩相甘愿，並無逼抑別情，今欲有據，立找契爲照。

光緒捌年拾月　日立找契鍾裕後（押）

憑衆　李孔琁（押）

在見堂弟　序蘭（押）

代筆房弟　希賢（押）

光緒八年鍾瑞蘭立收字

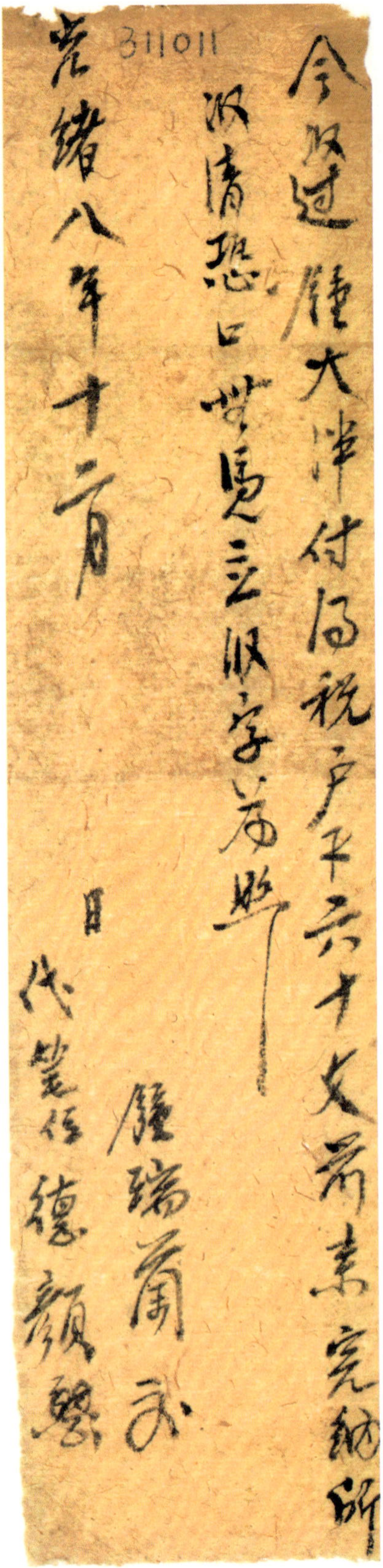

今收过鍾大泮付得税户錢六十文，前來完纳，所
收清，恐口無憑，立收字爲照。

光緒八年十二月　日

鍾瑞蘭（押）

代笔侄德顔（押）

光緒九年鍾鴻業立收字

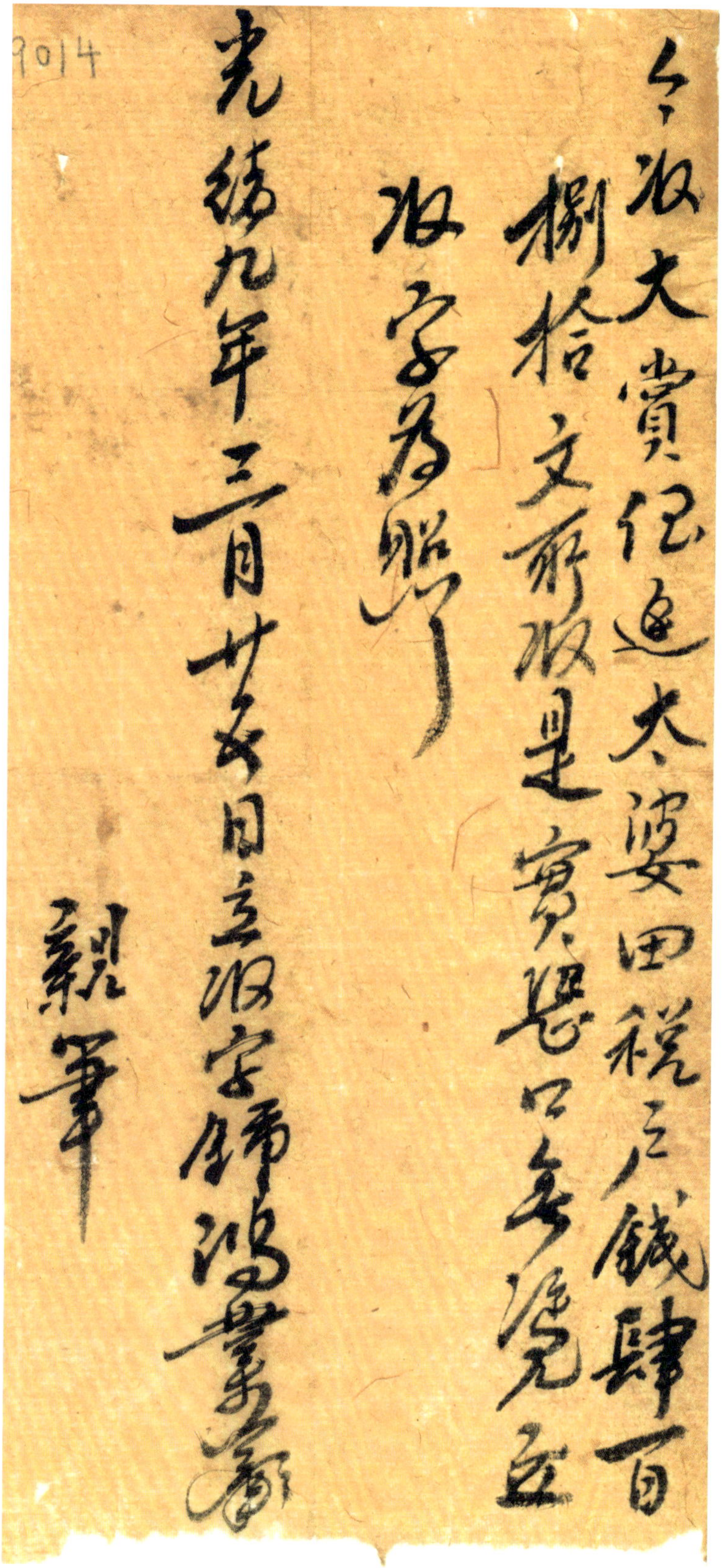

今收大賞侄邊太婆田税户錢肆百
捌拾文，所收是實，恐口無憑，立
收字爲照。

光緒九年三月廿五日立收字鍾鴻業（押）
親筆

光緒九年邢大德立收字

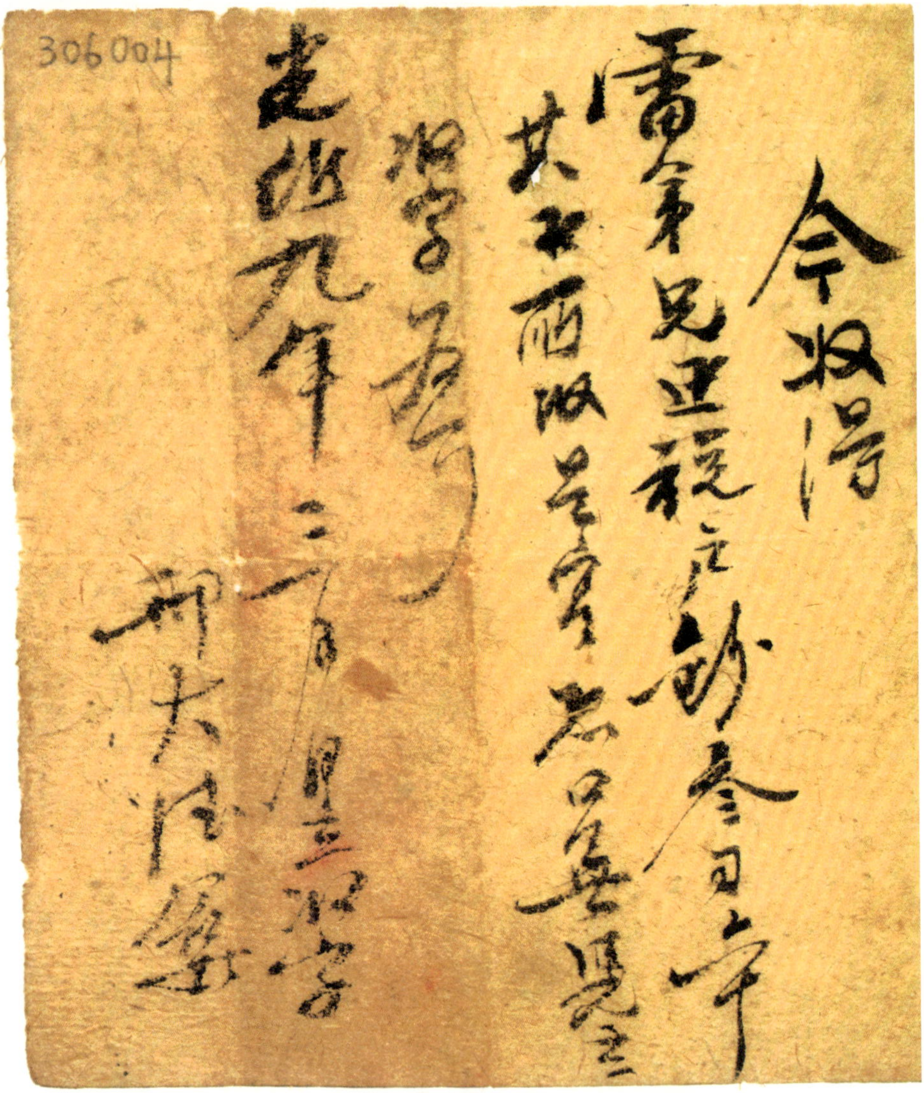

今收得

雷弟兄邊稅户錢叁百六十，

其錢所收是實，恐口無憑，立

收字爲照。

光緒九年　三月　日立收字

邢大德（押）

光緒九年鍾亞忍立收字

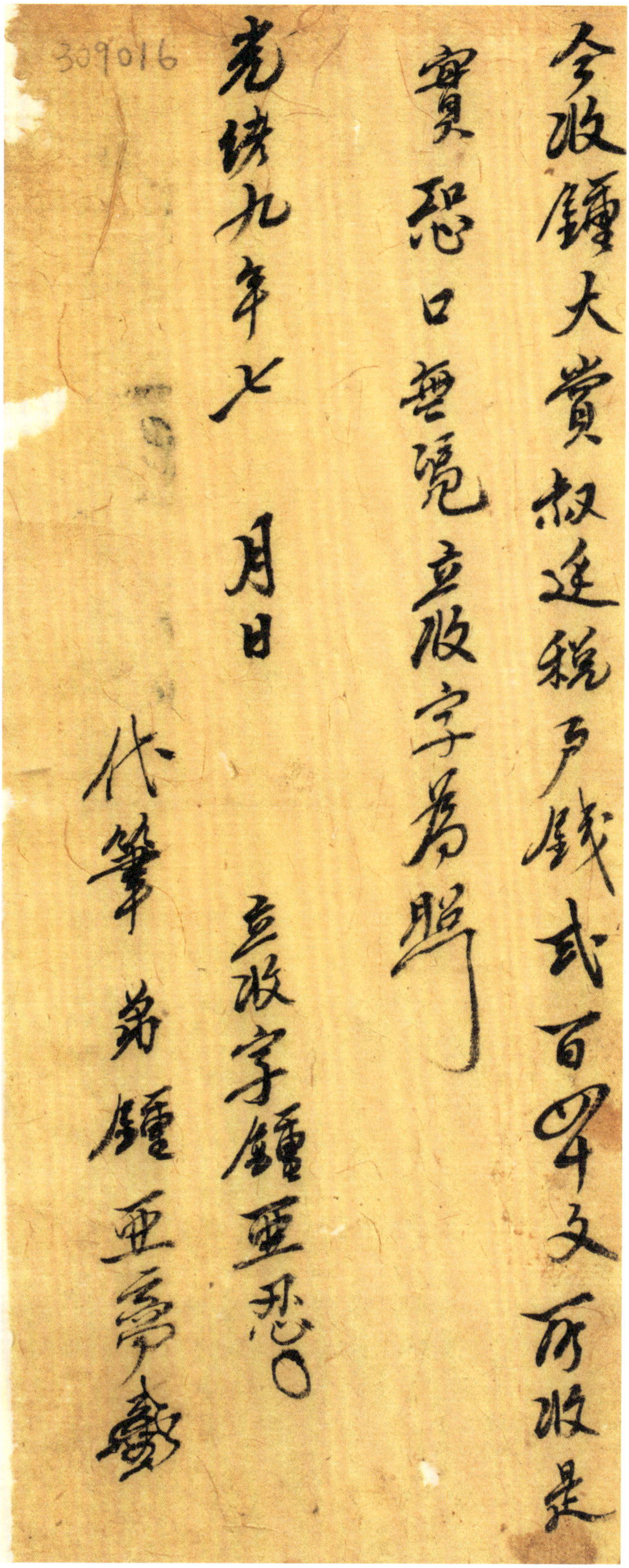

今收鍾大賞叔邊稅户錢弍百四十文，所收是實，恐口無憑，立收字爲照。

光緒九年七　月日　立收字鍾亞忍（押）

代筆　弟鍾亞□（押）

光緒九年鍾純谷立收字

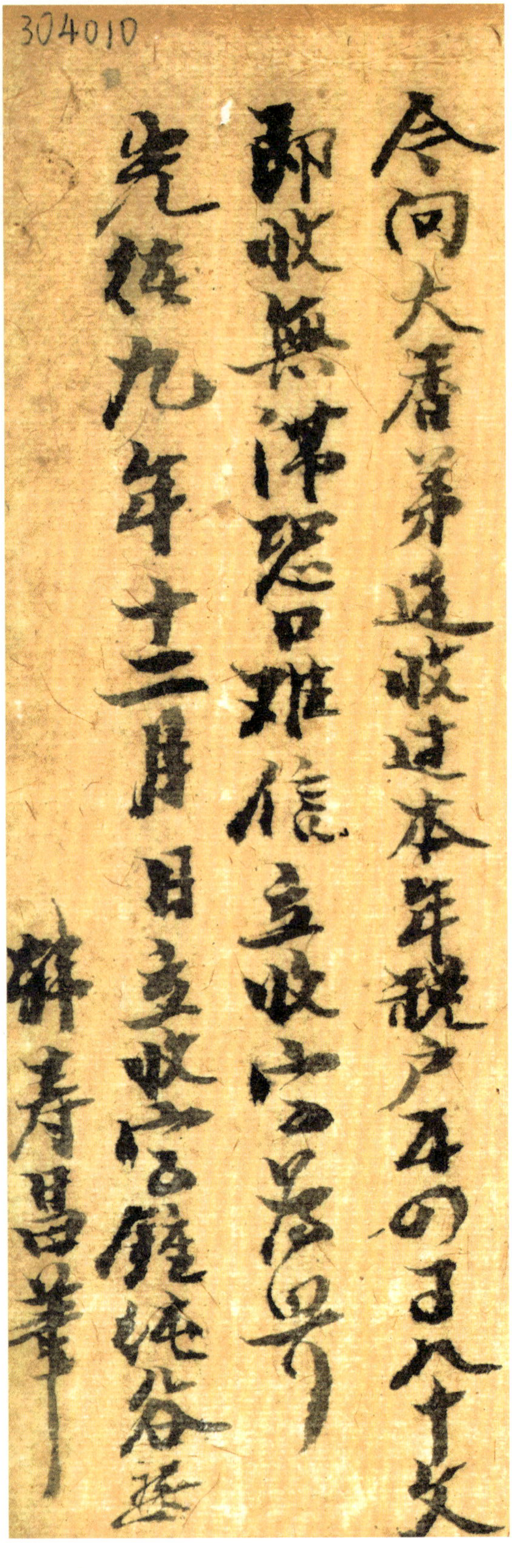

今向大香弟邊收过本年税户錢四百八十文，即收無滯，恐口难信，立收字爲照。

光緒九年十二月日立收字鍾純谷（押）

韩寿昌筆

光緒九年鍾大賞立當契

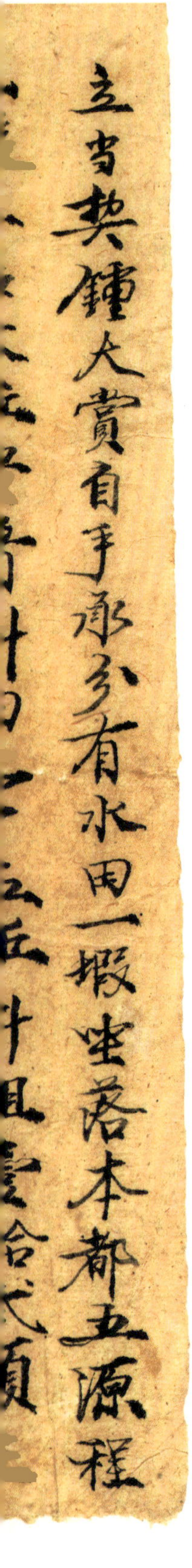

303009

其四至上至山脚下至嶺文叔述田左至路直落右至坳田為界俱立四至分明今因缺錢應用凭中向本王宅承煥相述當出錢叁拾千文正面訂遞年納利錢加壹五起息其利不得欠少如若欠少者契郎作賣契管業去後亦還本利清訖王述不得執吝此係兩下情愿恐口無凭立当契為照

光緒九年十二月　日立当契鍾大賞（押）

凭中　鍾碎南（押）

親筆　時補（押）

（前頁）>>>>

立当契鍾大賞，自手承分有水田一坵，坐落本都五源程山後，土名大坵安着，計田二十五坵，計租壹拾弍碩正，其四至上至山脚，下至蘇文叔邊田，左至路直落，右至坳田爲界，俱立四至分明，今因缺錢應用，憑中向與王宅承焕相邊當出錢叁拾千文正，面訂遞年約利錢加壹五起息，其利不得欠少，如若欠少，当契即作賣契管業，去後办還本利清訖，王邊不得执吝，此係兩下情愿，恐口無憑，立当契爲照。

光緒九年十二月　日立当契鍾大賞（押）

憑中　鍾碎南（押）

执筆　時補（押）

光緒十年鍾鴻業立收字

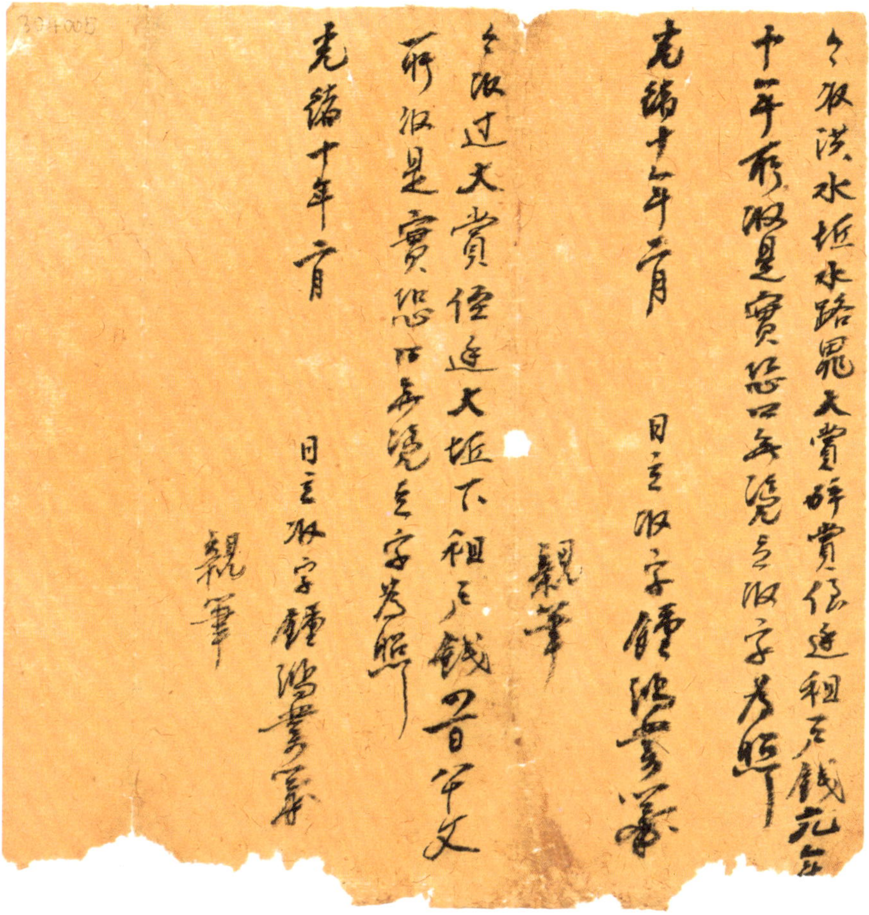

今收洪水坵、水路毘大賞、碎賞侄邊租户錢九年、十年，所收是實，恐口無憑，立收字爲照。

光緒十年二月　日立收字鍾鴻業（押）

親筆

今收过大賞侄邊大坵下租户錢四百八十文，所收是實，恐口無憑，立字爲照。

光緒十年二月　日立收字鍾鴻業（押）

親筆

光緒十年鍾亞婁立收字

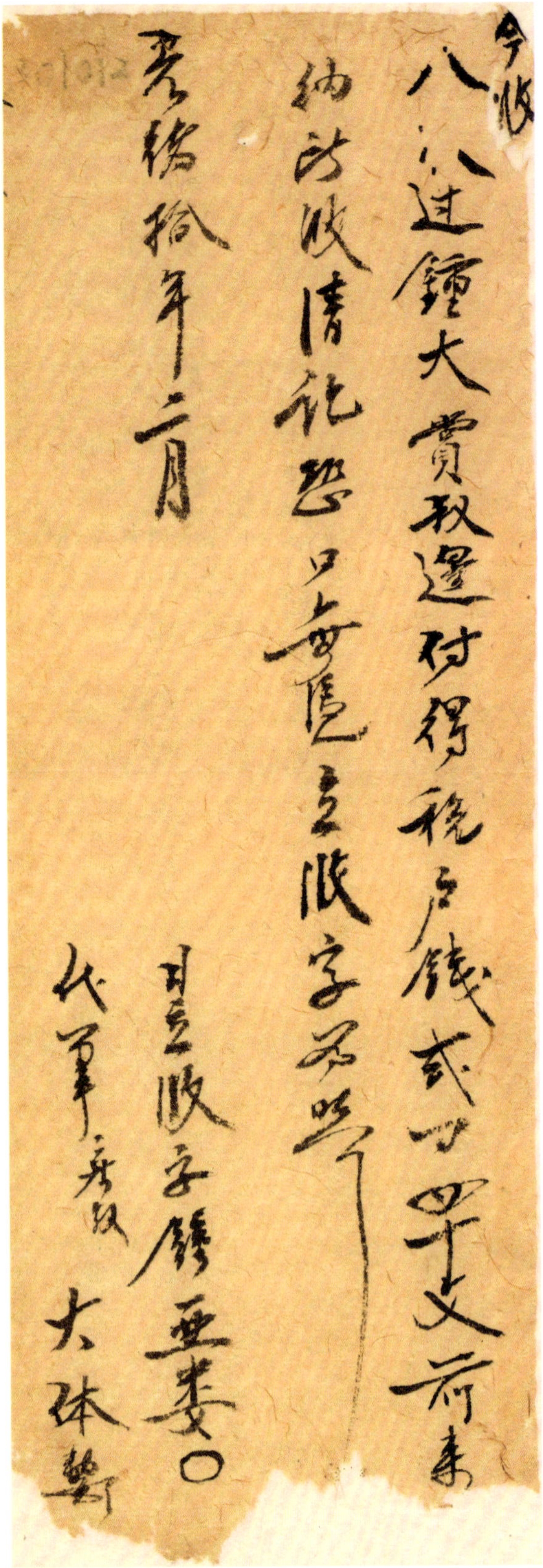

今收

八□过鍾大賞叔邊，付得税户錢弍百四十文，前來□

納，所收清訖，恐口無憑，立收字爲照。

光緒拾年二月　日立收字鍾亞娄（押）

代筆房叔　大体（押）

光绪十年锺鸿业立收字

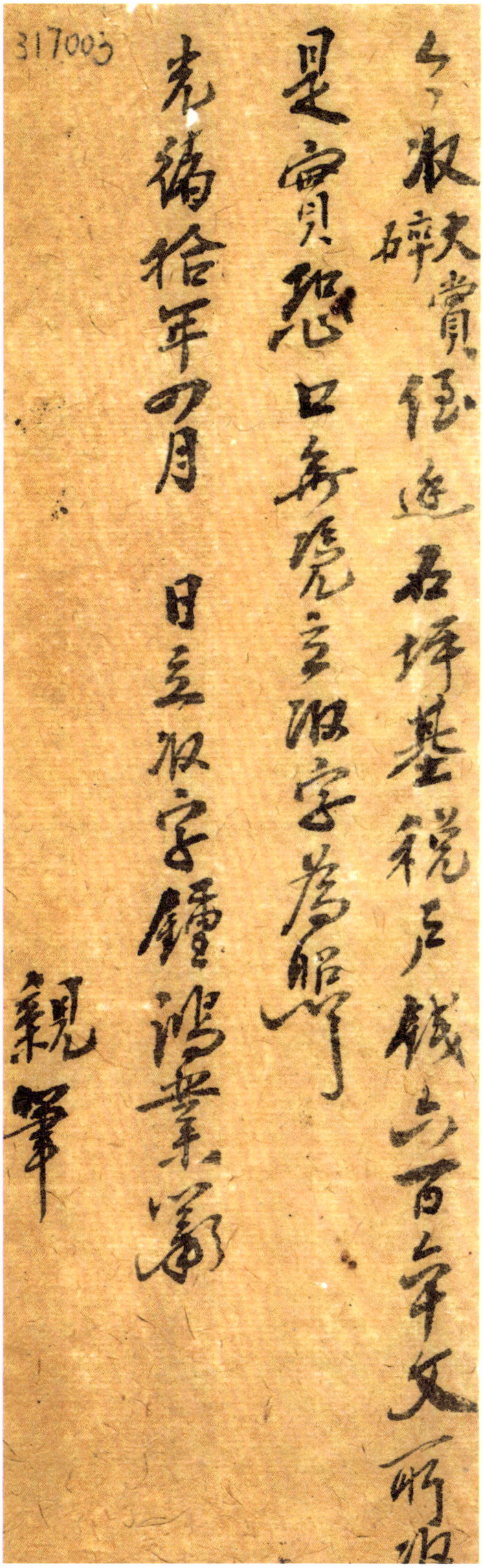

今收大賞、碎（賞）侄邊石坪基税户錢六百六十文，所收是實，恐口無憑，立收字爲照。

光緒拾年四月　日立收字鍾鴻業（押）

親筆

光緒十年純谷立收字

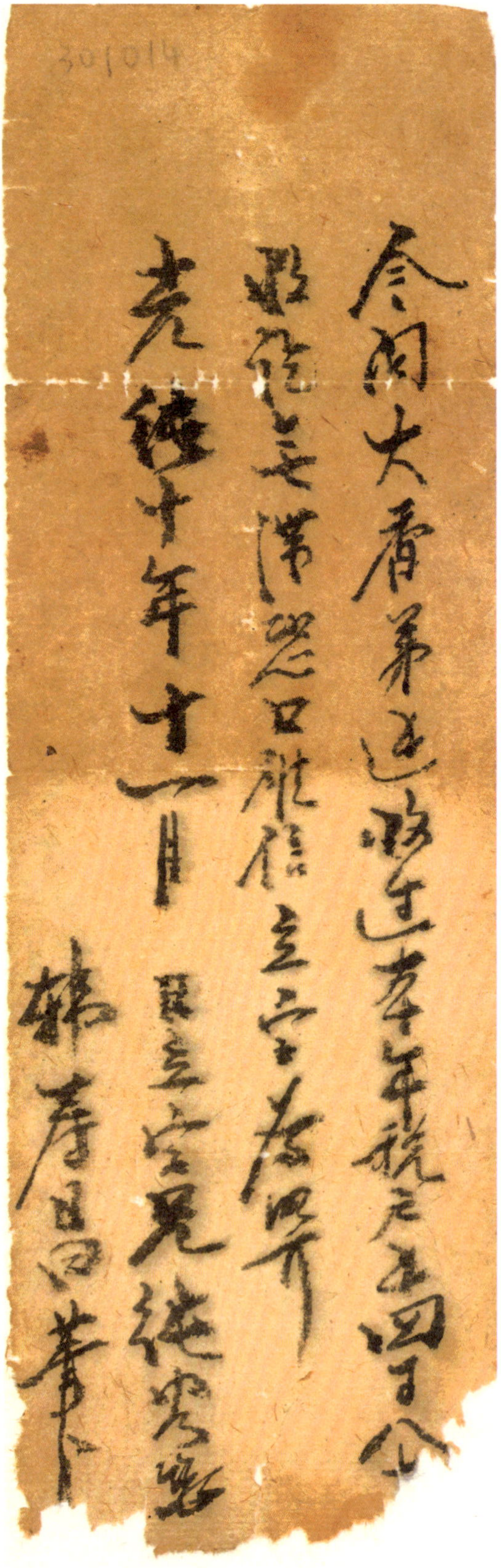

今向大香弟邊收过本年税户錢四百八十□
收訖無滯，恐口难信，立字爲照。

光緒十年十一月　日立字兄純谷（押）
韩寿昌筆

光緒十年王佑衡立税票

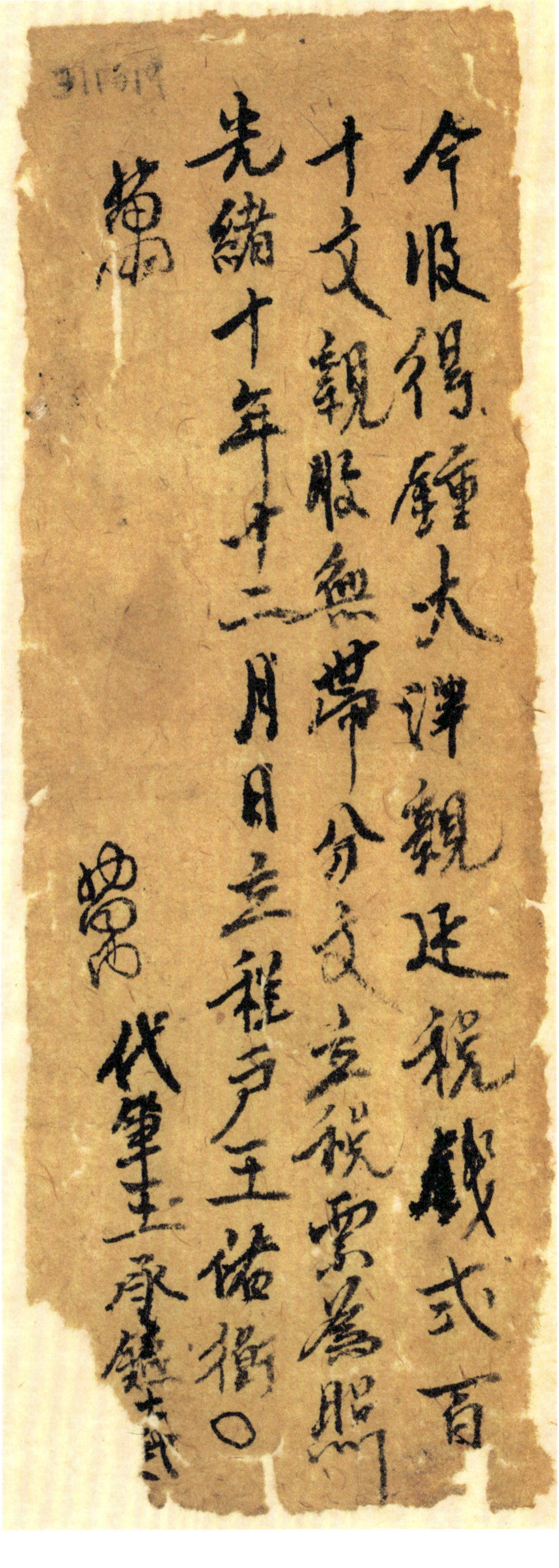

今收得鍾大泮親邊税錢式百
十文，親收無滞分文，立税票爲照。
光緒十年十二月日立税户王佑衡（押）
萬　　代筆王承鑣（押）

光緒十一年鍾瑞墨立收字

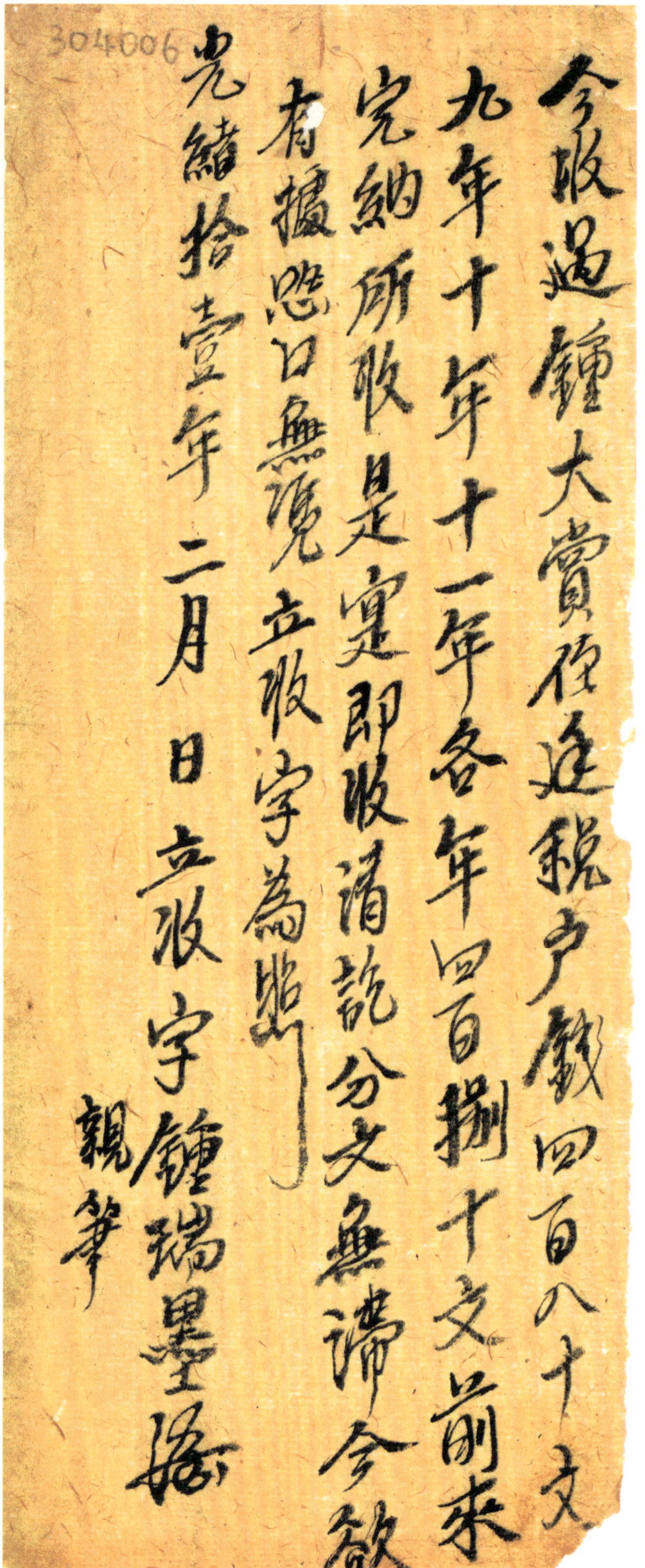

今收過鍾大賞侄邊税户錢四百八十文，
九年、十年、十一年各年四百捌十文，前來
完納，所收是寔，即收清訖，分文無滯，今欲
有據，恐口無憑，立收字爲照。

光緒拾壹年　二月　日　立收字鍾瑞墨（押）
親筆

光緒十一年鍾亞樓立收字

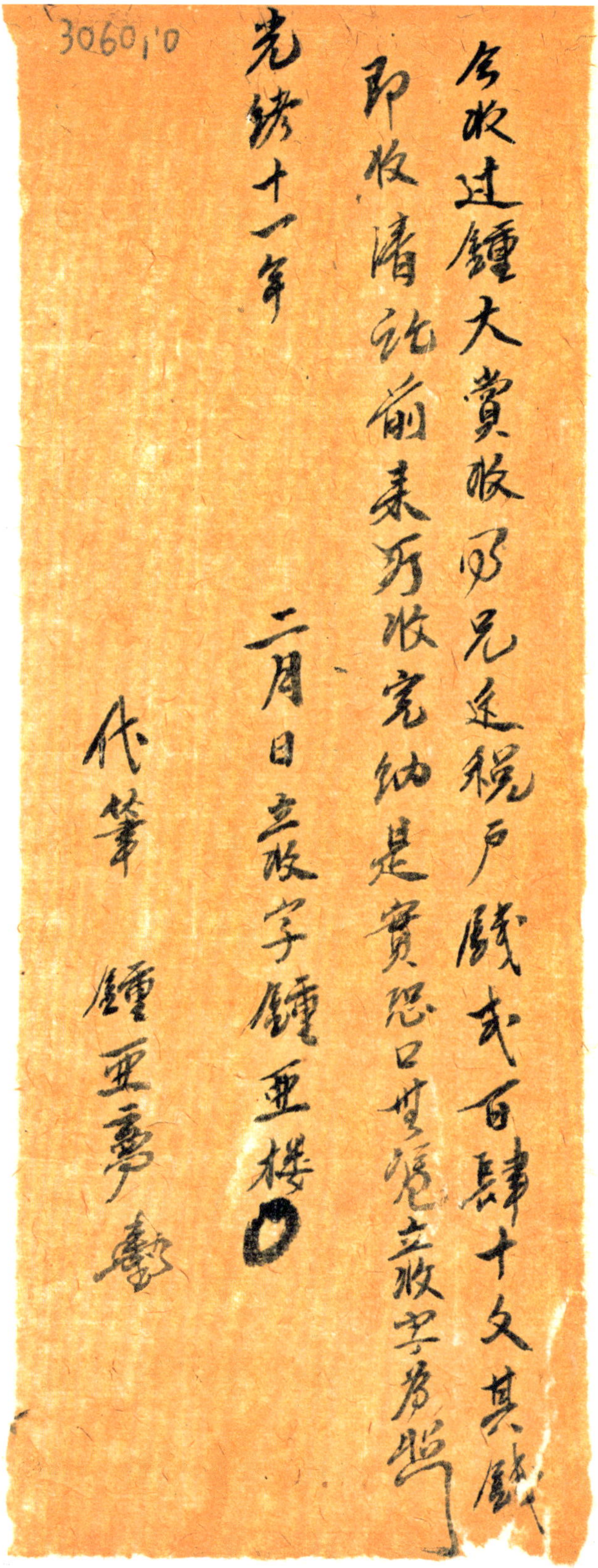

今收过鍾大賞，收得兄邊稅户錢弍百肆十文，其錢
即收清訖，前來所收完納是實，恐口無憑，立收字爲照。

光緒十一年　二月日　立收字鍾亞楼（押）

代筆　鍾亞□（押）

光緒十一年鍾廷墨立收字

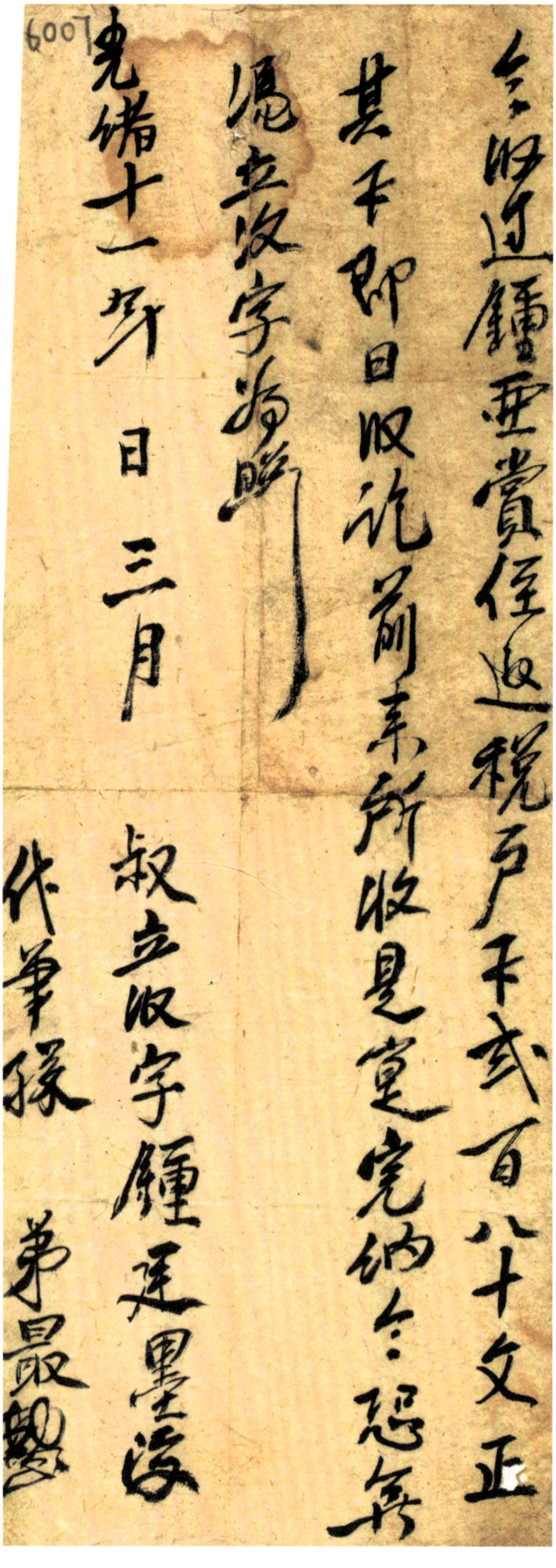
6007
今收过鍾亞賞侄邊税户錢弍百八十文正
其錢即日收訖，前來所收是寔，完納，今恐無
憑，立收字爲照。
光緒十一年 日 三月 叔立收字鍾廷墨（押）
代筆孫 弟最（押）

今收过鍾亞賞侄邊税户錢弍百八十文正，其錢即日收訖，前來所收是寔，完納，今恐無憑，立收字爲照。

光緒十一年　日　三月　叔立收字鍾廷墨（押）

代筆孫　弟最（押）

310813

今收過雷弟大賞侄邊石坪基稅户錢六百
六十文所收是實恐口無憑立收字爲照
光緒十一年三月 日立收字鍾鴻業親筆
今收過大賞侄邊太婆田稅户錢四百六十文所
收是實恐口無憑立收字爲業
光緒十一年三月 日立收字鍾鴻業親筆
今收過碎大賞洪水垅徑邊稅户錢四百六十文又
少塆垅二石九十一（八十）共四年錢四百六十文所收是實
恐口無憑立收字爲照
光緒十一年三月 日立收字鍾鴻業親筆

（前頁）>>>>

今收过雷弟、大賞侄邊石坪基税户錢六百六十文，所收是寔，恐口無憑，立收字爲照。

光緒十一年三月　日立收字鍾鴻業（押）親筆

今收过大賞侄邊太婆田税户錢四百八十文，所收是實，恐口無憑，立收字爲業。

光緒十一年三月　日立收字鍾鴻業親筆（押）

今收过大賞、（碎）賞洪水坵侄邊税户錢四百八十文，又少墑坵二石，八、九、十、十一共四年錢四百八十文，所收是實，恐口無憑，立收字爲照。

光緒十一年三月　日立收字鍾鴻業親筆（押）

光緒十一年鍾一木立收字

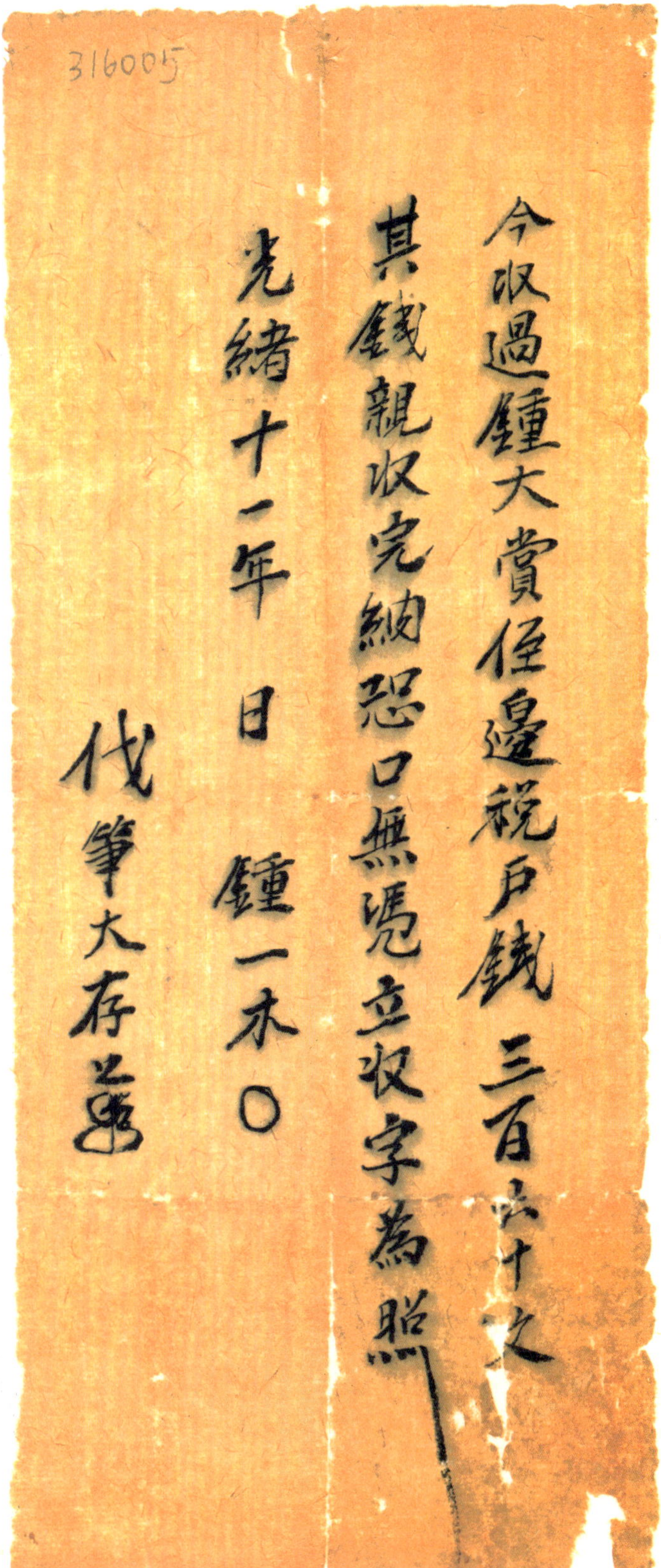
316005
今收過鍾大賞侄邊稅戶錢三百六十文
其錢親收完納，恐口無憑，立收字爲照
光緒十一年　日　鍾一木〇
代筆大存（押）

今收過鍾大賞侄邊稅戶錢三百六十文，其錢親收完納，恐口無憑，立收字爲照。

光緒十一年　日　鍾一木（押）

代筆大存（押）

光緒十二年鍾純谷立收字

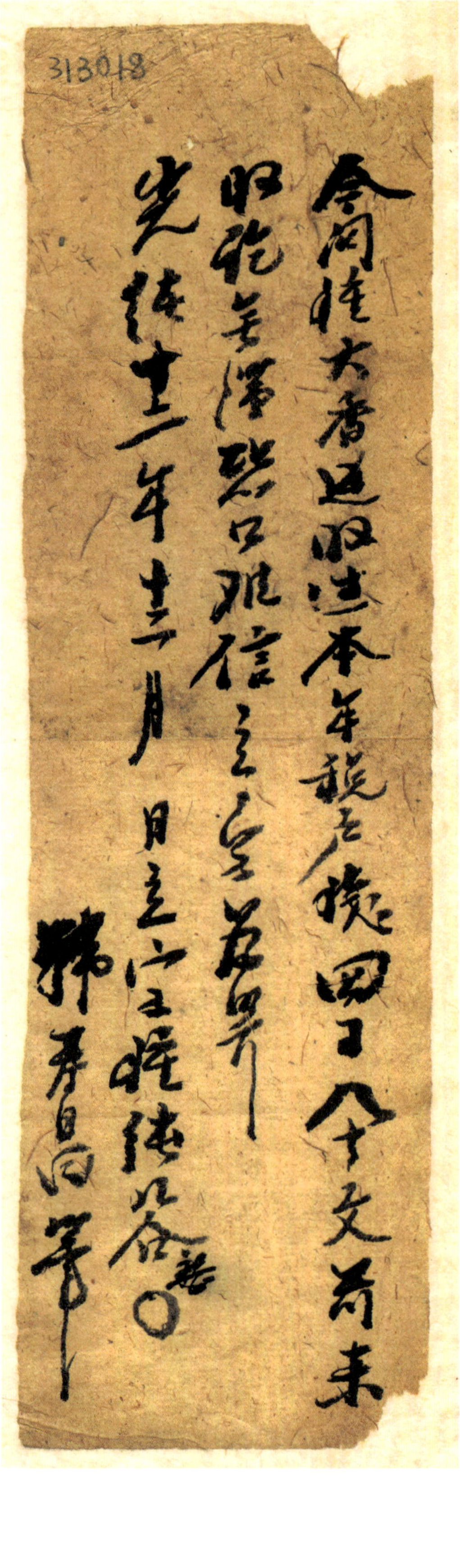

今向鍾大香邊收过本年税户錢四百八十文，前來收訖無滞，恐口难信，立字爲照。

光緒十二年十二月　日立字鍾纯谷（押）

韩寿昌筆

光緒十二年鍾廷墨立收字

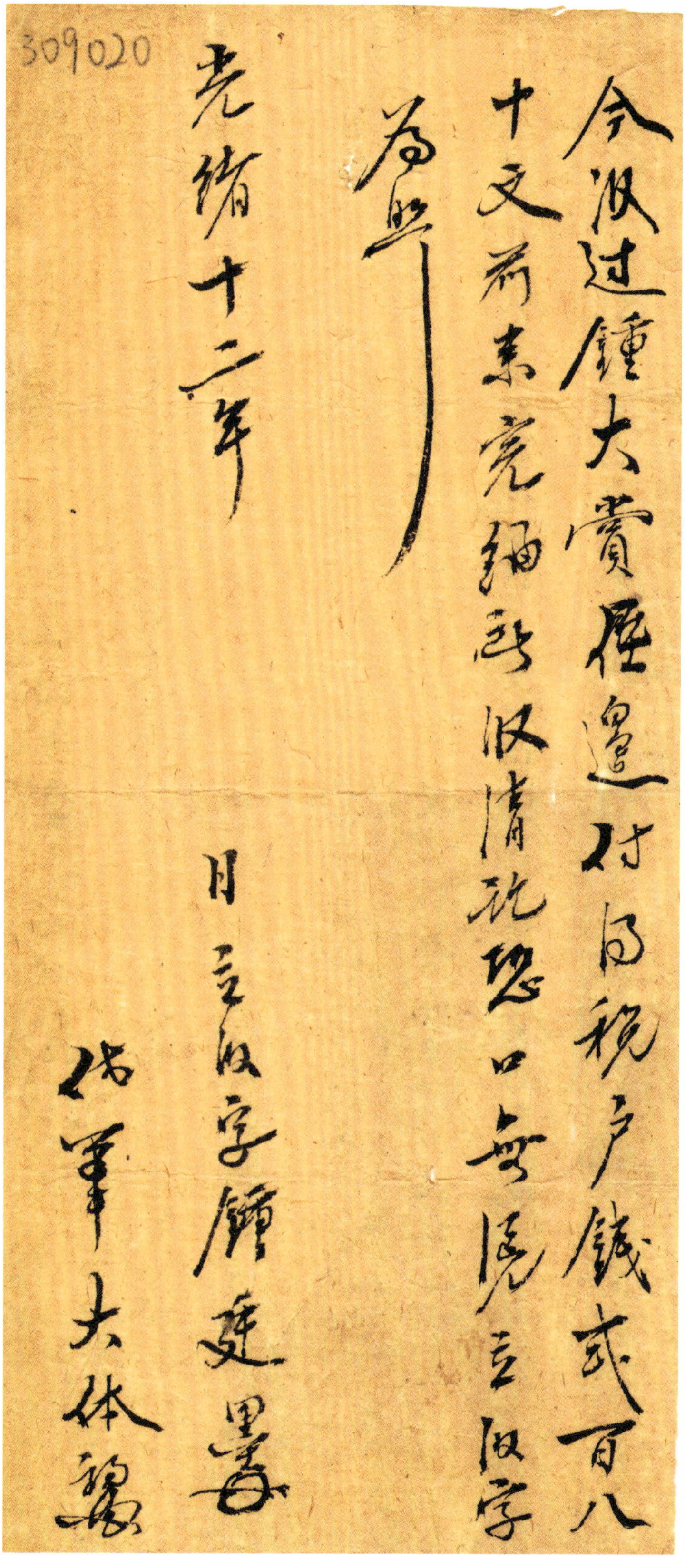

今收过鍾大賞侄邊付得税户錢弍百八
十文，前來完納，所收清訖，恐口無憑，立收字
爲照。

光緒十二年　日立收字鍾廷墨（押）

代筆大体（押）

光緒十二年鍾蘇左立借並退佃

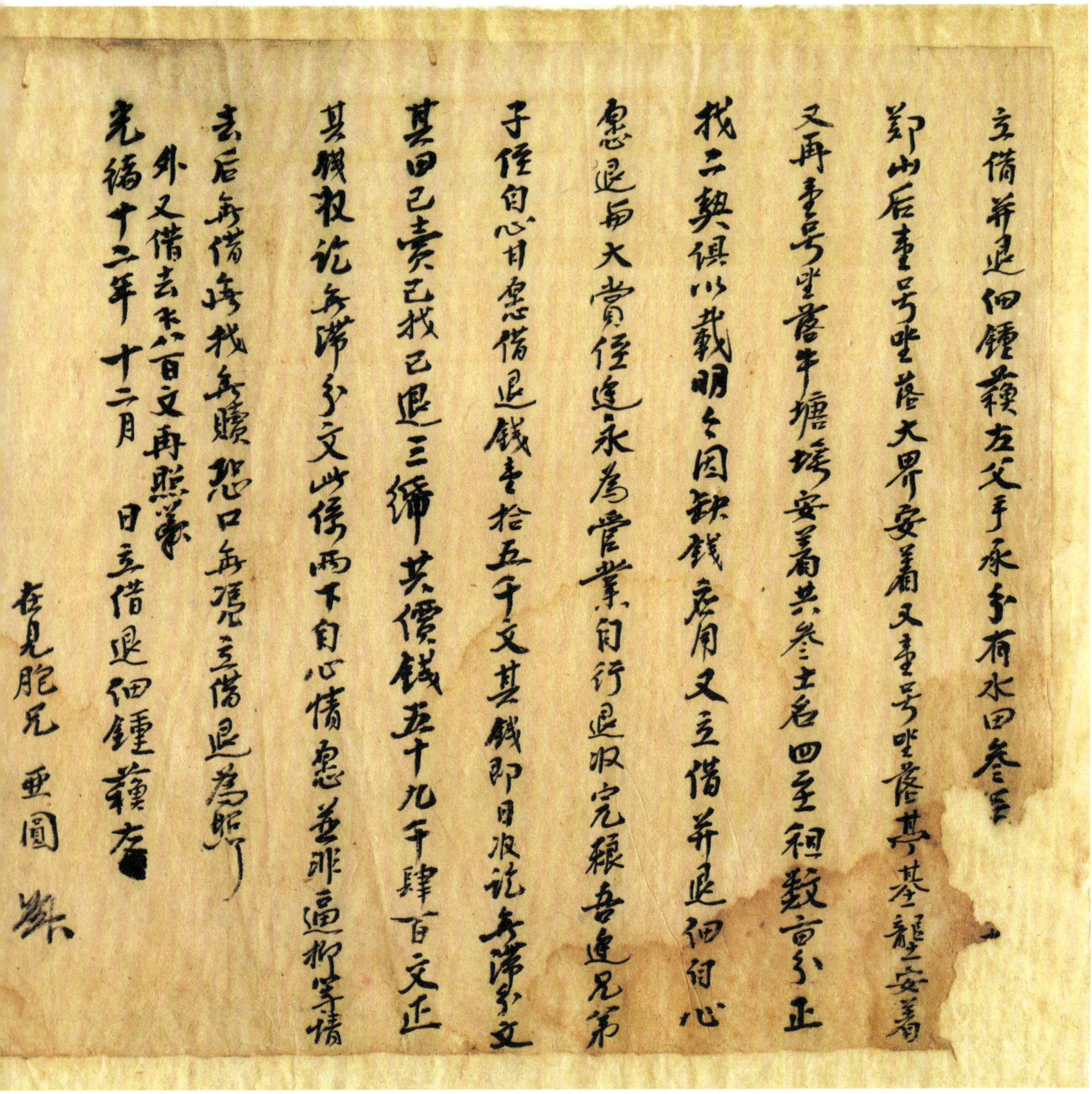
立借并退佃鍾蘇左，父手承分有水田叁坵
鄭山后土号坐落大畀安着，又土号坐落其基龍安着
又再土号坐落牛塘塆安着，共叁坵，土名四至租数亩分正
找二契俱以载明。今因缺钱应用，又立借并退佃付心
愿退与大房侄边，永为管业，自行退收完粮。吾边兄弟
子侄自心甘愿，借退钱壹拾五千文，其钱即日收讫，无滞分文。
其田已卖已找已退，三项共價钱五十九千肆百文正。
其钱收讫，无滞分文。此係两下自心情愿，並非逼抑等情。
去后無借無找無贖，恐口無凴，立借退為照。
外又借去钱六百文，再照。
光緒十二年十二月　日立借退佃鍾蘇左
在見胞兄　亞圓

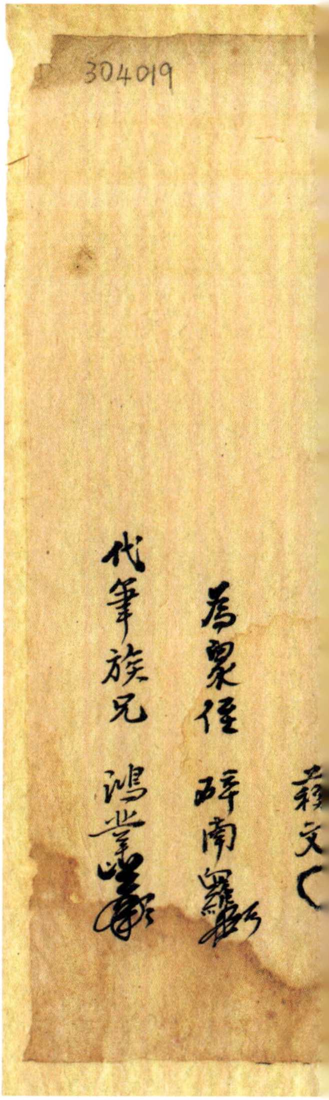

（前頁）>>>>

立借並退佃鍾蘇左，父手承分有水田叁□□□□□
鄭山后，壹号坐落大界安着，又壹号坐落亭基壟安着，
又再壹号坐落牛塘壻安着，共叁，土名、四至、租数、亩分正、
找二契俱以載明，今因缺錢应用，又立借並退佃，自心
愿退與大賞侄邊，永爲管業，自行退收完粮，吾邊兄弟
子侄自心甘愿，借退錢壹拾五千文，其錢即日收訖，無滯分文，
其田已賣已找已退，三紙共價錢五十九千肆百文正，
其錢收訖，無滯分文，此係兩下自心情愿，並非逼抑等情，
去后無借無找無贖，恐口無憑，立借退爲照。

外又借去錢八百文，再照。（押）

光緒十二年　十二月　日立借退佃鍾蘇左（押）

在見胞兄　亞圓（押）

蘇文（押）

爲衆侄　碎南（押）

代筆族兄　鴻業（押）

光緒十三年鍾廷墨立收字

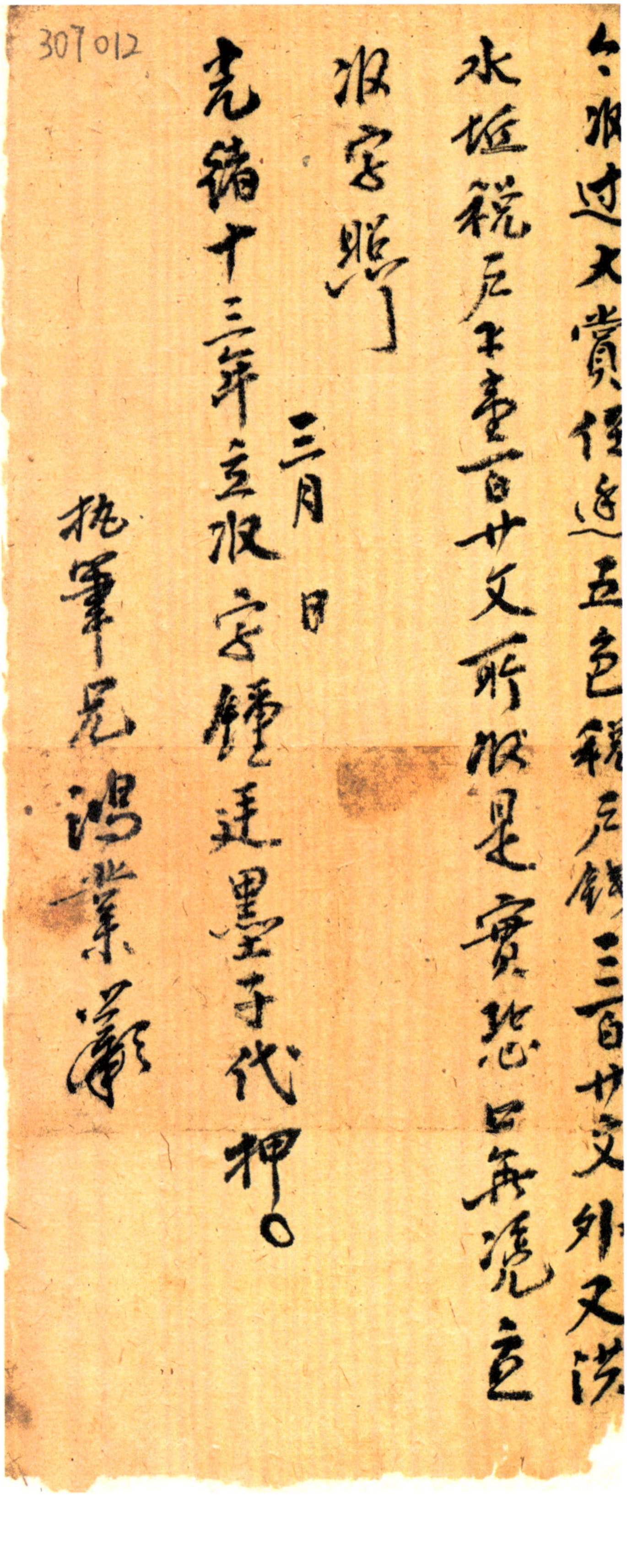

今收过大賞侄邊五色税户錢三百廿文外，又洪水垢税户錢壹百廿文，所收是實，恐口無憑，立收字照。

光緒十三年三月　日　立收字鍾廷墨子代押（押）

執筆兄鴻業（押）

光緒十三年邢分生立收字

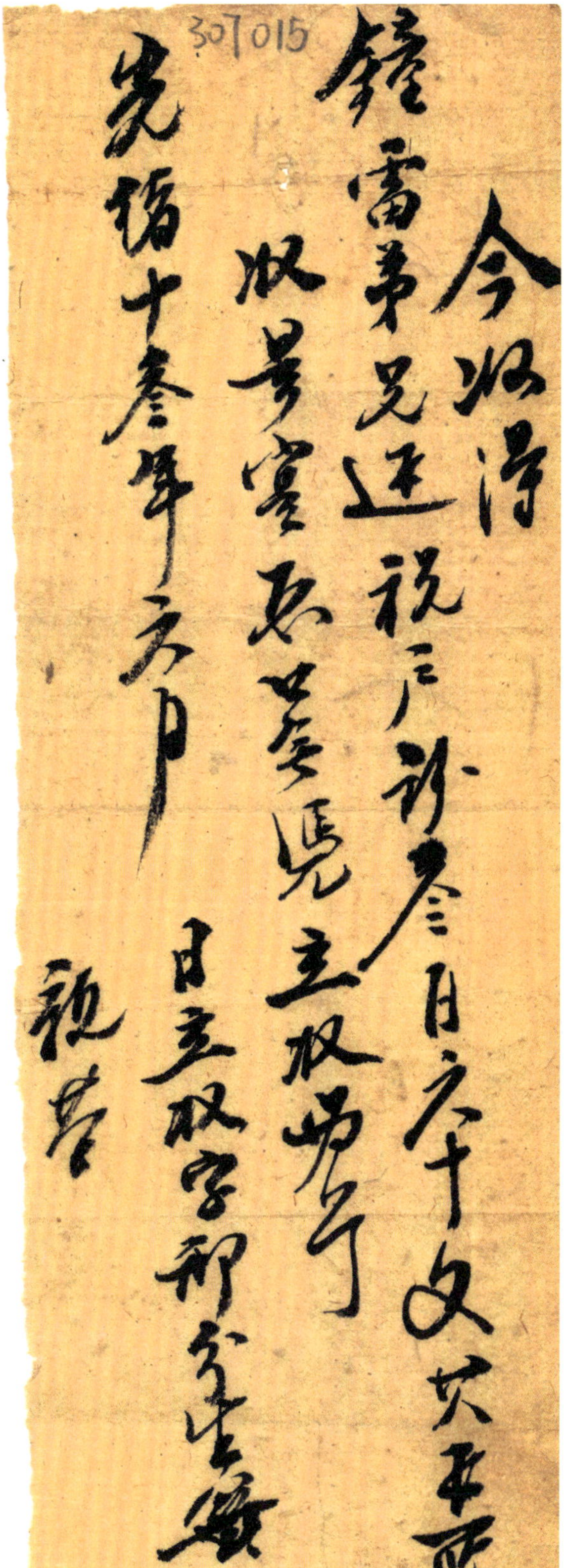

今收得

鍾雷弟兄邊税户錢叁百六十文，其錢所

收是寔，恐口無憑，立收爲照。

光緒十叁年六月　日立收字邢分生（押）

親筆